JN116680

新装版　時代を変えたミニの女王

マリー・クワント

ジェニー・リスター　著

中野香織　翻訳監修

石田亜矢子　翻訳

MARY
QUANT

Contents

INTRODUCTION

PART 1 1919–1955

PART 2 1955–1962

PART 3 1963–1964

PART 4 1965–1967

PART 5 1968–1975

PART 6 1975–2000

CONCLUSION

APPENDIX

日本語版を制作するにあたって
人名はマリー・クワント、ブランド名はマリークワントと表記しています。また本書は、2019-20 年にロンドンのヴィクトリア・アンド・アルバート博物館（V&A 博物館）で開催された展覧会『Mary Quant』の公式書籍を日本巡回用に翻訳刊行したものを再編集した新装版です（日本において同展は Bunkamura ザ・ミュージアムにて開催されました）。

Sponsor's Foreword
スポンサーの言葉

ロンドンのキングスロードは、ファッションとライフスタイルの中心地として世界に広く知られている。もともとイングランド国王チャールズ2世の私用道路であったことから「王の道路」と名づけられ、イギリスの文化および社会の変遷に大きな役割を果たしてきた。モッズにパンク、スローンスタイル、ニューロマンティクスと、常にファッショントレンドの最前線にあり、ロンドンのアート、ファッション、音楽シーンの拠点として輝きを放ち続けている。そしてこのキングスロードこそ、マリー・クワントのブティック「バザー」が生まれ、彼女の創造の遊び場となった場所だ。

現在、キングスロードには、さまざまなショップやギャラリー、レストランが立ち並び、伝説的遺産を維持しつつ、新しい創造性と革新を積極的に受け入れている。小売業のあり方が大きく変化するなか、当社カドガンでは地域の関係者たちと連携し、キングスロードがロンドンの華麗な文化を発信するエリアであり続けるよう、さまざまな取り組みをおこなっている。キングスロードの土地を所有する一社として、コミュニティが一つとなって未来に向かう重要性を感じたのだ。ネット通販市場が劇的に拡大し続ける今こそ、トレンドが生まれる場所としてキングスロードを復活させ、小売業革命の最前線に位置づける絶好のタイミングであり、それによって世界に名高いメインストリートと呼ばれるにふさわしい姿を維持できると考えている。

キングスロードの未来に向けての取り組みにシンクロするように、ヴィクトリア・アンド・アルバート博物館（V&A博物館）において、この半世紀ではじめてのマリークワント回顧展が開催され、世界中の美術館を巡回する。クワントはキングスロードのアイコン的存在であり、世界に強い影響をもたらした小売業の改革者だ。

キングスロードがこの展覧会のスポンサーとなり、この地で育まれた豊かな伝統を称えられることを誇りに思う。そして、次の世代を切り開いていくクリエイターたちの拠点としてのキングスロードの未来が楽しみだ。

カドガン最高経営責任者
ヒュー・シーボーン

※2019-20年にロンドンで開催された展覧会『Mary Quant』の主催者。

Director's Foreword
ディレクターの言葉

マリークワント回顧展では、マリー・クワントの非凡な経歴とファッション界における功績を探求していく。楽観的で活気に満ちていた1960年代そのものといえる存在だったクワントは、ミニスカートを大流行させてイギリスで最も有名なデザイナーとなり、パワフルに働く女性の先例となった。メインストリートを舞台にした消費主義と、写真、グラフィック、ジャーナリズム、広告といったマスメディアの進化を巧みに利用し、戦後イギリスの斬新なあり方を世界に伝えたのだ。

世界中の美術館を巡回する本展は、スタイリッシュな美大生から、キングスロードのブティックオーナーとなり、人気ファッションブランド、そして世界初のライフスタイルブランドの顔となって、服だけではなく、リップスティックからベッドカバーまで、ありとあらゆるアイテムを世界中で販売していくクワントの物語をすべて明かしていく。これは戦後の暗い時代から、アートとデザインが開花する1960年代、経済的かつ政治的課題が浮き彫りとなった1960年代後半から1970年代前半と、1955年から1975年までの活動を網羅している。そして約100点の衣服をアクセサリー、写真、雑誌や映像と共に展示して彼女のデザインの進化をたどり、当時、どのようにライフスタイルを変革し、ファッションを「民主化」していったのかを明らかにする。展示されている服と写真の多くは、イギリス全土から寄贈あるいは貸し出しされた貴重なアイテムだ。当博物館がマスコミとソーシャルメディアを通して展開した「#WeWantQuant（クワントを求む）」キャンペーンで、クワントがデザインした洋服と、それにまつわる思い出を募集したところ、多くの女性たちが手を差し伸べてくれた。

クワントはファッション界の仕組みを変えた。パリのデザイナーたちに支配されていた状況をひっくり返し、若い女性が新しいスタイルを打ち出すリーダーになれることを実証したのだ。海外生産とデジタル技術によって、ファッション業界はそのあとも進化し続けているが、クワントと彼女の2人のビジネスパートナーである夫のアレキサンダー・プランケット・グリーンと友人のアーチー・マクネアは、ビジュアルを重視したブランディングとマーケティングの時代がやってくることを予測し、一目ですぐにわかるデイジーのロゴつきの商品展開を早々にスタートさせた。マリークワントこそ、ロンドンをストリートスタイル、創造性、ファッション教育の拠点へと押し上げ、世界におけるイギリスファッションのあり方を描いたブランドなのだ。

今回、光栄なことに、ヴィクトリア・アンド・アルバート博物館は、クワントと息子のオーランド・プランケット・グリーンから多大な協力をいただいた。彼らが個人所有している服、ファッション写真、宣伝資料などをはじめて公開してくださったのだ。これらの資料が物語を伝え、クワントの作品を細部まで解説し、ミニスカートや「スウィンギング・ロンドン」といった伝説の背後に隠れていた事実を教えてくれた。この展覧会の企画において、さまざまなアドバイスをくださり、当時のスタッフや製造会社、モデル、写真家、ジャーナリストたちのネットワークに繋げてくださった、1970年代にマリークワント社のディレクターであったヘザー・ティルベリー・フィリップスにも感謝の気持ちを伝えたい。みなさんの心のこもった貢献に謝意をあらわしたい。マリークワント社と共同作業する機会にも恵まれた。そして本展のスポンサーであるキングスロードの熱意と手厚い支援に心から感謝している。本展のパートナーにぴったりな存在は、あなた方以外にいないのだから。

常に時代を先取りしていたクワントは、1973年にこう語っている。「ウーマンリブ（女性解放運動）を待っている暇はなかった」(P23)。ベストとネクタイがついた風刺的なドレス、ストライプのパンツスーツ、色鮮やかで活動的なジャージードレスと、クワントの服はそのあとやってくる社会の変化を先取りしていた。彼女の最大の偉業は、新しい生き方や考え方を伝える手段としてファッションを捉えていたことかもしれない。それまでのルールをちょっと変えて、性別による役割や個性の新しいあり方を想像しながら、着ると楽しくなって自信が生まれ、既成概念から解放される服を作る。マリー・クワントは未来の人々が手にするチャンスと自由を、力強く、明確に表現していたのだ。

ヴィクトリア・アンド・アルバート博物館長
トリストラム・ハント

※2019-20年にロンドンで開催された展覧会『Mary Quant』のディレクター。

Prefaces
序文

黒靴を履いた役人っぽい男性が、とびきり大きな書類ばさみを持って家にやってきた日のことをよく覚えている。僕がどうしてまだ小学校に入学していないのかを調べにきたのだ。「私たちと一緒に旅をして、素晴らしい教育を受けているんです!」と母は抗議したが、役人に言い分をわかってもらえず、困惑していた。最終的にイギリス政府の手がまわることになるのだけれど、追っ手がやってくるまで僕はマリー・クワントのチームと一緒に世界中を旅していた。両親と仕事をしている人たちは、会うといつも最初に、すごく楽しいです、といっていた(今でもそういってくれる)。誰もがみな、むちゃくちゃ働いていた。それだけ仕事がおもしろかったからだ。今のデジタル世界の基準に照らしても、あの時のスピード感は尋常じゃなかった。ほぼ毎週のように新しい製品が発売されていたのだから。

何をしようとしているのか、誰もわかっていなかったと思う。何をしたいのか、母だけが明確なビジョンをもっていて、父アレキサンダーは何もかもをお祭り騒ぎみたいに楽しくする才能をもっていた。ありがたいことに、法律とビジネスに明るいアーチー・マクネアが、そんなサーカスのような状況をうまくビジネスにまとめあげてくれた。

チェルシー地区の小さなオフィスはいつも大騒ぎで、僕はクレヨンやオモチャを床に広げて遊んでいた。「でも、マリー、そんなこと、できないよ」。遊んでいる僕の耳に何度も飛び込んできた言葉だ。そんな時、母は一瞬きつい目をして、でもすぐに茶目っ気あふれる様子で「あら、あなたならできるわよ……すごく楽しいことになるわよ!」と言い返していた。そういわれてしまうと、大手総合化学会社の重役でも、南フランスのフレグランスメゾンの5代目当主でも、ビジネスのバランスシートやら社会通念やらをぽんと放り出してしまうのだ。社会通念というのは、必ずしも知恵に長けたものではないし、何よりそんなに楽しいものではないとわかってしまうからだ。

戦後イギリスの薄暗い時代において、発明の母となったのは「必要性」ではなく、「楽しさ」だった。イギリス全土で若者が立ち上がった。やってみよう。そして楽しもう。それはファッションだけではなく、もっと多くの変化をもたらす、生きる姿勢の革命だった。

マリー・クワントとアレキサンダー・
ブランケット・グリーンの長男
オーランド・ブランケット・グリーン

目にしてはじめて、自分はこういうものがほしかったのかと気づかされる。優れたファッションデザイナーとは、人々の未知の欲求を満たすアイテムを創造できる人のことだ。ゴールドスミス・カレッジを卒業し、1957年に貴族のアレキサンダー・プランケット・グリーンと結婚したマリー・クワントは、まさに1960年代の顔だった。夫のプランケット・グリーンと、友人でありビジネスパートナーであるアーチー・マクネアと一緒に、彼女は新しい社会を創造していった。軽快な音楽が流れるなか、ロンドンのチェルシー地区にあるキングスロードをかっこいいコーヒーショップやファッションブティックが集合する聖域へと変化させたのだ。似たような感覚の仲間たちが集まって、「スウィンギング・ロンドン」と呼ばれるストリートカルチャーを巻き起こした。

親みたいな服装も生き方もしたくない。若いデザイナーにとって何よりも深い意味をもたらしたのは、仲間たちのこの気持ちだった。個性、合理性、現世的欲求を求める若者によるルネサンスからスリップドレスといったシンプルな服が生まれ、シーズンごとにスカートはどんどん短くなっていった。

ファッションの世界で性の問題は、とりたてて目新しいことではなかった。それでも、マリークワントというブランドが、生意気で天真爛漫な若々しいスタイルを作り上げただけでなく、経口避妊薬の開発によって伝統的な慣例を打破しようとする女性たちの行動の変化を反映していたのは画期的だった。ここでもクワントは、社会で起こっていることに追従するのではなく、先駆者だった。

この時代を若者として体験していた私は、1960年代半ば、ケンブリッジ大学の学生新聞『ヴァーシティ』のはじめての女性編集者として、若さゆえの大胆さと確信をもってクワントに取材依頼をした。網タイツにスクエアヒールの靴、とびきり短いスカートをはいて、有名デザイナーに会いにロンドンに向かった日のことは今でもよく覚えている。彼女は華奢な人で、自分の成功は「幸運」と「偶然」によるものだと過小評価し、ほとんどの受け答えを夫に任せていた。

社会を変えたと感じているのか、それともただの流行と捉えているのか。あの時、もっと経験豊かなジャーナリストだったら、そう尋ねていたかもしれない。21世紀の今、あらためてこの問いに向きあってみる。クワントが一つの文化的革命において重要な役割を果たしたことは明らかで、その革命は半世紀が経った今でも大きなうねりをなしている。

ファッションジャーナリスト
スージー・メンケス

Acknowledgements
感謝の言葉

多くの方々の厚志と協力のもと、本書および本展を実現することができました。誰よりもまず、V&A博物館の活動を全面的に支持してくださり、個人所蔵されているさまざまな資料を調査させてくださったデイム・マリー・クワントと息子のオーランド・プランケット・グリーンに感謝申し上げます。お二人と作業を共にし、マリークワントの初期の活動を物語る貴重な服、写真、販促資料を公開できたことを大変ありがたく光栄に思います。

本展の顧問となり、実現に尽力してくれたのは、1970年代にマリークワント社の取締役を務めたヘザー・ティルベリー・フィリップスです。優しさ、熱意、豊かな感性あふれる支援に心から感謝します。デイム・クワントの秘書ジェニー・ベインも、長期間サポートしてくれました。彼女たちのおかげで、マリー・クワント、そして彼女のブランドと繋がりのある何百という人々の巨大ネットワークを作り上げることができたのです。多くの方が貴重な時間をかけて対応してくださり、さまざまな情報を提供してくれました。みなさんの名前を記すことはできませんが、ジャーナリスト、モデル、写真家、元従業員、ビジネス関係者、製造会社など、マリークワントと仕事をしたことのある人々からなるネットワークです。

過去にマリークワントの服飾品を当館に寄贈してくださった方々、そして今回クワントの服や当時の写真、購入時の思い出話の提供を呼びかけた「#WeWantQuant（クワントを求む）」キャンペーンにイギリス各地、北米、オーストラリア、ニュージーランドから参加してくださった多くの（ほぼ全員）女性たちにも感謝します。キャンペーンの成果として40点の貴重なアイテムがV&A博物館の永久所蔵品に加わり、1950年代以降のクワントのデザインにおける社会的背景が明らかになると共に、彼女がファッションとライフスタイルに与えたインパクトの大きさが証明されました。

イギリス国内外の博物館の同業者のみなさんには、リサーチの分野で助けてもらいました。とりわけロンドン博物館のベアトリス・ベーレン、バースのファッション博物館のローズマリー・ハーデンとエレノア・サマーズ、マンチェスター・シティ・ギャラリーズのマイルス・ランバートには、情報提供と主要アイテムの貸し出しでお世話になり、感謝しています。ニューヨーク市立博物館のフィリス・マジッドソン、ロイヤルオンタリオ博物館のアレクサンドラ・パーマーにも謝意をあらわします。そして展示に向けて貸し出しに協力してくださった方々、特に個人所蔵の貴重なクワント関連資料を提供してくれたルース・ロウとジャネット・フラッド、本当にありがとう。また本プロジェクトは、ベアトリス・ベーレン、レジーナ・リー・ブラスチェック、ジャナイン・サイクス、そしてV&A博物館の同僚であるヨハンナ・アガルマン・ロス、スザンナ・ブラウン、ステファニー・ウッド、エリザベス・マレーという豊かな専門知識をもつ寄稿者たちの大きな恩恵

を受けています。

本展と本書の土台作りの段階で尽力してくれたのが、クリスティーン・ボイデル、クリス・ブルワード、デイヴィッド・ギルバート、アリステア・オニール、マーク・イーストメントです。カミラ・デ・ウィントン、ジェニファー・ロバーツを筆頭に、多くのボランティアの人たちが念入りなリサーチをやり遂げてくれました。全員の名前を記すことはできませんが、ボランティアのみなさんによる作業が本展と本書の土台をなしています。ソニア・アシュモア、ダニエル・ミルフォード・コッタム、リズ・エグルストン、リズ・トレゲンガは、当時のファッションに関する深い知識を提供してくれました。

共同キュレーターのステファニー・ウッドは、細部にまで細心の注意を払い、ユニークなビジュアル感覚と素晴らしい共同精神を発揮して、この多面的なプロジェクトのリサーチを手はじめに、全体像を描き、構成していくすべての過程を有意義な体験にしてくれました。エリザベス・マレーは会場構成に力を貸してくれました。その他にも、ヴィクトリア・ブラッドリー、クレア・ブラウン、アメリア・チミーノ、オリオール・カレン、エドウィナ・アーマン、サラ・メドラム、レスリー・ミラー、スザンヌ・スミス、ソネット・スタンフィル、ダニ・トルー、クレア・ウィルコックス、クリストファー・ウィルク、モード・ヴィラールトといった同僚たちが、支援してくれました。テキスタイル保管部ジョアンナ・ハケット、フランセス・ハートッグ、ジル・マクレガー、キ

ーラ・ミラー、紙類保管部のクレア・バッティソン、ヴィクトリア・ボタン、ジェーン・ラザーストンの助言と熱意にも支えられ、写真スタジオのリチャード・デイヴィスとロバート・オートンは、現存するマリークワントの服の素晴らしい写真を撮影してくれました。本書の出版を可能にしてくれたV&A出版のトム・ウィンドロス、コラリー・ヘップバーン、フレッド・カウズ、エマ・ウッディウィスにも感謝します。編集者のソフィー・シェルドレイク、コピーエディターのレベッカ・コーヘン、デザイナーのレイモンド・ワトキンスと仕事をするのはとても楽しかったです。また、他の多くのV&A博物館の同僚が本展の実現に尽力しました。リンダ・ロイド・ジョーンズ、サラ・スコット、ゾーイ・ルイゾス、ローレン・パップワース（展示）、ピップ・シンプソン、ローラ・ミドルハースト、サム・ブラウン、ヘザー・ウィットブレッド（デザイン）、ニコラ・ブリーン（技術）、ブライオニー・シェパード、アーシャ・マクフラリン（通訳）、ローラ・ミッチェル、ジョーダン・ルイス、ケイト・モライス（広報）に感謝します。展示チームのマリア・ブリジンスキーは、展示用テキストの編集ガイドラインを根気よく制作してくれました。

最後にヴィクトリア・アンソニ、サージット・チータ、レイチェル・ロング、リスター家のジャン、ピーター、ケイティ、スーザン、ハールストン家のフレディ、ポピー、ホリーへの感謝も記しておきます。

ジェニー・リスター

ファッションの歴史を創造する

マリー・クワントは女性の服装のあり方を大転換させた革命家だ。1950年代以降、その独特なスタイルでファッションに対する新しい姿勢、日々の生活への新しいアプローチを表現し続け、自分たちもやってみたいと若者世代の誰もが魅了された。男性も女性も、メインストリートにあるクワントのブティックにわくわくしながら出かけたものだ。彼女が打ち出すファッションは、その時代において常に急進的だった。1950年代後半に伝統的な織物を非伝統的な方法で取り入れ、1960年代には最新の合成素材を使用して、製造業界の技術革新を社会に広く知らしめた。一目でマリークワントだとわかる大胆なパッケージデザインのタイツ、服の型紙、化粧品と幅広く商品展開することで、誰もが手軽にそのスタイルを取り入れることができるようになった。そして、インテリア関連のデザインを手がけることで、住空間にもファッションを浸透させていく。やがて彼女のイメージ、名前、デイジーの花のロゴは、グローバルなライフスタイルブランドの象徴となっていった[1]。

1966年、クワントは国の輸出拡大[2]に貢献したファッションデザイナーとして、大英帝国第4等勲章（OBE）を受勲する。そのあともさまざまな賞および栄誉を受け、2015年には大英帝国第2等勲章（DBE）が授与され、「デイム」の称号を贈られた。クワントというと、ファッションおよび販売スタイルの変革者、とりわけミニスカートを流行らせた立役者というイメージが強いが、本人はただ時代のムードを服に反映させただけだと語り、デザイナーとしての自身の直感的ビジョンを過小評価しがちだ。1966年に出版された『ミニの女王 マリー・クワント自伝』でも、「他のデザイナーたちより早く、その日の気分を感じ取って、服に表現する」能力があることは認めながらも、「何かが沸騰しそうな予感」[3]が世のなかに漂っているタイミングでキャリアをスタートさせたことが成功の要因だったと記している。「私の作る服が、ポップミュージック、エスプレッソ・バー、ジャズクラブと一緒に、10代の子たちのトレンドにたまたまぴったり一致したのです」[4][1]。

本書では、1950年代から80年代にかけてのスタイルの変遷をたどり、さまざまな情報を駆使しながらマリー・クワントというファッション界の伝説的人物についての真実を紐解いていく。クワントが個人所蔵しているアーカイヴ資料の使用は、今回はじめて許可された。V&A博物館が所蔵するコレクションの写真、現存するファッションアイテムやクワントによるデザイン画と共に雑誌、新聞、そして個人および公的に保存されたアーカイヴ

1　P15／マリークワントタイツつきドレス、1966年ごろ、ウールジャージー、V&A: T.28-2018

資料から集積したファッション写真を紹介し、マリークワントの服がどのように世のなかに浸透していったのかを明らかにする。当時、彼女の服を着ていた人たちの証言は、マリークワントというブランドを消費者はどう捉えていたのか、その社会的意義を今に伝える。

2018年6月、V&A博物館は「#WeWant Quant（クワントを求む）」キャンペーンを立ち上げ、クワントがデザインした服飾品の貸し出しと寄贈を呼びかけた。これは、クワントのデザイン観をもっと総括的に提示したいという思いからスタートしたプロジェクトで、化粧品やノベルティーグッズ、マリークワントのファッションに身を包んだ昔の写真など、1000名を超える人々がキャンペーンに参加してくれた。そして最終的に40点以上のアイテムがV&A博物館の永久所蔵品に加えられた。それぞれのアイテムには、所有者についての情報、当時マリークワントのデザインに惹かれた理由、そして購入後、何十年も保管していた理由が詳細に記されている。1966年、イングランド北東部のニューカッスルで教師になるための実習を受けている時、ダークレッドのジャージードレス「フッター」を購入したジーン・スコットは、「どんな場所でも着ることができる、一生モノ的な一着」と表現し、実際、購入からしばらく経った1969年に南ウェールズの海辺のリゾート地ペナースで、このフッターを着ている様子が写真に収められている [2]。

1950年代のおわりから60年代初頭にかけて、マリークワントは世界的成功を収めた。当時の活気あふれる様子につ

いては、クワント自身が自伝に記している。本書のためのリサーチとして、クワントの同僚やスタッフにインタビューをおこなったところ、ファッションビジネスに欠かせない熟練した職人や専門家たちのネットワークが、製造、流通、マーケティングと連携する分野において存在していたことが浮かび上がってきた。クワントが成し遂げたことの真の意義を見極めるためには、こうしたより広い文脈で捉えることが重要だ。その時代において極めて先進的で、今なお未来的であり続けるクワントの仕事の各側面について、ファッション、デザイン、広告の専門家たちが本書を通して考察を繰り広げる。

クワント自身が明言しているように、マリークワントというブランドが成功を収めたのは、夫であるアレキサンダー・プランケット・グリーンの支えがあったからだ。彼はとにかくマーケティングと広報の才能に長けていた。同様に、ビジネスと法律上の才覚を発揮したのが、彼らの友人でありビジネスパートナーのアーチー・マクネアで、「時代の雰囲気を理論的に説明することができた」 [5]。この2人の男性がクワントのデザイン力に限りない可能性があることを見抜き、巨大市場を開拓する手助けとなった。

このパートナーシップ、完璧といえるチーム力が、マリークワントのコンセプトと商品を打ち出していく上での理想的な「看板」となっていく [3]。クワントは自分でデザインした服をプロのモデルのように着こなして、自らブランドのあり方を表現した。1920年代スタイルのボブカットにした濃い赤毛、はっきりとした顔立ち

2　ジーン・スコットと叔父。エディー・アームストロング、ペナース、1969年

は、とにかく写真映えし、ブランドのスタイルを強烈に提示することができた。彼らはマスメディアを巧みに活用し、ビジネスの拡張へと繋げていった。また、ロンドン南西部のキングスロードにオープンし、アクセサリーやナイトウェアやらを販売した最初のブティック「バザー」を世界的なブランドへと大変身させるにあたり、「マリークワント」という社会的階級の香りがまったくしないユニークな短い名前も効果的だった。夫の苗字ではなく、婚前名でブランド展開したのは、彼女の若さと独立心を前面に押し出したマーケティング上の戦略だったと考えられる。とはいえ、クワントは単なるブランドの「顔」だったわけではない。彼女にはファッションについて洞察し、挑発的な観点から語り、執筆する才能があり、ジャーナリストや映画製作者から常に注目されていた。ただ、クワントは生まれつきシャイな性格で、それをなんとか克服するよう、周囲の人々に励まされていたという。そして1960年、クワントは世界に知られるセレブリティーとなった。ブランドの顔として、そしてのちに「スウィンギング・ロンドン」と呼ばれるようになるロンドン発のニューカルチャーの顔として、世界中で知られるようになった。若くて、スリムで、自信に満ちていて、慣習にとらわれない。自らが究極の「チェルシーガール」となって、チェルシー地区のライフスタイルを体現した。

　ロンドン中心部の南西、テムズ川沿いに位置するチェルシー地区は、昔から多くのアーティストが暮らすエリアで、上流階級の住宅街だった。それが1950年代ごろになると、若者が続々とやってくるよう

になる。もともと中流家庭にも人気のエリアで、イギリスのベテラン編集者であるアレクサンドラ・プリングルもキングスロードで幼少期を過ごした一人だ。「背の高いプラタナス、白壁の家が続く街並み、赤いフロックコートを着た退役軍人たち」といった記憶と共に、「ガラス蓋のビスケット缶が置いてあるジョーンズ・ザ・グローサーや、生地屋のシドニー・スミス、売り場にお菓子が山のように積まれたウールワース」など日々の買い物をしていた店のことや、「ピーター・ジョーンズに服の型紙や生地を買いにいく任務」のような「地味な遠征」をしたことを1988年に振り返っている。プリングルが10代になったころ、マリークワントとバザーがメディアを通して広く知られるようになり、他のショップが次々とオープンし、キングスロードは「巨大なつば広ハット、体にぴったりしたリブ編みセーター、キーホール・ドレス（切り込みで肌を見せるデザインのドレス）、幅広のヒップスター・ベルト……白いリップ、極太の黒のアイライン、鋭角的にカットされたヘア、オプ・アートのイヤリング、膝丈の白いロングブーツ」[6]を身につけた若い女性たちであふれかえるようになった。

　1966年にクワントが述べているように「チェルシーはロンドンの一角ではなくなってしまった。世界的な存在になったチェルシーという地名は、単なる地理的な場所ではなく、生き方やファッションの着こなし方を意味するようになった」。1960年代に熾烈な開発と商業化がおこなわれたキングスロードは、今も有名ブランドの店舗が立ち並ぶ、ロンドン屈指のショッピングスポットであり続けている。

3　P18／大英帝国第4等勲章を受勲するマリー・クワント。アレキサンダー・プランケット・グリーンとアーチー・マクネアと共に。1966年

4　「イギリス人カップルの風変わりなスタイル」、『ライフ』(1960年12月5日発行)、写真:ケン・ヘイマン

1959年、アメリカのファッション業界紙『ウィメンズ・ウェア・デイリー』が、クワントとチェルシーファッションに注目しはじめた[7]。翌年には雑誌『ライフ』がニューヨークを訪れたクワントに関する記事を掲載する。クワントと夫のプランケット・グリーンを「装いと言動におけるエレガントな外し方のお手本」と評し、二人がアームストロング＝ジョーンズ夫妻（当時結婚したばかりのマーガレット王女と夫のアンソニー）と親しくしていることにも触れて、「彼らのファッションは見た目よりもずっと奇抜なのかもしれない。今でもあの法服、丈夫なツイード生地、きりっと巻き上げた傘を愛用し続けるイギリスからやってきたのだから」と記している[4]。クワントがデザインする服、そして彼女のメディアでの言動は、伝統的なイギリスのイメージを打ち壊す戦略を巧みに利用していた。『ライフ』に掲載されたメインの写真のキャプションには、「クワントがデザインした、カジュアルなトップと非常に短いスカートをあわせたタータンチェックのスーツ」と書かれている。スカートは膝丈すれすれで、しっかりとした作りの帽子をあわせているため、現代の視点からするとフォーマルに見えるが、1960年代のアメリカでは革新的だった。鮮やかな黄色と黒のマクラウドタータンチェックのウール地を素材とする同じスーツが、バースにあるファッション博物館に収蔵されている[8]。その後、数年をかけて短い丈のスカートが広がりはじめ、1964年以降、その勢いは加速し、1966年にはクワントを含むファッションデザイナーたちが、太ももを大胆に露わにするミニスカートを発表する。結果としてミニスカートは、60年代のおわりまでファッションシーンを席巻し、半世紀が経った今でもごく普通に親しまれている[9]。

1960年の『ライフ』の記事は、ニューヨークの高級デパートのヘンリベンデルがクワントの一連のアイテムを購入したことを大々的に取り上げている。この取引を成立させたビジネス旅行は、未来への突破口となった。『ミニの女王 マリー・クワント自伝』にクワントが記しているように、アメリカ式のスピード感あふれる仕事のこなし方と職業意識、女性実業家たちとの出会い、体型別の規格サイズにあわせて正確に服を生産する仕組みを体験できたことは大きな収穫となった。アメリカのスポーツウェア（上下を自由に組みあわせて

着用できるセパレーツ)とコーディネートに刺激されたクワントとプランケット・グリーンは、帰国後、大量生産に乗り出していく。1961年の秋、アメリカの大手百貨店チェーンである J.C. ペニー[10] が生産と販売を手がけるライセンス契約として、さまざまなマリークワント製品の量産がイギリスでスタートした。J.C. ペニーとの契約は1971年まで続き、マリークワントというブランドを世界市場に送り出すことに貢献した。

　当時、イギリスの既製服業界では既に輸出体制が確立されていた。デザイナーのフレデリック・スターク率いるモデル・ハウス・グループが、その後、ファッション・ハウス・グループとして名をとどろかせながら、業界全体を巻き込んだ活動を通して輸出制度を発展させていたからだ。このグループ傘下の会社は、戦後、オートクチュールに替わる、まずまずの選択肢としての既製服をイギリスの上流顧客たちに巧みに普及させていた。同時に、ロンドンの伝統や威風を感じられる、高品質かつ適度な価格帯の服を求める他国のバイヤーたちへの販売業務もおこなっていた。スタークのブランドであるフレデリカの1959年のコレクションや、スーザン・スモールといった数々のグループ傘下ブランドが、マリークワントが打ち出す若さあふれるチェルシールックに共鳴していった。1946年に政府の支援で再刊行された業界誌『アンバサダー』が、ファッション輸出国としてのイギリスを世界に広く伝える役割を担っていた[11]。1958年にロンドンファッションウィークがスタートするなど、さまざまな取り組みがおこなわれ、ロンドンはパリ、ニューヨークに並ぶファッション拠点となった[12]。

　世界中がイギリススタイルのファッションを求めるようになり、クワントたちはその機運を最大限に活用していく。1963年、クワントは卸売会社、マリークワント・ジンジャー・グループを設立する[13]。この社のブランドの製品は、イギリスのデパートやショップ、そしてオーストラリア、アメリカ、カナダ、ヨーロッパ諸国における百貨店や小売店で販売されるようになる。老舗衣料品メーカーのスタインバーグ・アンド・サンズがジンジャー・グループとライセンス契約を結び、クワントがデザインする服を製造した。ファッション史において見落とされがちな、このビジネス、製造、流通、デザイナーの関連性について、レジーナ・リー・ブラスチェックが「大西洋を横断するファッションビジネス：マリークワントの体験」(P134)で詳しく取り上げている。メーカーがマリークワント社にライセンス料を払い、クワントのデザインする服を製造する。このライセンスビジネスのスタイルが確立すると、大量生産と商品の多様化への道が拓けていく。数多くのデザインを生み出すことができるクワントの才能があれば、サンプルを作成する少人数のチームが必要なだけで、大勢の縫製スタッフを雇う必要はない。マクネアは、このビジネス方式の経済的可能性を早い段階から察知していた。そして実際、マリークワントは1958年から1990年代まで、アイヴス通り3番地にあるこじんまりとしたオフィスと、サウスモルトン通り9番地のジンジャー・グループ用オフィスをベースに、たった30名ほどのスタッフで事業展開し続けた[14]。親しみやすく、協力的な職

場だったと当時働いていた誰もが証言している。

クワント、ブランケット・グリーン、マクネアの社会的背景がよい具合に混ざりあっているのも、ブランドにとって強みになった。本書でもあとでさらに取り上げるが、自伝に記されているように、クワントの両親は共にサウスウェールズ出身で学究的関心が強く、ロンドン南東部にあるグラマースクール（イギリスの7年制の中等学校）の教師をしていた。二人は自分の子供たちに早くから労働倫理の大切さを教え、クワントも弟のトニーも大きくなったら自立すべきだと事あるごとに説いた。一方、クワントの夫となるアレキサンダー・ブランケット・グリーンの家系は、イギリスで最も古く、影響力のある貴族で、母親のエリザベス・ラッセルは第11代ベッドフォード公爵ハーブランド・ラッセルの従姉妹にあたる。ベッドフォード公の邸宅はベッドフォードシャー州のウォバーン・アビーという広大なカントリーハウスで、パラディアン様式の館は17世紀以降、イギリスの社交および政治の中心地として機能し、1955年からは一般公開されている。哲学者のバートランド・ラッセルなど親戚に著名人も多く、歌手のハリー・ブランケット・グリーンは父方の祖父だ。

アーチー・マクネアはデヴォン州ティヴァートンで生まれ育ち、1911年の国勢調査記録によると、当時、父ドナルドはエクセターで貿易事務員をしていた。母方の祖父トーマス・ジョーダンは靴墨工場の共同経営者で、車のタイヤの修理キットの特許で一財産築いている[15]。特許と株式の取引に長けていた父親の影響で、

マクネアはビジネスや金融への関心を深めていく。マクネア家は保守派のキリスト教団体「プリマス・ブレザレン」の信徒だった。第二次世界大戦時、未来のビジネスパートナーとなるクワントとブランケット・グリーンはまだ子供だったが、マクネアは予備消防隊のパイロットとしてテムズ川での戦闘に従事している。予備消防隊の任務は危険度が高かった。

アレキサンダー・ブランケット・グリーンはイングランド南西部ブライアンストンの学校に通い、そこでのちにイギリスのインテリアデザイン界の巨匠となるテレンス・コンランと親しくなる。クワントはというと、まずケントへ、その後ウェールズへと疎開し、両親が疎開児童への教育に熱心に携わるなか、大いなる自由を満喫したと自伝に記している。戦時中、社会全体が大混乱に見舞われたが、親と離れて暮らす子供も多く、同じ場所にいたとしても大人たちは生き延びることに必死で、その結果、自由な幼少期を過ごすことができたのだと振り返っている。そしてクワント世代の人たちは戦時中の体験を未来にうまく生かしていく。困難な状況に対処し、リスクに立ち向かうことで、プラスの結果を引き出す叡智を得たのだ。

第二次世界大戦時の耐乏状況から、グローバル化された脱工業社会へとイギリスが変化していくのにともない、クワントの人生も広がっていく。グラマースクールから大学や秘書養成学校に進学し、あるいは看護婦や教師になるための実習を受けて仕事に就き、その間に子育てもする女性たちのために、クワントは社会の変化を反映する洋服をデザインした。

当時、多くの女性がファッション業界で働いていた。ジョン・ステファン、キキ・バーン、ジョン・ベイツ、ジーン・ミュアーなど、1950年代の消費ブームにのって革新的な若手デザイナーが次々と登場した。それでも「スウィンギング・ロンドン」のファッションアイコンとしてもてはやされたのは、クワントだった。そもそも最初にトレンドを打ち出したのがクワントだからだ。ミニスカートに代表される彼女の服は、若さ、自由、制度化された秩序に反する快楽主義の勝利のシンボルとなっていった。オーダーメイドのスーツにボーダーハットをあわせた、ロンドンのビジネスマンに象徴されるイギリス社会の階級制度への反抗だ。1966年にブリティッシュ・パテ社が制作したドキュメンタリー映像『MARY (EXPORT) QUANT（マリー〈輸出〉クワント）』には、スタインバーグ・アンド・サンズのレオン・ラプキンといった業界の大物たちとの打ちあわせ風景が記録されている[16]。自分の意思をはっきりと伝え、押し通していくクワントの姿に、当時の彼女の影響力の大きさが伺える。デザインの考案者として、そして意思決定者として相当な力を有していて、それがビジネス全体の売上に繋がっていた。1960年代以前は既製服を手がけるデザイナーの報酬は微々たるもので、名前が知られることなどほとんどなかった。クワントが印刷媒体やドキュメンタリー映像に積極的に登場した結果、デザインとそれを手がけるデザイナーという存在への注目度が高まった。当時の女性にとって、これはかなり異例なことだった。

「ウーマンリブを待っている暇はなかった」[17]。クワントがフェミニズムについて私感を述べることはほぼなかったが、自分自身と多くの女性たちに自信と強さを与えてきたことにまちがいはない。砂時計のようにウエストがくびれて、足元はハイヒールという1950年代スタイルに取って替わる、「普通の生活をする動作に適した」[18]自由で、拘束されない服と靴をデザインし、大成功を収めた働く女性として注目される存在だったからだ。1966年に出版された自叙伝は、若い女性たち、とりわけファッション業界でキャリアを積みたいと考える女性たちにとって未来の指南書となった[5]。デザイン・コンサルタントのバーバラ・フォークスも、この本に刺激された一人だ。

デザイン学校を卒業したあと、この本を読んで、マリークワントの服をアメリカで製造しているピューリタン・ファッション社を私の最初の職場とすることに対し、自信をもつことができたのです。彼女は女性のファッションに革命的な変化をもたらしました。それを疑う余地はありません。もし、マリーがいなかったら、今でも女性はガーターやら留め具つきのアイテムを使って、体のあちこちを矯正しているかもしれません。でも、何よりも賞賛すべきなのは、彼女が女性の労働者に与えたインパクトだと思います。今でも何かに行き詰まった時、『ミニの女王 マリー・クワント自伝』のページをめくるのです。何事も可能だと思い出すために[19]。

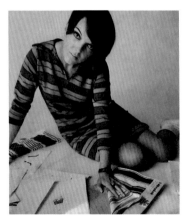

マリークワントという強力なブランドと、クワントがもたらす社会的意義はメディアを通して大々的に宣伝された。テレビが広く普及しはじめ、雑誌を手にする人も増え、メディア自体も変革の時期にあった。写真とカラー印刷の質が向上し、タブロイド紙はより多くのビジュアル要素を組み込むようになる。イラストよりも写真が多く使用され、デザイナーによるファッション情報が購読者に発信されていく。『ヴォーグ』や『クイーン』といった既存の女性誌も、若い消費者のためのファッションページを新しくスタートするなど刷新され、労働者階級の若い女の子たちをターゲットにした『ハニー』（1960年）、『ペチコート』（1966年）などの新しい雑誌も創刊された。クワントたちデザイナーに関する華やかで活気に満ちたストーリーが続々と掲載され、デザイナー側が高く買ったカラー広告ページに商品が魅力的に紹介された。クワントたちは、1965年にレインウェアブランドの「アリゲーター」、アンダーウェアブランドの「ユースライン」をライセン

ス展開し、1966年には「マリークワント・コスメティック」で化粧品のデザインをスタートさせる。

雑誌のページを利用してクワントが自身や店舗を巧みに宣伝できたのは、夫のプランケット・グリーンの魅力も大きかった。彼のアシスタントだったアナベル・マッケイ（旧姓タイラー）によると、プランケット・グリーンは「広報の達人で、ファッション関係の女性記者たちに大人気」だったという（PART3のマッケイによる追想）。1950年代後半から、『クイーン』のカテリーヌ・ミリネア（ベッドフォード公の娘で、プランケット・グリーンの親戚）、『ヴォーグ』のクレア・レンドルシャム、『サンデー・タイムズ』紙のアーネスティン・カーターといったベテランのファッションジャーナリストたちがクワントを応援していた。『サンデー・タイムズ』のメリエル・マックーイ、『タイムズ』のプルーデンス・グリン、『デイリー・ミラー』のフェリシティ・グリーン、そしてマリット・アレンといった新聞記者たちもクワントのファッションショーを定期的に取り上げ、その革新的なデザインに関するニュースを幅広い読者たちに伝えた。当時、ケンブリッジ大学の学生だったファッションジャーナリストのスージー・メンケスも、マリークワントについて記事を執筆した。メンケスは2013年、私物のブランド品をクリスティーズのオークションに出品したが、クワントがデザインしたアイテムも含まれていた[20]。『コスモポリタン』のディアドラ・マックシャリー、『ノヴァ』のブリジッド・キーナン（『ノヴァ』以前は『タイムズ』と『サンデー・タイムズ』）など、若い女性向けの新しい雑誌のファッションエディターやジャーナリストたちもクワントのデザインを

大々的に取り上げており、一連のファッション写真と記事は当時のマリークワントの人気の高さと、マリークワント製品のターゲット層に関する貴重な資料となっている。

　ジャーナリズム、ファッション写真、服を着こなすモデルたち。これらの要素が織りなす世界の中心にいたのが、クワント、プランケット・グリーン、マクネアだ。マクネアはキングスロード128番地に写真スタジオを構えていて、1階にコーヒーバーをオープンしてからは2階にスタジオを移していた。クワントと仕事をした写真家たちについてはスザンナ・ブラウン（P96）が、そしてブランドの広告、あるいはファッションエディターたちによって雑誌用に撮影された数々の伝説的なファッション写真に登場するモデルたちについてはステファニー・ウッド（P73）が明らかにしてくれる。

　1966年、ガラ・コスメティック社がロンドン南西部のサービトンにある大規模な自社工場で製造をスタートさせたマリークワント・コスメティックの製品は、「Come Clean（白状する／清潔になる）」というネーミングの洗顔料、「Starkers（素っ裸／素肌）」というファンデーションなど、ブランドのもつ軽妙さが明快にあらわれていた。百貨店のショップには、特別に訓練されたコスメアドバイザーが配置された。彼女たちが商品をどのように販売していたのか、ベアトリス・ベーレンのエッセイ（P188）が解き明かす。既に世間に広く浸透していたマリークワントのブランドイメージをベースにした独特の広告戦略で、メイクアップ商品は世界中に普及していった。誰もが知っているクワントのルックス、人柄、そして彼女のユーモアや社会

に対する態度を前面に押し出した広告戦略については、ジャナイン・サイクスのエッセイで取り上げる（P202）。

　1969年、クワントたちはバザーを閉店する[21]。顧客に直接販売するよりも、ライセンス販売を主軸とするグローバルブランドとして、ファッションだけではなく、他の分野にも進出しようというマリークワント社の未来図のあらわれだった。クワントによって承認されたデザインや商品構想を他社に売って商品化させる取り組みから、さまざまなコラボレーションアイテムが生まれた。香港のモデル・トイズ社が手がけた、身長23cmの着せ替え人形「デイジー」もその一例だ。1週間のおこづかいが10ペンスの女の子たちでも、1970年代のグラマラスなファッションを楽しむことができた。マリークワントのスタイルはインテリアにも浸透していった。カリントン・ヴィエラ・グループ傘下のドルマと、デュラックス塗料で知られる総合化学会社のインペリアル・ケミカル・インダストリーズ（ICI）が、掛布団カバーなどのファブリック製品を展開した。ライフスタイルに関連する製品とマリークワント店舗の斬新な装飾については、ヨハンナ・アガルマン・ロスがインテリアおよびプロダクトデザイン史研究者の視点から考察する（P238）。

　1973年11月29日、ロンドン博物館において『Mary Quant's London（マリークワントのロンドン）』展が開催された[6]。ファッションに重点を置いた展示は、ディレクターのジョン・ヘイズにとって画期的な一歩だった。1971年、写真家セシル・ビートンがV&A博物館で開催した『Fashion: An Anthology（ファッション：アンソロジー「選集」）』

6 『マリークワントのロンドン』展のカタログ、ロンドン博物館、1973年

MARY
QUANT'S
LONDON

Catalogue

London Museum

展[22]が大成功を収める。美術館や博物館でファッションをテーマに取り上げることを人々が望んでいるのは明らかだった。『マリークワントのロンドン』も『ファッション：アンソロジー』もマイケル・ヘインズが展示設計を担当している。『マリークワントのロンドン』展が開かれたのは、ロンドン博物館がケンジントン・アンド・チェルシー王室特別区から文化複合施設バービカンセンターに移築される前年で、王室特別区での最後の年を飾るのに相応しい企画として、また1955年から1965年の間の社会と文化の変化を反映した企画として高く評価された。当時、イギリスは高インフレと経済不況の真っただなかにあり、楽観主義と変化にあふれていた過去を振り返りたいという、懐古的な想いを満たしてくれる展示であったことも魅力だったのだろう。人類学の名誉教授であるブライアン・モリスは、1973年にこう記している。商業主義と消費者文化に乗っ取られ、「革命」は「発端から8年後にして推進力を失ってしまった。アイドル歌手は破産し、エスプレッソバーは街から消え、ビートルズも解散した。でも、彼らが表現したことは、イギリス文化にしっかりと織り込まれている。それに、少なくとも10年間、世界中が『スインギング・ロンドン』をうらやましがった」[23]。展覧会は大成功で、1974年6月30日まで予定されていた会期は2か月延長された[24]。

　1963年から1973年の10年間にクワントたちのライセンスビジネスは、ストッキングとタイツ、アンダーウェア、サングラス、帽子、靴、インテリアなど多分野へと拡張し続け、機能的でファッショナブルなさまざまな商品が工業規模で生産された。ロンドン博物館での展示は、ミニスカートやタイツ、ホットパンツの大流行との関連ではなく、その型破りな姿勢でファッションの歴史に特別な位置を占めるクワントの功績を賞賛している。「伝統という壁に大きな穴を開け、そこから若い才能がファッションに繋がるすべての領域に流れ込んでいった。彼女は長い間、堅く閉ざされていた窓を開け放ったのだ」[25]。マリークワントというブランドは、生きる姿勢と思想を表現している。この感覚こそが、現代の生活に広く浸透している彼女の最大の影響力だ。『マリークワントのロンドン』展のポスターとカタログの表紙には、ロンドンのウェストミンスター宮殿の時計台ビッグベンが描かれていて、その文字盤にはデイジーが咲いている [6]。デイジーの花のロゴは、いつ、どこで見かけても、人生を豊かにする愉快な反乱のシンボルとして目に映る。後年、マッキントッシュのアップルのマークやナイキの「スウッシュ」ロゴといった、ブランドを象徴するビジュアルマークが世界を席巻していくが、デイジーはその先駆けだった。マリークワント・コスメティックでキャリアをスタートさせ、その後、広告代理店サーチ・アンド・

サーチのCEO兼会長となり、『永遠に愛されるブランド ラブマークの誕生』の著者としても知られるケヴィン・ロバーツは語る。「マリー・クワントはブランドよりもっと大きなものを作り上げました。彼女は社会的な動きを生み出したのです。それは自由、自信、楽しさ、楽観主義の運動であり、希望と解放の運動でした」[26]。

1970年代後半に向けて、マリークワントはワインや絨毯など、ライフスタイル分野のビジネスを拡張し続け、同時にロンドン・プライド、ヴィエラ・ハウスとのライセンス契約で服のデザインも手がけていた。日本での仕事も増えた。ミニマルスタイルとイギリスの伝統に日本の消費者が反応したからだ。ちょうど、川久保玲や山本耀司がパリコレクションに初参加し、それまでの欧米ファッションや人体の捉え方から脱構築したアシンメトリーのモノトーンの服を発表して、ヨーロッパのファッション界に大きな影響を与えていたころだった。キングスロードでは、ヴィヴィアン・ウエストウッドとマルコム・マクラーレンが435番地にブティック「セックス」をオープンし、台頭するパンクムーブメントの中心地になっていた。両性具有的で自発的な要素が強いパンクは、イギリスの伝統に立ち向かう新しい世代の象徴だった。そして1980年代にイギリスの芸術大学を卒業したジョン・ガリアーノたちが、ジバンシイ、ディオールといったクチュールメゾンで華やかな経歴を積んでいく。クワントがアートスクールで学んだ時代から改革が続けられた、イギリスの芸術大学のシステムと秀逸なファッションコースに育まれた豊かな創造性のあらわれだ。

マリークワントはイギリスファッションを世界に発信し、クワントのデザインした服を通して世界中に欧米スタイルが普及した。自分の名前を冠した独特なブランドを立ち上げ、ちょっと風変わりで若さにあふれた反体制的なイギリスのあり方を提示し、それは今もイギリスのアイデンティティの一部であり続けている。誰もが手軽に楽しめるスタイルを打ち出すことでファッション業界のシステムに変化をもたらし、数多の選択肢のなかから選んで楽しめる媒体へとファッションを転換させた。1966年の自伝にクワントはこう記している。「ファッションは、お飾りではなく、人生の一部」[27]。

クワントのこの言葉は、半世紀以上が経った現代においても深く響く。今のデザイナーたちは、国境を越えて仕事に取り組んでいる。デジタル技術が発達し、時空間を超えた瞬時のコミュニケーションが可能になったからだ。ソーシャルメディアを使って、一般消費者がストリートスタイルのブロガーやファッション評論家となり、ファッション雑誌と肩を並べる存在になっている。理想とする「自分像」をネット上で演出し、誰でも自分をブランド化できる。これは一種の意思決定力のあらわれであり、民主主義的な動きだ。反主流、反企業ブランドへの動きなのだ。逆説的ではあるけれど、クワントという創造者の本質とそのブランドの魅力も、「反ブランド」だったことにある。実態の見えない企業イメージではなく、個人のスタイルと自己表現の提示に徹した。スタイル、そしてファッションの民主化にビジネスの可能性があることをクワントは見極め、巧みに活用したのだ。

MATITA

Erik Hat

1919–
1955
Before
Bazaar

PART 1　バザー誕生まで

マリークワントの歴史は1919年12月16日、アーチー・マクネアが誕生したことからはじまる。その1年前に第一次世界大戦がおわったばかりで、大戦中、父親のドナルドはパレスチナで戦い、母親のジェイニー＝グレース・ジョーダンは長男を出産している[1]。次に生まれたのがアーチーで、その後、弟と妹が2人ずつ誕生して6人兄弟となる。厭世的なキリスト教団体「プリマス・ブレザレン」の信徒だったマクネア家は、教団以外の人たちと交流することはほとんどなく、ラジオや蓄音機といった新しい発明品を家に置くことも許されず、アーチーはちょっと風変わりな幼少期を送ることになる。とはいえ、デヴォン州ティヴァートンでの中流階級の暮らしは快適で、クイーン・アン様式の邸宅には寝室が9部屋あり、使用人が6人いた。マクネアは自宅近くのブランデルズ寄宿学校に通学生として入学する。のちにビジネスに興味をもち、才能を開花させるが、これは母方の祖父トーマス・ジョーダンの影響を受けている。祖父は、ダンヒルの創業者アルフレッド・ダンヒルから、車のタイヤの修理キットの特許を買

い取るなどの事業買収で一財産築いた人物だった。黄色のコンバーチブルタイプのロールスロイスを所有し、専属の運転手がいた。2008年、大英図書館のプロジェクトとして服飾史研究家のアリスター・オニールがおこなったインタビューで、1920年代の幼少期の思い出として、この黄色のロールスロイスが印象に残っているとマクネアは振り返っている。

ブランデルズを卒業後、マクネアはエクセターで事務弁護士になるための実習を受ける。これは両親の希望に従ったもので、脊髄に損傷があり、長時間椅子にすわっているとひどい痛みに襲われるため、本人としては気が進まなかった。そうこうしているうちに第二次世界大戦が勃発し、実習は中断された。宗教上の理由から武器を手にすることを拒否する「良心的兵役拒否者」であったマクネアは、ロンドンに行き、予備消防隊のボランティア参加のパイロットとして、民間防衛隊のなかで最もリスクの高い業務の一つとされたテムズ川での戦闘に従事した。終戦後、エクセターに戻り、法的資格を取得するための勉強を続けるが、1947年、プリマス・ブレザレン派を脱会し、写真家として新たな道を進むことを決意する。そして1950年にロンドンに戻ると、政府が徴用していたキングスロード128番地の2階つき店舗をケンジントン・アンド・チェルシー評議会から買い取り、写真スタジオ「アリスター・ジョーダン」を設立。1954年7月4日にはコーヒーバー「ファンタジー」をオープンした。1750ポンドという安価で手に入れたこのキングスロードの陽当たりのよい一等地はチェルシー地区の人

7　P28／ファッションブランド「マティータ」の広告、帽子：エリック、『タトラー・アンド・バイスタンダー』誌（1950年6月7日発行）

8　左／1955年当時のファンタジー、1959年公開映画『Food for a Blush（赤面する食べ物）』より

気スポットになっていく [8]。店内にはイタリアのラ・パボーニ社製のエスプレッソマシンが置いてあり（ロンドンに最初に輸入されたなかの1台だった）、近所に住んでいる俳優、アーティスト、貴族たちの「たまり場」のような存在となっていった [9]。マクネアが特に親しくしていた友人であり隣人に、アンソニー・アームストロング＝ジョーンズ（のちにマーガレット王女と結婚し、スノードン伯爵となる）、ブリストル侯爵で有力な出版業者のロバート・アースキン、『クイーン』のリニューアルを手がけることになるマーク・ボクサーらがいた。ファンタジーを中心に賑やかなパーティーや音楽イベントが繰り広げられた。それはマクネアが生まれ育った、プリマス・ブレザレン派の「どう考えてもバカバカしい」規則にしばられ、兄弟全員が人生に対して「不敬な」態度を取るようになってしまった保守的な家庭環境とことごとく対照的だった。人生を大いに楽しもう——このマクネアの姿勢に、戦争を体験した多くの人々が共鳴していった [2]。

ファンタジーをオープンした3週間後の1954年8月7日、マクネアはキャサリン・フレミングとサフォーク州のラヴェナム教会で結婚する [3]。フレミングは元イギリス海軍の看護婦で、1953年に二人がチェルシー地区で出会った時には陶芸の先生をしていた。不動産開発に乗り出す行動力と創造性、起業家精神を兼ね備えていたマクネアは、この時、既にチェルシー地区の中心人物だった。

このマクネアのビジネスと法律に関する才能が、その後、マリークワントの成功を生み出すことになるのだが、彼らの活動がメディアの見出しを飾り、記事に取り上げられ、ロンドン中のファッション媒体とその読者たちを魅了するようになった。背景にあるのは、アレキサンダー・プランケット・グリーンの機知とユーモアと社交的才能だ。新しいスタイルを打ち出す才能をもつプランケット・グリーンとクワントが、ゴールドスミス・カレッジで出会い、二人の間に化学反応が起こったことから、マリークワントというブランドの物語は本当の意味ではじまる。『ミニの女王 マリー・クワント自伝』の冒頭部分の数ページにわたって、クワントは未来の夫となるプランケット・グリーンのユニークな着こなしと、彼が周囲にいる人たちに与える影響について語っている。「彼はシルクのパジャマをシャツ替わりに着て、母親のものに違いない丈の短い細いズボンをはいて、チェルシーブーツの上に白いふくらはぎをのぞかせていた」 [4]。

クワントがゴールドスミス・カレッジに

通いはじめるのは1949年、あるいはその少し前からだ。公式の記録は見つかっていないが、2年間デザインを学び、その後、美術の教師になるための1年間のコースを取ったのではないかと考えられる。ファッションの世界に進むことを両親が認めなかったため、妥協策として教師コースを履修したのだ。クワントに遅れて入学したのがプランケット・グリーンで、専攻はイラストだった。イングランド南西部ドーセットにあるブライアンストン公立学校を卒業していた。リベラルで創造的な価値観を推奨するブライアンストン校について、クワントは「（名門）イートン校もどきという感じだけれど、生徒たちは途方もないほど自由に見える」と語っている[5]。1932年6月17日生まれのプランケット・グリーンは一人っ子だ。両親のリチャード・プランケット・グリーンと母エリザベス・ラッセルは、当時、「陽気な若い人々」とタブロイド紙などで称されたおしゃれな上流階級出身者で、イーヴリン・ウォーの小説『卑しい肉体』（1930年）や『回想のブライズヘッド』（1945年）の登場人物のモデルになっている。リチャードとウォーはオックスフォード大学在学中に知りあい、1926年12月21日、リチャードとエリザベスがロンドンのホーリートリニティ教会で結婚した時にはウォーが新郎の付添人を務めている[6]。クワントによると、リチャードと弟のデイヴィッド、妹のオリヴィアは時々ニューヨークに出かけ、ハーレムのジャズクラブに行ったり、ズボンを仕立てたりしていたそうで、後年、アメリカでさまざまなビジネス展開をしていくマリークワントの未来との繋がりを感じる。リチャード

について、ウォーはこう記している。

見かけは海賊のようで、時々イヤリングをつけたりもして、船の上の善良な男という印象だった。強い煙草をいつも吸っていて、彼の兄弟はみなそうなのだが、哀愁を帯びていて、でも同時に次から次へとワイルドな情熱に取りつかれていた。1本のパイプやネクタイを買うのにも、コレクターのように細心の注意を払った[7]。

リチャードもエリザベスも、斬新な活動を繰り広げる音楽家や作家といった著名人を輩出してきた家系の生まれだった。リチャードの父親はバリトン歌手のハリー・プランケット・グリーンで、母親のグウェンドリン・パリーの父は作曲家である准男爵ヒューバート・パリーだ。エリザベスはベッドフォード公爵の家系で、哲学者のバートランド・ラッセルや、ヴィクトリア朝後期のロンドンのアート界で活躍したフローラ・ラッセルとダイアナ・ラッセル姉妹などが親戚にいた。クワントが『ミニの女王 マリー・クワント自伝』に記しているように、プランケット・グリーンが「商売」をはじめたことは、彼の一族にとって大きな衝撃だったという。「軍に入るとか、聖職につくとか、農業をやるとか……ただ公爵としてぶらぶら過ごすというのであったら、我慢する心の準備はできていたけれど、洋服を売るのはやりすぎだ」[8]と大叔母たちは嘆いた。それでもフローラ・ラッセルは、遺言でサリーにある自宅をプランケット・グリーンに遺していて、マリークワントのビジネスが大きく展開するな

か、このサリーの家が彼らの憩いの場となった。

リチャードとエリザベスは共に自動車レースが好きだったり、2冊の探偵小説を共著していたりもするのだが、プランケット・グリーンが8歳の時に離婚した[9]。プランケット・グリーンは父親について、「わくわくする訪問客、海軍の制服を着た背が高くてハンサムな海賊といった感じで、たまに突然やってきておもしろい話をしてくれた」とクワントに語っている。第二次世界大戦中は、母方の祖母ヴィクトリア・ラッセルと16人の疎開少女と、ギルフォードに近いリッジウェイで過ごした。従姉妹のレイチェル・ブラキストンとキャロライン・ブラキストン（のちに女優となる）も近くのクランドンハウスに住んでいた。彼女たちの父親で作家のノエル・ブラキストンが、一時的に移転された公文書館の責任者を勤めていたからだ。

こうした親戚たちの豊かで文化的な生活が、プランケット・グリーンに大きな影響を与えていく。エレガントなボヘミアンスタイルと知的な政治活動が融合した雰囲気が、チェルシー地区のコーヒーバーにはごく自然に漂っていて、マリークワントというブランドの背景になっていった。プランケット・グリーン家の人たちは誰に対しても、家族あるいは友人として平等に接していたと、バザーのスタッフや顧客が回顧するように[10]、この誰をも取り込んでいく感覚、ユーモア、そして楽しさがマリークワントのファッション写真と商品の広告の特徴となっていく。1960年代初期のマリークワントのデザインは、一世代前、つまりプランケット・グリーンの両親

世代に強く影響されていて、「陽気な若い人々」の活気あふれる様子を追想している。クワントは、1920年代に流行したフラッパー（ショートヘアのボブ、濃いメイク、短いスカートというファッションをまとい、それ以前までの社会規範を逸脱するライフスタイルを楽しんだ女性たち）のスタイルを再解釈しながら、繰り返しデザインに取り入れていて、1960年には自分の髪を1920年代スタイルのボブにしているほどだ。

クワントは自伝で、自分とプランケット・グリーンが生まれ育った家庭環境の大きな違いについて巧みに表現している。クワントの父親ジョン・クワント（愛称ジャック）と母親のミルドレッド・ジョーンズは[11]、共にウェールズ南部の炭鉱地帯で生まれている。1911年の国勢調査記録によると、クワントの父方の祖父であるヘンリー・クワントはプルデンシャル生命保険会社の保険販売員で、妻のキャロライン、2人の娘、そしてクワントの父親であるジャックとポンティプリットに住んでいた。母親のミルドレッド・ジョーンズは、父トーマスも母エイミー＝マリーも小学校の教師をしていて、住み込みの使用人を雇っていた。ジャックとミルドレッドがどこで出会ったのかはわからないが、彼らはグラマースクールに通い、その後、カーディフ大学に入学し、第1級優等学位を取得して、グラマースクールの教師となった[12]。1925年には既にロンドンにいて、ウーリッジで結婚し[13]、ブラックヒースに近いプラムステッドのイーグルスフィールド通り43番地に住みはじめ、1930年2月11日にバーバラ（愛称マリー）が、1933年にジョン・アンソニー（愛称トニー）が生まれた。弟のト

ニーによると、クワントは子供のころ、バーバラと本名で呼ばれると断固として返事をしなかったという[14]。一生懸命努力すること、そして学業に励むことの大切さを教えられて育ったため、家で「何もしないで、ただすわっていると、ばちが当たりそうだった」ともいう。プランケット・グリーン家と違って、華やかな社交的繋がりなどまったくない日々を過ごしてきたクワント夫妻は、娘が美術学校で出会った友人たち――仕事よりも「快楽や道楽の追求」を優先する人々――のライフスタイルに閉口するばかりだった。クワント夫妻にとって、プランケット・グリーンの「自由奔放な言動」は理解できないものだった[15]。

第二次世界大戦が勃発し、1940年ごろ、クワント一家はケント州のウエストマリングに疎開する。クワント夫妻はブラックヒースから疎開してきた就学児童たちの教育に勤しみ、クワントと弟のトニーは田舎生活で自由を満喫する。他の子供たちと一緒にいろいろな遊びをして、「大混乱」を引き起こすこともあった。ロンドンに向かって敵機が飛んでいく、その飛行経路の真下での疎開生活は、常に戦争の存在が感じられて、はらはらするものだった。ケント州での滞在中、少なくとも4回、学校ともども疎開場所が変わり、その後、クワント一家はジャックが受けもっていた男子の疎開児童たちと一緒にウェールズの港町テンビーに移動する。ここでクワントとトニーは、休日に船の清掃と子供たちにセーリングを教える仕事をしてお金を稼ぐようになる。こうした経験から、苦境から立ち直る力と起業家精神が養われたのかもしれない。クワントという

と、反体制的で自信に満ちたデザイナーという印象があるが、自伝にはシャイで慎しみ深い性格があらわれていて、幼少時からファッションと裁縫に興味があったことが記されている。現存する1944年のスケッチブックには、イギリスの挿絵画家マーベル・ルーシー・アトウェルをまねた画法でチャーミングな子供が描かれている[10]。

クワントは子供のころ、自分の着ている服がいつも嫌だったと自伝に書いている。とりわけ従姉妹からのおさがりの「ごてごてと飾りがついた」服を着させられるのが嫌だったという。どういうデザインの服が着たいのか、既にわかっていたのだ。少女クワントは、友達がタップダンスの練習の時に着ていたユニフォームに惹かれる。体にぴったりフィットした黒いセーター、丈の短い黒のプリーツスカートに黒いタイツをはいて、足元は短い白ソックスに黒いエナメルのストラップシューズ。その友達は「今、ヴィダル・サスーンが好んでやっているように前髪を切り下ろしていて、とにかくうらやましかった!」[16]

戦後、ロンドンに戻ると、父方の伯母フランシスが、ショッピングのためにロンドンにやってきてクワント家に泊まるようになる。自伝によると、フランシス伯母さんはプロの占い師で、当時まだ10代だったクワントの未来の結婚相手と職業について不気味なくらい正確かつ詳細に予言したという。クワントの直感や、人々が次に何をほしがるのかを見抜く力は、この伯母から引き継がれているのかもしれない。

クワントはグラマースクールを卒業する

と、ゴールドスミス・カレッジに入学し、ア
ーティストのサム・ロビンからデッサンの
授業を受ける。ファッション画の技術が磨
かれたことは明らかで、のちに画家となる
ブリジット・ライリーもこの時期にロビンの
指導を受けている[17]。ファッション関連の
授業はなかったが、デザインコースを履
修していたクワントは、幅広く創造に関し
て学ぶことができた。2014年にオークシ
ョンで販売されたゴールドスミス時代の
スケッチブックには、広い肩幅と細い身ご
ろのコントラストが印象的な1940年代
風の黒のイブニングドレスが描かれてい
る[18][11]。画家のクライヴ・ガーディナー
が校長を務めていたゴールドスミス・カレ
ッジは、芸術を学ぶ場として既に高い評
判を得ていて、美術はもちろん他の科目
の教師の育成にも力を入れていた。ロン
ドン大学の系列教育機関であるゴールド
スミスは独自性と自律性に富んでいて、

キャンパスから8kmのところにイーグルス
フィールドロード駅があるというのも便利
だった[19]。ゴールドスミスで過ごした最後
の年、クワントとプランケット・グリーンは
時間があると、ロンドン中心部やチェルシ
ー地区に出かけていて、そういう時、クワ
ントは父親との約束通り、チャリングクロ
ス駅から最終電車に乗って夜11時まで
に帰宅していた。プランケット・グリーンや
仲間たちとどんな夜遊びや悪ふざけをし
ていたのか、『ミニの女王 マリー・クワン
ト自伝』に事細かに描かれている。チェ
ルシー地区のビューフォートガーデンズ
にあったプランケット・グリーンの部屋が、
母親の不在をよいことに、ボヘミアン的に
散らかっていたことや、プランケット・グリ
ーンがこづかいを手にした日は、セント
ジェームスにあるクアリーノで、シャンパン
を飲みながら豪華な食事をしたことなど
が明かされている。

　両親の期待に反して、教師にはならな
いと決めたクワントは、美術教師の資格
を手にする前にゴールドスミスをあとにす
る。そして実家に住み続けながら、上流
階級向けの帽子店「エリック」のアトリエ
で見習いとして働きはじめる。デザイナー
のエリックはデンマークの伯爵の息子で、
ロンドンのクチュールファッションの中心
地だったブルック通りのクラリッジスホテ
ルの隣に店を構えていた。エリックがデ

11 マリー・クワントのスケッチブックの
1ページ、1949-50年ごろ

ザインする帽子を個々の顧客のサイズに
あわせて複製する仕事をしていたパトリ
シア・ステーシー（旧姓チルトン）は、当時
のクワントについて「華奢な、ひょろりとし
た女の子」で「長い茶色の髪をポニーテ
ールにしていた」と記憶している。「静か
に話す、とてもシャイな子」だけれど、「人
の話をしっかり聞いていて、彼女に対し
て同じ指示を二度することはありませんで
した。物覚えが早かったのです」[20] とも語
っている。1950年代の初頭、帽子は社
交界のさまざまなイベントがおこなわれる
春から夏にかけてのロンドンシーズンだ
けでなく、日々の生活に欠かせないアク
セサリーだった。その後、普段着が大量
生産されるようになると、女性たちはフォ
ーマルな装飾品から離れていくが、この
時点ではまだまだ帽子は大人気で、多忙
な職場だったことがステーシーの話から
もわかる [12]。戦時中から続いていた衣
服の配給制度が1949年におわり、女性
らしい小ぶりの帽子の流行が戻ってきた
ころのアトリエの様子をこう話している。

　　素材のカットから、アイロンがけ、縫
　　製、型入れとすべての作業を、この

アトリエでやっていました。店のす
ぐドにある大きな地下室を使ってい
て、ホテルのボイラーが置いてあり
ました。部屋は暖かくて、帽子に飾
りをつけるのに使っていた接着剤
の匂いがしていました。布の反物、
ボタンが入った瓶、リボン、糸の入
った箱がスペースを占領していて、
作業台のいたるところに布見本とブ
ランドのタグが散らかっており、ピン
もちょっと落ちていました [21]。

　エリックで働いている時、クワントは「マ
ッチャー」と一緒にロンドン中の小間物商
を訪れていたようだ。マッチャーとは帽子
作りに必要なサンプルを集める人のこと
で、「レース、ネット、羽根、シンプルな木
綿に特別な毛皮……素材のよさを見極め
るよい目をもっているのがマッチャーでした。
（クワントは）生れながらの個性的なよい目
をもっていて、帽子作りの最終工程の装飾
を任されるようになり、ガイズ病院で歯科
の勉強をしていた弟から借りた医療用の
探針を使って作業していました」[22]。クワン
トがエリックで働いていた日々を、ステー
シーはこう振り返る。

古い世界が消え去ろうとしている時期で、でも、それはマリーにとって愛着のある世界ではなかったのです。彼女は若くて、わくわくするような楽しいファッションを誰もが手にできるようにしたいと考えていました。エリックで働いた日々は、彼女にとっての形成期で、帽子作りの技術だけではなく、多くを学んだと思います。魅力的なウィンドーディスプレイ、シンプルだけれど人々の記憶に残るロゴ、しっかり構成されたファッションショーといったことの大切さです。いろいろなアクセサリーを組みあわせたり、新しい合成素材を取り入れてみたり、そしてこれが何よりも重要なのですが、チームで団結して楽しく仕事をするメリットもここで学んだのではないでしょうか[23]。

クワントがプランケット・グリーンとランチをしたり、クラリッジスホテルのバーにいたりするところをよく見かけたというステーシーは、二人が一緒に住んでいることも聞いていて、「あの時代に、あれだけ若い年齢で同居するのはかなり進歩的なこと」だったという。1955年の選挙人名簿を見ると、クワントも弟のトニーもプラムステッドの両親の自宅住所に登録されているが[24]、プランケット・グリーンと同居していたというのは事実かもしれない。このころ、時間があるとクワントとプランケット・グリーンはチェルシー地区で遊んでいた。ロンドン中心部に向かう放射状道路の一つで、キングスロードの北端につながるフルハムロードにあったパブ「フィンチ」によく出かけ、「そこに集まる若い建築家、画家、ミュージシャン、彫刻家、映画監督、のらくらしている自由人」といった創造性豊かな人たちと出会う。「楽観的かつ積極的」で、熱意をもって自分の仕事に取り組んでいる人々で、のちに彼らは「チェルシーセット」と呼ばれるようになる[25]。

1954年、クワントとプランケット・グリーンはこのパブでマクネアに出会う。いつもスーツ姿で手に傘を持っている風貌は少々浮いていたが、数々のコーヒーバーやレストラン、そしてブティック「バザー」をオープンできたのは、マクネアの功績が大きいとクワントは明言している[26]。マクネアとプランケット・グリーンが5000ポンドずつ投資し(クワントの23歳の誕生日にあたる1953年2月11日、祖母ヴィクトリア・ラッセルが亡くなり、プランケット・グリーンは遺産を相続している)、三人は店を出すことにする。キングスロード138番地aにあるマーカムハウスの地下室つきの店舗に空きがでると、交渉を重ね、8000ポンドで不動産の自由保有権を手にする。そして1955年にクワントは、帽子屋エリックの仕事を辞める[27]。

1955–1962

Boutique to Wholesale

PART 2　ブティックから
　　　　　大量生産スタイルへ

クワントたちが1955年にオープンしたブティック「バザー」は、その後の7年間でさまざまなアイテムを大量生産し、アメリカに輸出するデザイナーブランドへと大転換を遂げる。この変革期の活気あふれる様子については、『ミニの女王 マリー・クワント自伝』に詳細が記されている[1]。クワント、プランケット・グリーン、マクネアは、バザーをどんな店にしたいのか最初からはっきりとわかっていた。店頭の窓を旧式のものからシンプルなガラス張りのディスプレイ用ウィンドーに変え、店の前の鉄柵を撤去して広々とした空間にする。このリフォーム案にロンドン市議会の都市計画部とチェルシー協会が強く反対したため、実現までに6か月かかるのだが、その間にクワントは実家を出て、チェルシー地区のオークリー通りにあるワンルームアパートメントに引っ越した。マク

ネアとプランケット・グリーンから週5ポンドの給与をもらっていた彼女は（エリックでの報酬の2倍だった）、店のオープニングに向けて株を買い、卸売業者たちと知りあい、美術学校に出かけて、学生が作ったジュエリーを購入するなど精力的に動いていた。「バザー」というネーミングは気が利いていた。「ちょっと変わった」を意味するビザール（bizarre）と音が似ていて、風変わりでおもしろい商品を売っていることを示唆でき、マーケットや教会のバザーのように、とにかくいろいろな品物が揃っているイメージを喚起させるからだ。18世紀以降、小売業の歴史において、バザーは重要な役割を果たしてきた。初期のバザーは通路の両側に露店や屋台がずらりと並び、人々が楽しみながら買い物ができる場所だった[2]。情報通の消費者が楽しく見てまわれるように、厳選した

13　P38／ナイツブリッジにオープンしたバザー2号店のウィンドーディスプレイを手がけるマリー・クワント、1962年、写真：シャールク・ハタミ

14　左／バザー キングスロード店、1960年ごろ、マリークワントアーカイヴ

15 「新しい年を迎え
るためのナイトシャツ」、
『ピクチャー・ポスト』
（1955年12月24日発
行）、写真：バート・ハー
ディー

商品を取り揃えていた――クワントたち
のブティックのあり方は、パリのセレクト
ショップのコレット（1997-2017年）や川久
保玲が2004年にロンドンにオープンした
ドーバー ストリート マーケットなど、今も
個々のショップに引き継がれている。

　最初、クワントは服をデザインするの
ではなく、買いつけの仕事に奔走して
いた。バザーで売るための「洋服、アク
セサリー……セーター、スカーフ、シフ
トドレス（肩からまっすぐにたれ、胸元にダー
ツが入り、ウエストは切り替えのないワンピー
ス型の女性服）、帽子、ジュエリー、ちょっ
と変わったあれこれ」を仕入れていた
のだ。「2シリング6ペンス」の黒のス
トレッチタイツとビニール製の白い小さ
な襟は、「文字通り、何千個と売れた」[3]

という。「イタリアやオーストリアから輸入
したアイテムを揃えてオープンして、それ
がすごく評判になって……最初の数週間
で売り切れました。その次の段階として、
ロンドンの卸売業者に私のデザインを商
品化するように働きかけて、ついに自分
のアトリエをもてるようになったのです」[4]
と、クワントは1959年に語っている。バ
ザーのオープンからこのアトリエ開設ま
で、1年ほどかかっているようだ。バザー
では、オープン当初からナイトウェアを取
り扱っていて、1955年の『ピクチャー・
ポスト』誌のクリスマス号に真っ赤なナイ
トガウンが掲載されている [15]。バート・
ハーディーが撮影した写真で、黒い肌の
人形やらぬいぐるみを手にしたモデルた
ちが子供のように捉えられていて、当時

16　下／バザー キングスロード店のウィンドーディス
プレイ、1960年12月、写真：マーク・ベッペ　17　右／バザー キングスロード店のウィンドーディスプレイ、
1961年ごろ、マリークワントアーカイヴ

と今のジェンダーや人種に対する問題意
識の差が顕著にあらわれている。

　地下のレストランに続いて1階にバ
ザーをオープンした時、多くの人が外に
あふれ出したとクワントは回顧している
[14]。これはマクネアの証言と少々異なる
のだが、いずれにしても1955年9月号の
『ハーパーズ バザー』誌に掲載された
告知によると、バザーのオープニングは
予定よりも遅れたようだ[5]。パブ「フィンチ」
での遊び仲間にファッション雑誌のアシス
タントたちが加わって、プランケット・グリ
ーンが手がけるナイトクラブのようなレス
トランでは、毎晩、お祭り騒ぎが繰り広げ
られ、これがバザーの売り上げに繋がっ
ていく。

　当時、多くの店舗が土曜の営業時間
を正午までとしていたが、仕事と遊びが

一緒になっていたバザーでは遅い時間
まで営業していた。ある日、商店法の検
査官がやってきて[6]、土曜の夕方以降は
店を閉めなければならなくなり、これを機
にクワントとプランケット・グリーンはウィン
ドーディスプレイの改革に乗り出す。それ
までブラウスや帽子をピンで留める程度
にしか使われていなかった空間が、アー
トの一形態、そして効果的なマーケティ
ング媒体となって通行人に衝撃を与えて
いく。「みんなを楽しませたかったし、商
品を買ってもらいたかったから」とクワン
トは自伝に記している。「ここで何か買う
つもりなんてまったくない年配の女性たち
がつい立ちどまって、じっと見てしまうよう
な」「巨大で贅沢なディスプレイを純粋な
冗談として」作ることもあったという。「あ
の時は、傲慢でなくてはならなかったか

ら。存在に気づいてもらうために、ぎょっとするような鋭い表現をしなくてはならなかった」[7]。ウィンドーディスプレイだけではなく、バザーが打ち出す価値観や信念には、風刺やナンセンスが込められていて、これは当時、次々と登場していた新しい劇場、テレビ番組、出版物と共通する要素だった。1961年にはコメディーショー『Beyond the Fringe（ビヨンド・ザ・フリンジ）』がロンドンで旗揚げされ、雑誌『プライヴェート・アイ』が創刊。1962年にはイギリス公共放送BBCで時事ネタ風刺コメディー番組『TWTWTW（今週の出来事）』がスタートしている。

世のなかの夫やボーイフレンドをターゲットにディスプレイを展開することもあった。1960年のクリスマスシーズンに通りの向かいの建物で働いていた美大生が撮った写真には、白いトップスに黒のスカートを着たマネキンと、金色のラッピングペーパーに包まれたハーレーダビッドソンのバイクが写っている。マネキンの頭上のボードには「考えて：私がずっとほしいと思っているものを」と手書きされている[8] [16]。どこの店でも特別な装飾をするのがクリスマスシーズンで、プランケット・グリーンの知人たちはディスプレイに使う物資の調達に巻き込まれた。その一人、シャーリー・コンランは振り返る。

クリスマス直前のある夜、12時近くにアレキサンダーから電話がかかってきて、「ヤマウズラの剝製、もってる？」と慌てた様子できいてくるのです。「ないわ。リスの剝製とガラスのケースに入った魚の剝製ならあるけ

ど」「ダメだ……梨の木はもってる？」[9]

巨大なロブスター（死んだものを洗浄して使用）にリードをつけてマネキンが散歩させている光景など、シュールレアリスム的な表現をすることもあった。逆さに吊された写真家らしき人形が、不思議な角度に設置されているマネキンにカメラを向けていることもあった。イギリス特有のドライなユーモアを、ウィンドーディスプレイというアートに込めたのだ。当時アメリカの百貨店は、消費者の視覚に訴える販売戦略であるビジュアルマーチャンダイジングの先駆者として知られていて、1930年代に既にシュールレアリスムなどアート界の動向を反映した演出を取り入れていた。1950年代にはロイ・リキテンスタイン、クレス・オルデンバーグ、アンディ・ウォーホルといったアーティストが、ボンウィット・テラーなどニューヨークの百貨店のウィンドーディスプレイを手がけるようになっていく。イギリスでは、もともとベルリンで創立され、1937年にロンドンで再設立されたライマン美術学校ではじめて商業ディスプレイがカリキュラムに組み込まれた。そこの教諭だったナターシャ・クロールが、未来型百貨店として脚光を浴びていたシンプソンズ・オブ・ピカデリーのディスプレイ責任者となり、1942年から1956年まで、時に時事問題をテーマにミニマルで画期的なディスプレイを展開した。クワントとプランケット・グリーンもクロールの作品をチェックしていたはずだ[10]。

バザーで使っていたマネキンも特別なものだった。ディスプレイアーティストのジョン・ベイツおよびバーウェイ・ディスプレ

イという会社と組んで、「頬骨が高い、現代的な骨ばった顔、最新の髪型、(モデルの)シュリンプトンみたいに細長い脚」のオリジナル製品を作ったのだ。「両脚を広く開いて、片方の足の膝は直角に曲げ、もう片方の足は靴のヒールをふてぶてしく地面にくっつけて爪先を上に向けているといった、ぎこちないポーズで立つ本物の写真モデルのようなマネキンにしたかった」[11]とクワントは説明している。キングスロード店と1958年にオープンしたナイツブリッジ店で展開された初期のウィンドーディスプレイの写真を見ると、クワントがデザインする洋服への興味を湧き立たせる独創的なアイデアが放出されている [16, 17]。

1966年に発売した自伝で、バザー開店当初のことをクワントは「ひどいその日暮らし状態だった」と振り返っている。経理は行き当たりばったりで、ファッション業界はクワントたちがやっていることを真面目に受けとめようとしなかった[12]。それでも彼女のユニークな取り組みは、若者向けのファッションを求める、同じような年ごろの人たちから大きな支持を得て、バザーというブランドは成長株として広く知られるようになる。高級ファッション雑誌『ハーパーズ バザー』は、早期からバザーに注目していた。1955年9月号の「バザーでショッピング」という記事で「ペニー硬貨サイズの大きな水玉」の「薄茶色のパジャマパンツ」が紹介されていて、価格は4ギニー(イギリスの旧通貨)と記されている。バザーが開店する前に掲載されたもので、「若い帽子職人、マリー・クワントによる素晴らしい帽子の数々」[13]

というキャプションも含まれている。その「騒々しいパジャマ」という名のパンツは、クワントがバザーのためにデザインした最初の作品の一つで、当時の彼女の週給にあたる5ポンドで販売していたと『ミニの女王 マリー・クワント自伝』に記している。そのころ、クワントは、バザーで買い物をしたアメリカ人男性が、アメリカでコピー商品を大量生産したいと語ったことに刺激を受けて、服をデザインすることに専念しようと考えた。基本的な洋裁技術しかなかったクワントは、市販されているバタリック社の型紙をベースに、ハロッズ百貨店で買ってきた布を使って自宅の小さなアパートで洋服作りをはじめた。その後、3名の洋裁師と裁断師1名が助っ人にやってくる。自室で作った服は飛ぶように売れて、クワントは身のまわりのものと洋裁道具一式をもって、バザーからスローンスクエアの方向に数軒行ったところにあった、マクネアの店ファンタジーの上階に引っ越すことにする[14]。そしてオリジナル商品の他、クワント特有のスタイルや志向にあっていて、バザーにやってくる顧客がほしがるだろうと想われる洋服やアクセサリーを、オキーフやミッシェル・デリスなどから仕入れて販売していた。

最初は友達やチェルシー地区に住んでいる人たちが顧客だったが、地区開発が進むにつれて、幅広い顧客層がバザーにやってくるようになる。「ファッションの世界からスノビズムが消え去って、うちの店では公爵夫人とタイピストが、同じドレスを買おうと押しあいへしあい

しています」[15]とクワントが語ったのは有名な話だ。デビュタントではダンスのためのフォーマルドレス、ロイヤルアスコットやヘンリーロイヤルレガッタではシルクのアフタヌーンドレスといった紋切り型に拒絶反応を起こしている自分のような女性たちのために何ができるか、クワントはファッション市場に存在する隙間を感じ取っていた。伝記作家のフィオナ・マッカーシーが『Last Curtsey: The End of the Debutantes（最後のお辞儀：デビュタントの終幕）』（2006年）で述べているように、何世紀も前から夏のパーティーシーズンになるとメディアの注目を集める、英国貴族の令嬢たちが宮中で謁見するデビュタントという通過儀礼が続いていたのだが、当時もはや過ぎ去った時代の遺物となっていた。新しい社会秩序が台頭しつつあったのだ。1958年、宮中での最後のデビュタントが開かれ、バザー2号店がナイツブリッジにオープンする[16]。フォーマルパーティーはその後も開催され、デビュタント用のドレスはノーマン・ハートネル、ヴィクター・スティーベルといったメイフェア地区のクチュリエが手がけたり、ハロッズ、ウールランド、ハーヴェイ・ニコルズなど有名百貨店が取り扱っていたりした。もう少し手ごろなドレスも、ナイツブリッジで「マダムの店」として知られていたノラ・ブラッドリーやキングスロードのウェイクフォーズにあり、数ポンドの料金で地元の仕立屋に作ってもらうこともできた。1960

年7月、クワント自身がモデルとなって身につけている、グレイのデニム地のパーティードレスの値段は15.5ギニー[17]で、当時有名ブランドだったスーザン・スモールのカクテルドレスが12ギニーだった。クチュールドレスだったら、250ポンド、あるいは238ギニーほどの価格であったであろう[18]。

　1959年5月号の『タトラー・アンド・バイスタンダー』では、「古いチェルシーの若い顔」と題した記事をイラストの地図つきで掲載し、人気スポットや当時の社会的変化、そしてこのエリアにやってきた若い人々を大々的に紹介している[19]。古い家々を改装し、かっこいい車を乗りまわしているボヘミアン気取りの富裕層や、「短いスカートに風変わりな髪型、毛皮の裏地つきのレザーコートにミンクのクロッシェ帽といった大げさなファッション」をまとった「レディたち」に「きちんとしたスーツに鮮やかなスエードの靴、反り上がったつばを眉のあたりまで下げたソフト帽、蝶ネクタイという出で立ちで、車体が細長くて低いロードスターに乗っているものうげな紳士たち」[19]が取り上げられている。こうしたグループと対照的な存在だったのが、チェルシー地区の人たちだ。コーヒーバー、ナイトクラブ、「お互いの小さな部屋」をぐるぐるめぐっている貧しい学生たち、長い髪に「黒く縁取った目、褐色の肌に白っぽい唇で、膝丈のタイトスカートの上にけばだったロングセ

A40 LONDON

A423 (A420) CITY CENTRE

A418 THAME

B480 COWLEY

19 チェルシー地区の地図が印刷されたティータオル。マーディー・マデンが
『タトラー・アン・バイスタンダー』の1959年5月号用にデザインしたものを
1960年にジョン・ルイス百貨店が製品化した。ロンドン博物館：89.70

ーターを着たビートニク（第二次世界大戦後にアメリカを中心に出現した経済的物質主義を拒否し、ボヘミアン的な快楽主義を追求する若者たち）スタイルの女性たちに……着古したジーンズをユニフォームのようにはいて、ゆるいセーターに髪がだらりとかかって、髭を生やしていることが多い男性たち」[20]だ。

この両極端な種族のギャップを埋めるような存在として、クワントのデザインの発想の源となったのは、自伝で彼女が「モッズ」と呼んでいる「先入観のない、国際的で、先進的な考えをもつ若者たち」だった。そして、こうした若い女性たちが望むシンプルでスタイリッシュな洋服を作っていった。「クールかつシャープで、誰のデザインがほぼわからない」現代的な

デザインは、大卒生たちに多かった芸術家気取りのビートニクスタイルと異なり、階級意識のない、誰もが着られるものだった[21]。サブカルチャースタイルの一つとして今も男女問わず支持されているモッズは、ファッションを超えた、社会に対する態度の表現と見なすことができる。モッズは微妙な細部の積み重ねによって全体像を作り上げる、「因習と反抗が混ざりあった」スタイルなのだ[22]。作家のポール・ゴーマンは「マリー・クワントのすっきりとした服のラインと新しいアプローチは、モッズの美学を形にしている」[23]と評している。

クワント特有の自己表現とカジュアルな洋服への嗜好がはっきりとわかるのは、1957年7月号の『ハーパーズ バザー』

20 「ファッションデザイン
における若者の展望」、『ハ
ーパーズ バザー』(1957年
7月号)、写真:トム・カブリン

ター」と、このセーターにあうようにデザインした「テーパードパンツ」を身につけたクワントのカラー写真は、まるまる1ページを使って掲載されている [20]。バザーで販売しているクワントの服は「繊細な色使いと動きやすさが特徴的な作品」で、「彼女自身は、ちょっと変わったスミレ色と青が好みだ」と紹介されていて、次のページではマークス・アンド・スペンサー、バークテックス、クレスタで働いているRCA卒業生や、テキスタイルデザイナーのバーナード・ネヴィルが取り上げられている[24]。

　このころ、クワント、プランケット・グリーン、マクネアは、テレンス・コンランと妻のシャーリーの助けを借り、高級店が立ち並ぶナイツブリッジ地区に新店舗をオープンすることを決めている。相当な資金を必要としたが、ハロッズ百貨店の向かい側のブロンプトンロード46番地を借りる契約をし、新しい店舗の計画に乗り出した。この2号店進出によってバザーというブランドが、ロンドンの小売業において大きな影響力をもつようになる。そしてこの2号店オープンの準備中に、クワントとプランケット・グリーンはとうとう夫婦となる。クワントの両親とプランケット・グリーンの母親が証人として見守るなか、チェルシー地区の登記所で控えめに結婚の儀式をおこなった。ハネムーン先のスペインのイビサ島でクワントは、「片方の肩のみストラップがあり、パンツ丈が約10cm」の1930年代スタイルの鮮やかな緑の水着を購入した。それが「ピナフォア、あるいはジャンパードレス」と呼ばれる一連の作品のデザインに繋がり、クワントの代表的

に掲載されたポートレートだ。おそらくこれが、ファッション雑誌に掲載されたはじめてのポートレートで、「ファッションデザインにおける若者の展望」という記事と共に掲載された。ロイヤル・カレッジ・オブ・アート(RCA)でファッションデザイン課程の教授を務めていたジェイニー・アイアンサイドが執筆しており、今必要とされているのは「才気のある若いデザイナー」であり、RCAではクチュリエや卸売業の専門家たちによる職業訓練を受けられることが記されている。これこそ、まさにクワントがかつて必要とし、苦労して自力で学んだことだ。「アイリッシュウールセー

LIKE COOL MAN!

BAZAAR

21 左／マリー・クワント
とアレキサンダー・プラン
ケット・グリーン、1960年、
写真：ジョン・コーワン、マリ
ークワントアーカイヴ

22 P51／バザーのショ
ッパーを手にしたモデル、
1959年ごろ、マリークワン
トアーカイヴ

スタイルの一つになっていく。バザーの
ナイツブリッジ店は1958年の秋にオー
プンし、ファッションエディターのクレア・
レンドルシャムの協力で、メディアを招待
してのオープニングパーティーと、店の中
2階と階段をステージにしたファッションシ
ョーが開かれた。この直後に発行された
1958年12月号で『ヴォーグ』がはじめ
てバザーを取り上げる[25]。

ナイツブリッジに新店舗ができたこと
で、斬新なウィンドーディスプレイと陽気
なファッションショーというバザーのスタ
イルが、多くの人たちの目に届くようにな
る。ブランドの顔であるクワントとプランケ
ット・グリーンが宣伝用写真に登場し、店
の車、ショッパー、レシート、レター用紙
には太字の大文字が並んだ BAZAAR の

ロゴが組み込まれ、効果的なグラフィック
デザインが展開された [21、22]。1960年
代初期はデザイン分野が開花した時期
で、デザイン・リサーチ・ユニット、フレッ
チャー・フォーブス・アンド・ギルといった
事務所が、デザイン界に大きな影響を残
す数々の優れたコーポレートアイデンティ
ティを創作していた。バザーのロゴに用
いられたフォントはビューロー・グロテスク
で、アートディレクターのトム・ウルジーと
相談した上でプランケット・グリーンが指
定したと思われる[26]。ウルジーは、1960
年代初期から時々ファッション雑誌に掲
載されたバザー（1960年）とマリークワン
ト（1962年）の広告制作を手がけたとさ
れるクリエイターだ[27]。1966年にはじま
るマリークワント・コスメティックのブラン

ディングと広告用に、クワントが描いたスケッチをもとにデイジーロゴを作成するのも手伝った[28]。1950年代から1960年に製造されたバザーのオリジナル商品には、BAZAARの文字が織り込まれた白地のタグがついている。1961年にはBAZAARの下に「DESIGNED BY MARY QUANT」の文字が入ったデザインに変更され、デザイナーとしてクワントの名前が広く認知されてきたことを示唆している。1962年以降は、彼女の名前のみが、太い大文字で編み込まれたタグになる(巻末の一覧)。

1960年以前に作られた、バザー初期の洋服はほとんど残っていない。1959年の時点では、裾に細いプリーツが並んだ「ピナフォアプリーツ」スタイルがバザーらしいデザインとして人気で、1960年10月24日付の『デイリー・ミラー』に紹介されている。記事でクワントは、「昔の学生服」と「とても短いプリーツの動きやすさ」に興味があり、デニム、コットン、フランネル(毛羽仕上げのやわらかなウール)、リネンと素材が異なるジャンパースカートの制服を8枚もっていると明かしている[29]。

V&A博物館に収蔵されているクワントの初期作品の一つに、直線的なシルエットのピナフォアがある。建築家ヒュー・カッソンの娘であるカローラ・ゾゴロビッチから寄贈されたもので、男性用フォーマルウェアのパンツに使われる細かい縞模様(「アレキサンダーストライプ」と呼ばれていた)のウール地で、ベルトとポケットがついている。『ヴォーグ』がこれと似たドレスを「若者のアイデア:二度おいしく着る」という特集記事で取り上げ、昼と夜で着こなしに

23 バザー キングスロード店の請求書(1964年7月7日付)、V&A: AM/T&F/0001/17

どう変化をつけるか、ノーマン・パーキンソンが撮影した写真を使って見開きで紹介している[30] [25, 26]。昼間のスタイリングは、ドレスの下に黒のタートルネックセーターを着ていて、フラットシューズに大きなバッグ、手にはカウント・ベイシー、トム・レーラー、ケン・ノーディンのLPレコードをもっている。夜のコーディネートは、同じドレスにハイヒールとクラッチバッグと男性をプラスしていて、モデルのスージー・レガットとポーズを取っているのはブランケット・グリーンだ。

バザーはファッションメディアの注目を集め続け、クワントは「最も1960年らしい人」に選ばれる[31]。発行人のジョスリン・スティーヴンス、アートディレクターのマーク・ボクサー、ファッションエディターのベアトリックス・ミラーがリニューアル改革を進めていた『クイーン』の1960年2月号に、「ビートニクの先を行こう――

BAZAAR
CHELSEA

デビュタントにふさわしい服」が掲載される[32]。黒い服を着て騒いでいるビートニクを背景に、上品なシャツドレスやオーダーメイドのスーツに帽子、手袋、バッグをあわせたスタイリングでポーズを取っているモデルたちの姿をパーキンソンが写真に捉えている。バザーの「鮮やかなブルーのタイシルクを使った、個性的な若い人のためのカクテルドレス」は、既存の規則や規制を脱ぎ捨て、形式張らない新しいファッションのあり方を示している[27]。V&A博物館のコレクションに、同じタイプの紫色のドレスがある。クワントの顧客だったニッキー・ヘッセンバーグが寄贈してくれたもので、バザーではじめて

ドレスを買った時のことを「大人になった」と感じた出来事と振り返っている。ヘッセンバーグは、ピナフォアの寄贈者であるカローラ・ゾゴロビッチの姉妹だ。彼女が18歳で寄宿学校をあとにした時、既にデビュタントの風習は衰退の道をたどっていた。大人として社会に歩み出していく娘が、さまざまな試練をうまく乗り切っていけるあと押しをしてくれるよう、母親が買ってくれたのがこのドレスだという。その後、彼女は秘書養成学校に入学し、『ハウス・アンド・ガーデン』誌で働くようになる[33]。

デザイナーとして広く知られるようになったクワントに、1960年、英国王室御

25　P54／バザー ピナフォア、1960
年、素材:ウール、寄贈:カローラ・ゾゴロビ
ッチ、V&A: T.71-2018

26　下／「アレキサンダーストライプ」の
ピナフォアを着たスージー・レガットとアレ
キサンダー・ブランケット・グリーン、『ヴォ
ーグ』(1960年1月号)、1960年、写真:ノ
ーマン・パーキンソン

27　下／個性的な若い人のためのカクテルドレス、『ク
イーン』（1960年2月2日発行）、1960年、写真:ノーマン・
パーキンソン

28　P57／バザードレス、1960-61年、素材:シルク、
V&A: T.70-2018、寄贈:ニッキー・ヘッセンバーグ

用達の靴デザイナーで、ロンドンファッションデザイナー協会の会長であったエドワード・レインから声がかかり、「ミス・レイン」と名づけられた商品ラインのデザインを依頼される。このコラボレーション商品で現存が確認されているのは、個人コレクターが所有している穴飾りが施された白いパンプスのみで、内側にバザーのロゴが印されている[34]。1960年代初頭、クワントはスコットランド南東部のホーイック町のニットメーカー、ジョン・レインともコラボレーションしていて、V&A博物館に収蔵されているVネックのセーター（T.1707-2017）のように、男性っぽさが細部に感じられるクワント好みのカジュアルなセーターをデザインしている。毛皮のコート製造業者S.ロンドンも、クワントがデザインしたアイテムを作っていたようだ[35]。1960年10月の渡米予定まであと数か月という時、多忙を極めたクワントは髪型を変える。ヴィダル・サスーンの代表的スタイル「ファイブポイントカット」の初期にあたる軽快なボブカットで、クワントの友達のシャーリー・コンランはこう振り返っている。「マリーは素晴らしい髪の持ち主でした。肩までの長さで、釣鐘の形をした栗色の髪。でも手入れに時間がかかるから短く切ってしまうといいました。時間と実働の効率性を考えた、その残酷ともいえる行為に畏敬の念を抱きました」[36]。

　一般の女性たちが長ズボンをはくのは、略式か、私的な場面にほぼ限られていた時代に、流行の服としてパンツをはくことを提唱したのもクワントだった。「マリークワント・ロンドン」というタグつきの希少なパンツが、クワントのプライベートアーカイヴに保存されている。素材は「アレキサンダーストライプ」と呼ばれていた縞模様のウール地で、男性用ズボンの仕立てを土台にしながら、クワントが「カーボーイスタイル」と呼んでいたローウエストのラインが特徴的だ。1962年ごろに撮影されたファッション写真では、このパンツにブラウスをあわせ、ちょっとラフな髪型にして、自由で新しいスタイルを発信している[29]。パンツは明らかにクワントの大きなテーマであり、人気アイテムになっていくのだが、当時の作品はほとんど残っていない。愛用しているうちに劣化し、処分されてしまったのだろう。ヴィクトリア朝の上流階級男性の服装を模倣した、グレイのフランネル素材のニッカーボッカースーツやツイードのノーフォークジャケットなども独創的で、伝統的な階級意識に紐づくイギリスの生地やスタイルを挑発的に取り入れながら、女性の自立を促している[30]。

　1960年のおわりから1961年の初頭にかけてデザインの仕事は増える一方で、マクネアはクワントの個人秘書としてシャーリー・シューヴィルを雇う。シューヴィルはテムズ川の南側にあるエレファントアンドキャッスル地区の下町生まれで、グラマースクールで優秀な成績を収めていた。彼女曰く、その高校時代に「（ロンドンの下町言葉のコックニー）なまりを直し、自力で苦境を乗り越え」、シンプソンズ・オブ・ピカデリーでバイヤーのアシスタントとして働きながらセントマーチンズ美術大学の夜間コースで学んでいる。英国王室御用達ブランドであるオースチン・リード社のバリー・リードの個人秘書を務めたあ

と、バザー・ワークショップ社（マリークワント社の前身。1962年、大量生産を開始する際に登録社名を変更）にやってきたのだが、既に経験豊富でさまざまな技能を身につけていた。出産のために休職した6か月以外、シューヴィルは1968年まで約10年近く、サウスモルトン通り9番地でジンジャー・グループの指揮を執り、その後、ビバに転職する。

　最初はクワントのアシスタントとして、他社製品の買いつけ業務をサポートしていたが、オリジナル商品の大量生産がはじまると、シューヴィルはブランケット・グリーンと一緒に販売およびマーケティング業務を手がけるようになる。2017年のインタビューで、シューヴィルは店舗数を拡大した時のことを振り返っている。

　　　最初、マリーは私のことを警戒していたけれど、初日にみんなでラ・ポットでランチをしたあとは打ち解けてきました。ある日、マリーはアイヴス通りでニットを見せてもらう約束をしていたのですが、行けなくなってしまい、アーチーにいわれて私が何点か選んできたんです。それをマリーが気に入って、バザー2店舗で販売するために注文しました。それから私の直感を信じてくれるようになりました。

　　　マリークワントの大量生産ラインが立ち上がったのは1961年の秋で、私はアレキサンダーと、ごく限られた数の販売店に向けての宣伝と販売促進に取り組みました。最初のシ

ーズンはリバティ百貨店など11店だけです。マリークワントの洋服をまとめて効果的に展示してくれて、他のブランドの服と一緒にあちこちのラックにぶら下げるようなことをしない販売店に限定しました。アレキサンダーは、プレスの女性たちともバイヤーの人たちともやりとりがとにかく上手でした。私と同じく、みんな、彼のことが大好きでした。マリーがデザイン作業に多くの時間を取られるようになって、バザーのウィンドーディスプレイや他の装飾のサポート役としてジョン・ベイツ（ファッションデザイナーのベイツではない）がやってきました。彼と私で一緒のオフィスを使っていたのですが、そのころ、私はアレキサンダーとマリーの補佐に忙しくて、アーチーは彼の仕事をバーナデットに引き継がせていました[37]。第1回目のマリークワントコレクションの販売が大成功におわって、次回に向けて販売店数を拡大しようということになりました。ジョンと私は電車、バス、タクシーを使ってイギリス各地をまわり、事前に連絡をしてきた販売店が卸先としてふさわしいかをチェックし、他に可能性のある店舗がないか目を光らせていました。ジョンも私も、先方の人たちに渡す初回コレクションの主力アイテムの写真を入れた、小さなカバンを手にしているだけで、純金級の素晴らしいものを売っているんだという強い信念をもっていました！

マリーがデザインした、バーガンディ一色のツイードを使ったシャネルタイプのスーツがすごく好きでした。襟ぐりの深いジャケットで、黒いシルクのリブリボンを重ねた黄褐色のウールブレードで縁取りされていました。クレープジョーゼットのタートルネックを下に着て、同じバーガンディーのツイードで作られたグラッドストンタイプのハンドバッグをあわせていました。バザーのためにハンドバッグを作ってくれていたアメリカ人男性の作品です。このコーディネートでいると、すごく気分がよくて、自信が出てきて、ジョンも私もこの出張で大きな成果を上げることができました。

私の担当はイングランド北東部で、ニューカッスル、リヴァプール、チェスター、リーズ、ハル、それからのちに優良な販売店となるブティックがあるサウスウォールドの辺鄙（へんぴ）な田舎などのエリアをカバーし、ジョンが西部とウェールズを担当しました。私たちの服をまとめてディスプレイし、そのよさを最大限に生かしてくれるところだけに絞っていたので、販売店リストはゆっくり少しずつ拡大していきました[38]。

　大量生産ブランドとしてスタートを切った1962年、『サンデー・タイムズ』がカラー印刷の別刷付録をはじめ、そのデビュー号にアーネスティン・カーターが「大舞台へ」という見出しの見開き記事でクワン

トを取り上げ、ファッション写真が表紙を飾った [31]。大規模販売がスタートし、「もっと保守的なエリア」にクワントのチェルシールックが流通しはじめた抜群のタイミングでの掲載だった。クワントの作品を着たジーン・シュリンプトンら3人のモデルのカラー写真の手前に、クワントとブランケット・グリーンの姿が影のようにぼんやりと組み込まれている。好奇心をかき立てる美しいビジュアルはデイヴィッド・ベイリーが撮影したもので、『サンデー・タイムズ』の読者たちにマリークワントというブランドとデザイナーへの興味を植えつけた。ロンドンのウールランド百貨店では、1961年にマーティン・モスが責任者で、ヴァネッサ・デンザがバイヤーを務める自社ブティック「21ショップ」をオープンし、そこがマリークワントの販売店となっ

29
ズボン「Legs Downwards（下に向かう脚）」をはいたヴィクトリア・ヴォーン、1962年ごろ、マリークワントアーカイヴ

30 マリークワントの服を着たジーン・シュリンプトンとセリア・ハモンド、『デイリー・メール』紙（1962年8月16日付）、写真：ジョン・フレンチ

ていた。リーズではマーシャル・アンド・スネルグローブで、エディンバラではダーリングスでクワント製品を購入することができた。V&A博物館では幅広ストライプのラップドレス「ジョージー」など、『サンデー・タイムズ』のカラー別刷に掲載されたアイテムのうちの数点を所蔵している〔32、33、34〕。「ジョージー」はサラ・ロビンソンが寄贈してくれたもので、「着ると楽しく、幸せになり、美しく作られている」太いストライプ柄のラップドレスだ。コーンウォール地方のトゥルーロで「ロンドンの最先端」ファッションを取り扱っていた「エリ

ザベス」という店で購入したという[39]。グレイのフランネル生地を使ったツーピース「トゥッティ・フルッティ（果物の砂糖菓子）」（『マリークワントのロンドン』展のために作成）もV&A博物館のコレクションにあり、ボタニカル柄のコットンドレス「グリーナリー・ヤルリー（緑の妖精）」は、知られている限り、V&A博物館に収蔵されているものが唯一の現存物とされている[40]。

大量生産によってクワントの服を以前より低価格で、より多くの人たちに提供できるようになり、ロンドンのファッション市場で彼女のデザインをまねしようという動きは押さえ込まれていく。最初はフルハム通りの下着工場だった小さな施設で製造されていた。卸販売のスタイルを取ることで、直営店をチェーン展開することなく、会社を拡大する道が拓けていく[41]。1962年に J.C. ペニーとのコラボレーションが立ち上がり、スタインバーグ社が南ウェールズにある現代的な巨大工場で大量に製造することになる（P134）。これに関連してマリークワント・ジンジャー・グループがコンデュイット通りに設立され、1964年にサウスモルトン通り9番地に移転する。

V&A博物館のコレクションには、テキスタイルコレクターのエリザベス・ギボンズが1960年代初期に購入した、珍しいマリークワント製品が含まれている。夫は建築家のピーター・ギボンズで、各地を旅する機会に恵まれ、子供たちが小さいころにはインドやシンガポール、マレーシアの首都クアラルンプールに暮らしていた。当時、彼女が購入したアイテムには、1963年のファッション写真でセリア・ハモンドが着ているアンサンブル「コールヒ

31　「大舞台へ」、「サンデー・タイムズ・マガジン」（1962年2月4日付）、モデル：ジーン・シュリンプトン、ジル・スティンチクーム、メリーローズ・マクネア、写真：デイヴィッド・ベイリー

ーバー（石炭運搬人）」[45]、花柄のシルク素材を使った夏用パーティードレス [35]、左右非対称の前身ごろに大きなボタンが並んだリネンドレスの「スタンピード（大暴走）」などがあり、「スタンピード」はクワントのデザイン画とファッション写真もV&A博物館に所蔵されている [37、38、39]。非常に革新的なデザインも含まれていて、グレイのツイード地のピナフォアはベストをあわせたようなつくりで、広告には、モデルのセリア・ハモンドがドレスの下にストライプのシャツと水玉ネクタイをあわせたコーディネートで登場している [40、41]。身ごろとストラップが黄褐色、スカート部分が白黒ストライプのピナフォアは、ロンドンでも着るのにちょっとした勇気が必要だったと、ギボンズは2013年に振り返っている。

　イギリスやアメリカの雑誌でマリー・クワントに関する記事を目にしていました。特に『ライフ』に掲載された記事が印象的でした。活気に満ちて若々しく、とても新しくてわくわくする、他と違うスタイルに衝撃を受けました。それで1960年にワールドツアーの途中でイギリスに戻った時、まずロンドンのホテルに3日間滞在して、チェルシーのキングスロードにあったバザーで何着か購入しました（そのうちの一着を身につけて夫のもとに戻ると、彼は「びっくりし、そして喜

INTO THE BIG TIME

photographed by David Bailey

1

2

What do you need to be of the Sixties? First, you should be under 30. Second, you should be in tune with your times. And it helps if you are on the same wavelength as New York and a step ahead of Paris. These specifications fit dress designer Mary Quant (above left), of Bazaar, like one of her own dresses. She and her husband, Alexander Plunket Greene (right), are both 28. Like a good dancer, she accommodates her steps to the changing rhythms of fashion. Together they have conquered New York, and they have had the heady excitement of anticipating the massed oracles of Paris. Now the success of their second wholesale collection will spread the Bazaar Look past Chelsea and Knightsbridge into the hitherto more conservative provinces.

In 1955 Mary Quant and Alexander Plunket Greene opened their second Bazaar shop in Knightsb[...] mass-production. From the first, they have had an [...] windows of their two shops are consistently witty a[...] a ball, with model girls out-Grocking Grock. Ev[...] megaphoned barker on the pavement exhorting [...] pioneered the taste of her generation and opened th[...] language. Now, with this second wholesale collectio[...] of the dress trade. Her impudent, kooky clothes are [...] the trend to the pretty. But the handwriting is all h[...]

1 Short-sleeved cardigan tops cuffed knee-length shorts. Navy and scarlet checked wool. Jacket, 12 guineas; shorts, 7 guineas. (Alternative choice: low-pleated skirt, 8 guineas; low-slung pants, 12 guineas.) At Woollands, London; Marshall & Snelgrove, Leeds; David Morgan, Cardiff. Scarlet jockey cap, 5 guineas. At Bazaar.

2 Pie frills edge a grey flannel cardigan jacket, neck cut wide to show ruffled orange crepe shirt. Suit, 21 guineas; shirt, 7 guineas. Both at Liberty, Woollands, London; Darlings, Edinburgh; Marshall & Snelgrove, Leeds. Kenneth Kemsley, Nottingham.

3 Puffed sleeves and low-dropped gathered skirt point the prettiness of flower-printed cotton. Blue and green; orange, pink and yellow. 12½ guineas. At Stewart Marriott, Truro; Bentalls, Kingston.

4 Fluted edges and full skirt soften a wide-striped French cotton. Black and orange; navy and red; navy and white. 12½ guineas. At Liberty, Woollands, London; Bentalls, Kingston; Stewart Marriott, Truro; David Morgan, Cardiff; Marshall Field, Chicago, U.S.A. Both photographs on this page taken in Hélène Cordet's Saddle Room, London's newest night club.

All Mary Quant wholesale clothes can also be bought at Bazaar, Knightsbridge and Chelsea.

Chelsea. In 1958,
ner, they went into
thumbprint. The
dress collections are
different—with a
Mary Quant
who speak the same
lace with the giants
she has moved with

nestine Carter

32 右上／マリー・クワントによる「ジョージー」「ロージー」のファッション画、1962年、V&A: E.255-2013

33 右下／「ロージー」を着てポーズを取るメリーローズ・マクネア、1962年、写真：マイケル・ウォリス、マリークワントアーカイヴ

34 P65／マリークワント「ジョージー」、1962年、素材：ストライプ織柄コットン、V&A: T.74-2018

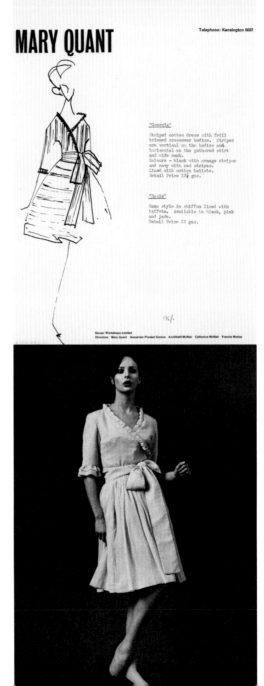

3 Ives Street   London SW3

Telephone: Kensington 5037

MARY QUANT

"Georgia"

Striped cotton dress with frill
trimmed crossover bodice. Stripes
are vertical on the bodice and
horizontal on the gathered skirt
and wide sash.
Colours - black with orange stripes
and navy with red stripes.
Lined with cotton batiste.
Retail Price 12½ gns.

"Rosie"

Same style in chiffon lined with
taffeta. Available in black, pink
and jade.
Retail Price 22 gns.

17/-

Bazaar Workshops Limited
Directors: Mary Quant   Alexander Plunket Greene   Archibald McNair   Catherine McNair   Francis Morley

35　P66／バザー サマードレ
ス、1962年ごろ、素材：花柄プ
リントのシルク、寄贈：エリザベ
ス・ギボンズ、V&A: T.41-2014

36　左／「チェルシーの傍若
無人な人」、『ウィメンズ・ウェア・
デイリー』（1962年9月19日）、
イラスト：グラディス・ペリント・
パーマー

んでいました」）。1962年にスウィンギ
ングチェルシーのロイヤル街に住む
ようになりました。キングスロードの
すぐ近くで、通りの向こう側にバザー
が見える感じでした。服を吊したラ
ックを歩道に出して、夕方遅くまで
スピーカーを使って商品の宣伝を
流していたのがおもしろかったです。
彼女の夫のレストランがすぐ隣の地
下にありました。当時はキングスロ
ードそのものがファッションパレード
といった感じで、特に土曜日はクラ
シックカーや高級車が連なって華や
かでした。

　先見の明があったギボンズは、クアラ
ルンプールに滞在していた1961年から
1962年の間に国際郵便を使って注文し
た際のバザーのロゴ入りショッパーやレ
シート、マクネアとシャーリー・シューヴィ
ルからの手紙を半世紀もの間、大切に保
管し、V&A博物館に寄贈してくれた。マ
クネアとシューヴィルからの手紙を見ると

（そのなかの1通には「とても親切な方ですね！」
と書かれている）、バザー時代、個人の顧
客に対してかなり親身なサービスをして
いたことがわかる[23、24]。

　1962年のおわりには、バザーよりもク
ワントの方が広く知られるようになり、彼
女がデザインする洋服のラベルに彼女の
名前が太字で織り込まれるようになってい
く。『ヴォーグ』と『ハーパーズ バザー』
がクワントの作品を定期的に紹介するよ
うになり、アメリカでも『ウィメンズ・ウェア・
デイリー』とティーンエイジ向けファッショ
ン雑誌『セヴンティーン』がたびたび取り
上げていた [36]。オートクチュールとハイ
ストリートファッションの隙間を狙ったクワ
ントのファッションは颯爽としていてスポー
ティーで、彼女はパリとニューヨークの
ファッションショーに精力的に売り込んで
いく。製造技術と生産力をもつ老舗衣料
メーカーのスタインバーグ社との提携で、
何万枚と大量生産する準備は整ってい
た。クワントたちはさらに大きな市場へと
乗り出していく。

MARY QUANT

Telephone: Kensington 5037

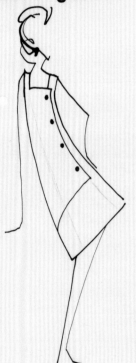

"Stampede"

75% Linen/25% Terylene interlined
with lightweight Vilene. Buttons
are brass/gold. Available in
white, navy, black and brass (a
small cutting of brass attached).
A 'top-super' dress!
Retail price 18½ gns.

148/-

Bazaar Workshops Limited
Directors: Mary Quant Alexander Plunket Greene Archibald McNair Catherine McNair Francis Morley

37 左／マリー・クワントによる「スタン
ピード」のファッション画と生地サンプ
ル、1962年、V&A: E.250-2013

38 上／「スタンピード」を着てポーズを
取るメリーローズ・マクネア、1962年、写
真:マイケル・ウォリス、マリークワントアー
カイヴ

39 P69／「スタンピード」、1962年、素
材:リネンとテリレン、V&A: T.42-2013

40　下／セリア・ハモンドを起用したマリークワ
ントの広告、『ハーパーズ バザー』(1962年10月
号)、写真:テレンス・ドノヴァン

41　P71／ベストをあわせたようなピナフォアにシ
ャツとネクタイのコーディネート、1962年、素材:ツイ
ードとコットン、シルク、V&A:T38:1 to 3-2013

Modelling Quant

クワントのモデルたち

ステファニー・ウッド

　マリークワントというブランドのスタイルとエスプリをクワントと共に世界に広めたのは、クワントのモデルたちだ。雑誌などのメディアに掲載されたアイコン的なファッション写真、シーズンごとのコレクション発表会やファッションショーに登場した彼女たちは、モデルという仕事のあり方を大きく変えていった。

　モデルという職業は1870年代、シャルル・フレデリック・ウォルト（本名チャールズ・フレデリック・ワース、イギリス人）といったクチュリエたちが、人形ではなく、「マネキン」と呼ばれる女性に服を着せて、顧客に作品を披露するようになったことにはじまる。当時、フランスで「モデル」というと、芸術家のためにポーズを取る女性ヌードモデルを意味していた[1]。クチュリエでのモデルも、上流社会では道徳的に好ましくない職業とされ、「モデリング」という婉曲的な表現が使われていたが、1940年代に入ったころから徐々に認められるようになり、1950年代には良識ある女性たちが就く正業として確立していく。

　1950年代のモデルは上流階級出身者が多く、貴族との「良縁」に恵まれることもしばしばで、ディオールのモデルだったジーン・ダウネイはロシアの王子に嫁いでいる[2]。長年、ファッション界では、若い女の子たちが目指すべき究極

の姿として、成熟し洗練された女性を賛美していた。そのため、ファッションメゾンにやってくるエレガントな顧客にコレクションを見せるモデルたちの動きも、落ち着き払った、どこかよそよそしいウォーキングが好まれた。顧客層である年配の女性たちを意識した動作をするため、モデルたちは実年齢より老けて見えた。

　当時、第一線で活躍していたクリフォード・コフィン、ノーマン・パーキンソン、ジョン・フレンチといったファッション写真家たちが好んで起用したのが、モデルのバーバラ・ゴーレンだ。アーチ型の眉、蜂のように細くくびれたウエスト、にこりともしない高飛車な様子は、戦後イギリスのクチュール界のあり方を明確に表現している[43]。ゴーレンのようなモデルが、真珠のネックレスとオペラグローブを着け、堅苦しい、凛としたスタイルでポーズを取っている時代遅れの特権階級向けの写真は、『ハーパーズ バザー』や『タトラー・アンド・バイスタンダー』『ヴォーグ』といった高級雑誌にうってつけだった。ジョン・フレンチとの仕事によって、ゴーレンの名は広く知られるようになる。発行部数の多い『デイリー・エクスプレス』などの新聞にフレンチのファッション写真が掲載され、幅広い読者の目に届くようになったからだ。「彼女たちは新聞界の寵児でした。スウィンギング・ロンドンの登場で吹き

42　P72／ルーシー・クレイトン・チャームアカデミーを卒業した日のフィオナ・レイドロー・トンプソン、セリア・ハモンド、ジーン・シュリンプトン、1960年

43 右上／ジョン・キャバナのドレスを着てロンドンの地下鉄構内でポーズを取るバーバラ・ゴーレン、1949年ごろ、写真：ジョン・フレンチ

44 右下／マリークワントのアンサンブルを着たジーン・シュリンプトン、『ハーパーズ バザー』（1964年11月号）、写真：デイヴィッド・モントゴメリー

45 P75／マリークワントの服を着たセリア・ハモンドとジーン・シュリンプトン、1962年、写真：ジョン・フレンチ

飛ばされることになる世界の、最後の社交界の令嬢だったのです」と『デイリー・エクスプレス』と『サンデー・タイムズ』のファッションエディターだったブリジッド・キーナンは振り返る[3]。

　当時人気だったモデルの多くは、モデル養成所でトレーニングを受けていた。ヘアメイクや身のこなし、礼儀作法を学び、旧式ながらさまざまなファッションポーズや、歩きながらコートと手袋を美しく脱ぐ方法を身につけることができた[4]。アメリカでは1946年創立のフォード・モデル・エージェンシーが名門とされ、1950年代のイギリスでは、ルーシー・クレイトン・チャームアカデミーの人気が高かった。若い女性が社交界に出るための作法や教養を身につけるフィニッシングスクールとして1928年に創立されたルーシー・クレイトン・チャームアカデミーは、バーバラ・ゴーレンやフィオナ・キャンベル＝ウォルターなど著名モデルを続々と輩出していたが、最大級のスターが誕生したのは1960年度のことだった。卒業生にジーン・シュリンプトンがいた。

ジーン・シュリンプトン

　ルーシー・クレイトン・チャームアカデミ

46　ドレス「オン・ターゲット」を着たジーン・シュリ
ンプトン、「若者のアイデア、西へ行く」、『ヴォーグ』
（1962年4月号）、写真：デイヴィッド・ベイリー

ーを卒業した日、クラスメートのフィオナ・レイドロー・トンプソン、セリア・ハモンドと一緒に写真に撮られているジーン・シュリンプトンは、「ザ・シュリンプ（エビ）」の愛称でファッションメディアの人々にかわいがられ、1960年代を代表するモデルへと成長していく[42]。従来の形式や慣習をはねつける新しいタイプのモデルで、若くて自然体でおてんばなシュリンプのイメージは、1960年代のロンドン、そしてクワントのブランドの気風にぴったりだった。「リアルな人間に見えるモデルがいいです……クチュールモデルみたいに非日常的な高飛車な姿ではなく、リアルな自分を誇張して表現できる女の子たちに着てもらいたい」[5]と、クワントも語っている。

ハモンドもシュリンプトンも、1960年代初頭のクワントの宣伝用ファッション写真に登場している。1962年にはじめてマリークワントの広告が打ち出された時、その1点にハモンドが起用され、『デイリー・メール』用にジョン・フレンチが撮った2点のように、クワントの服を着て、二人一緒に撮影されることがよくあった[30, 45]。

1942年、バッキンガムシャー州の農家に生まれたシュリンプトンは、ファッションよりも馬や犬への興味の方がずっと強かった。「体が大きく不恰好で、おてんばで、女の子というより、大好きだったポニーみたいな存在でした。脚がやたらと長くて、髪がたっぷりあって、学ばなくちゃいけないこともたくさんありました」[6]と幼少期の自分を評している。1959年、秘書養成コースを受講するために、17歳でロンドンにやってくる。すると、モデルになったらどうかといろいろな人に勧められ、間もな

くルーシー・クレイトン・チャームアカデミーに入門する。自分のスタイルを宣伝するのに理想的なモデルだとシュリンプトンを絶賛していたクワントは、「シュリンプトンみたいに細長い脚」[7]をしたバザー用のオリジナルマネキンを作っているくらいだ。「知っているモデルのなかで、ジーン・シュリンプトンがとにかく一番綺麗でした。彼女と一緒にチェルシー地区のキングスロードを歩くと、ライ麦畑を歩くような感じでしたね。彼女が通りを行くと、（あまりにも美しくて）大の男たちが左右でひざまずいて道を開けるんです」[8] [44]とクワントはいう。「ちょうど私が仕事をはじめたころに、女性っぽくない、ボーイッシュでオフビートなファッションが流行しはじめて、それがモデルとしての成功に繋がったのです。あのタイミングではじめたのが、とにかく幸運でした」[9]と、シュリンプトンも自伝でクワントのデザインと自分の成功の繋がりを示唆している。

シュリンプトンがモデルの世界に足を踏み入れたのは、写真と雑誌のあり方が戦後のイギリス文化を脱し、台頭する若者カルチャーを反映させたスタイルへと大きく転換していた時期だった。メディアが若者たちを讃えるようになり、モデルのスタイルも大きく変わっていった。クワントは1955年の時点で、既に若い消費者たちが何を求めているかを予想し、ファッション革命をスタートさせていた。同年、『ヴォーグ』が、クワントのような新しいデザイナーの作る服を若いモデルに着せて登場させる「若者のアイデア」という企画をスタートし、イギリスのファッション雑誌も変わりつつあった。1957年には『ク

イーン』が、急成長する若者市場をター
ゲットに、それまでの古い型にはまったあ
り方から、愉快で若さあふれる雑誌へと
大転換を図る。ジョン・コーワンや、「おそ
るべき三人組」と呼ばれていたデイヴィッ
ド・ベイリー、テレンス・ドノヴァン、ブライ
アン・ダフィーら次世代の写真家たちが、
ダイナミックなドキュメント調の写真を輩
出するようになり、スタジオの外に飛び出
して撮影することが増えていった[10]。

　シュリンプトンの活躍、そして1960年
から1964年の間、ほぼ独占的にシュリ
ンプトンを撮影していたデイヴィッド・ベイ
リーとの関係は、今やファッション界の伝
説となっていて、当時、彼らの知名度が
急上昇したことはまちがいない。1962
年4月号の『ヴォーグ』に掲載された「若
者のアイデア、西に行く」において、ベイ
リーはクワントのアイテムを身につけたシ
ュリンプトンをニューヨークの街中で撮影
している[46]。ドキュメンタリーのスタイ
ルで即興的に撮影され、自然光のなか、
一般の人たちに囲まれながらシュリンプト
ンはごく普通のポーズを取っている。当時、
これはかなり革新的な手法で、近所に住
んでいる穏やかな女の子のイメージを醸し
出したシュリンプトンは、1960年代初期の
クワントのファッションの顔となっていく。そ
こにあるのは、階級制度に根づいた過去
と軽やかに決別する民主的な美しさだ。ジ
ーン・シュリンプトンのようになりたい。当
時の女の子たちは、みんな、そう思った。

グレース・コディントン

　アメリカ版『ヴォーグ』の上席クリエイ
ティブディレクターとして知られているグ
レース・コディントンだが、彼女のキャリア
はモデルとしてスタートした。ウェールズ
北部のアングルシー島生まれのコディント
ンは、18歳の時にロンドンのナイツブリッ
ジのカフェでバイトをしながらモデル学校
に通った[11]。1959年、『ヴォーグ』主催
のモデルコンテストで優勝すると、瞬く間
にロンドンの寵児となり、写真家のテレン
ス・ドノヴァンと知りあい、他の多くのモデ
ルたちのようにクワントやブランケット・グ
リーンたちと友達になった。「キングスロー
ドのマリー・クワントのバザーの隣にマ
ーカム・アームズという騒々しいパブがあ
って、そこに毎晩、私がつきあっていたチ
ェルシー地区の芸術家タイプの人たちが
集まっていました。バザーではとにかくた
くさん買いました」[12]とコディントンは話し
ている。

　「ザ・コッド（鱈）」の愛称で親しまれた
コディントンは、1967年のファッション
写真でクワントのお気に入りだったドレス
「バナナスプリット」（前身ごろに長いジッパ
ーがついているドレス）を着ている[47]。そ
のころ、スカートの丈がどんどん短くなっ
て、クワントの服を着てバスの車内階段
を上るのはかなり危うかったという[13]。
「ファッションのことをよくわかっていて、
美しくて、スタイリッシュなシンプルさも兼
ね備えている」[14]コディントンを、クワント
は好んで起用した。彼女のおてんばっぽ
い容姿と短くカットされた髪が、1960年
代のクワントの中性的なデザインにマッチ
していたのだ。ヴィダル・サスーンの初期
のハウスモデルで彼のミューズだったコ
ディントンは、サスーンの代表作「ファイ

47　ドレス「バナナスプリット」を着たグ
レース・コディントン、1967年、マリークワ
ントアーカイヴ

ブポイントカット」が似あっていた。1964
年にクワントもこのスタイルにカットし、以
後、彼女の定番ヘアスタイルとなった[15]
[93]。2012年のインタビューでサスーン
とクワントが女性の生き方に与えた影響
について、コディントンはこのように語っ
ている。「マリー・クワントが服を解放した
あとにサスーンが登場して、髪を解放して
くれた……彼は私の髪をボウルカットに
して、それですべてが変わりました。それ
まではスプレーでがちがちに固めていた
から。いきなり頭を振ることができるように
なったのは、シックスティーズの決定的な
瞬間でした」[16]。1950年代から1960年

代初期にかけて主流だった、スプレーで
固めた大げさで不自然なヘアスタイルに
ついて、クワントも嘆きの言葉を残してい
る。「ウェディングケーキや帽子のように見
える、過剰に飾り立てたヘアスタイルにす
るのは尊大に見えてしまうのです……ス
プレーで固めすぎて、触っても髪の感触
などしないほどでした」[17]。

ジル・ケニントン

　1966年には、マリークワントのモデル
たちの多くがヴィダル・サスーンのボブカ
ットにし、ファッションショーで頭を左右前

48　下／PVC素材のレインチュニックと帽子をまとっ
たジル・ケニントン。写真はジョン・コーワンがアーネステ
ィン・カーターの依頼で「サンデー・タイムズ」のために撮
影。1963年、アーネスティン・カーター・アーカイヴ、バー
ス・ファッション博物館

49　P81／ニットドレス「キャンディツイスト」を着たジ
ル・ケニントン、ニットパターン「デザイン・バイ・マリーク
ワント・イン・クーティル」、1966年ごろ、マリークワントア
ーカイヴ

後に振って、自由な動きをアピールするよ
うになっていた。そんななか、ブロンドの
長い髪を保っていたイギリス人モデルの
ジル・ケニントンは、クワントのファッション
ショーに出演したり、ニットパターンのカ
バー写真のモデルをしたりする時には、
サスーンが創り出したボブのウィッグをか
ぶることをすすめられた [49]。クワントは、
ブランドを統一したイメージで宣伝したか
ったのだ。
　コディントンと同じく、ケニントンもバザ
ーで大量に買い物をするようになり、
1960年代初期、お気に入りだった紫色
のマリークワントのスーツにあわせ、愛車
のミニを紫に塗ったくらい「いつもクワン
トガールだった」という。ケニントンが最
初にマリークワントというブランドを知っ
たのは、ハロッズ百貨店のバイヤーをして
いた18歳の時で、昼休みにバザーのナ
イツブリッジ店のショーウィンドーをちょくち
ょくのぞいていたそうだ。クワントと親しく
なったのはモデルになってからで、よく仕
事をしていた写真家のジョン・コーワンの
紹介だった。1962年から1967年までモ
デルとしてファッション媒体に登場し、彼
女特有の若さとエネルギーでクワントの

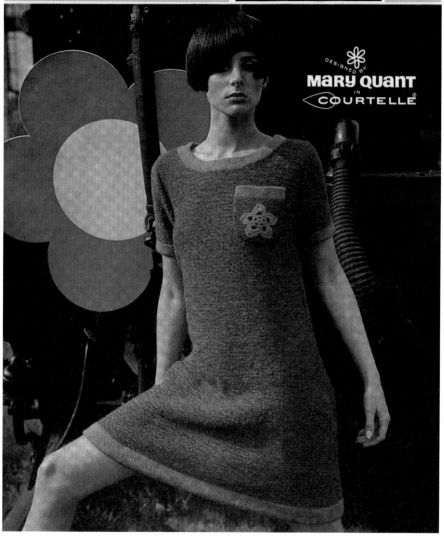

DESIGNED BY

MaRY QUanT

IN

C∅URTELLE®

スタイルを巧みに伝えていたケニントン
は、その後、写真家に転向し、1987年
にはクワントとプランケット・グリーンのポ
ートレートを撮影している [190]。

ツイッギー

　「ザ・ツイッグ（小枝）」の愛称で親しま
れたツイッギーは、1949年、ロンドン北
部のニースデンで労働者階級の両親のも
とに生まれた[18]。本名はレスリー・ホーン
ビーという。たった16歳でファッションシ
ーンに登場し、美容院のカットモデルから
「1966年の顔」[19]に選ばれるまでの大
飛躍を遂げる。子供のようなボーイッシュ
な容姿が特徴的で、パリス・マッチは「男
の子、それとも女の子？　違う！　ツイッ
ギーだ」[20]と賛美している。「新顔」[21]と
ケニントンが呼んだツイッギーは、どこか
浮浪児的な子供っぽい体つきで、脚が細
長く、人形のような顔にまつ毛を大げさに
描き込んでいて、クワントの遊び心あふれ
る中性的なデザインにこれ以上ないほど
ぴったりくるモデルだった。それまで伝統
的な紳士服と子供服の仕立て方をデザ
インの参考にしていたクワントは [136]、
1966年にひょろ長いX脚のツイッギー
が登場すると、スカート丈を膝よりずっと
上に引き上げていく。若者文化を賛美す
るクワントの姿勢が、ツイッギーの誇張さ
れた子供のような容姿に投影されていっ
たのだ。1966年から1970年までのモ
デルとしての短いキャリアのなかで、ツイ
ッギーはクワントのスタイルの代弁者とい
うポジションを、憧れていたジーン・シュリ
ンプトンから受け継いだ。彼女の両性具

50　P82／「イングランド銀行」を着たジル・ケニント
ン、「エル」（1963年8月号）、写真：ジョン・コーワン

51　下／ベストとショートパンツのアンサンブルを着
るツイッギー、『サンデー・タイムズ』（1966年10月23
日付）、写真：テレンス・ドノヴァン

有的なスタイルがとりわけ際立っている
のは、1966年のファッション写真だ [51]。
ジンジャー・グループのベストとショーツ
のアンサンブルに白いシャツと黒いネクタ
イのコーディネートで、彼女特有の摩訶
不思議なポーズを取っている。1950年
代には上流社会の女性たちが独占して
いたモデル界に、労働者階級出身でコッ

クニーなまりのあるツイッギーが登場した
ことは、とてつもなく新鮮だった。「最新
のスタイルが大衆から生まれてくるように
なった。お金をもっている労働者階級の
女の子が、社交界にデビューする女の子
と同じくらいシックになれる。ツイッギーと
いうのは、そういう存在なんだ」[22]と写真
家のセシル・ビートンは評している。

ファッションショーのモデル

　最初のファッションショーを開催した時
から、クワントは他社と違った方法でコレ
クションを発表しなくてはならないと気づ
いていた。当時クワントの打ち出すシン

プルなデザインは革新的で、発表方法も
同じくらい斬新にする必要があった。とり
わけ「イギリスのファッション界の重鎮た
ち」[23]と競いあわなくてはならない国際
的な展示会では必須だった。1950年代
のおわりにスイスのサンモリッツで開催し
たショーについて、クワントはこう述べて
いる。「ジャズをがんがんかけて会場全体
のリズムをかき乱して、女の子たちにもの
すごいスピードで登場させて、狂気じみ
た、おどけた方法で私の服を見せるしか
なかった」[24]。その結果、「観客の誰一人
として、それまでそういったものを見たこ
とがない」[25]ショーとなった。

　クワントのファッションショーは、当時の

トップデザイナーたちが継承していた昔ながらのサロン式のショーと大きく違っていた。クワントはサロン用モデルではなく、ファッション写真の分野で活動しているモデルたちを好んで起用した。ランウェイをただぞろぞろ連なって歩くのではなく、軽い足取りでスウィングしながらウォーキングし、その途中で観客の目に焼きつくようなドラマティックなポーズを取ることができるモデルたちだ。写真モデルだったグレース・コディントンとジル・ケニントンは、1960年代半ば、他のデザイナーのショーよりずっと楽しいといってマリークワントのショーに出演し続けた[26]。

　クワントとプランケット・グリーンが溺愛

していた「ホットなジャズ」[27]にあわせてモデルたちが踊りながら登場するファッションショーは、とにかく楽しく、エネルギーに満ちていて、高速で展開することで知られていく。「コレクションを発表するのだったら、女の子たちに動きまわって、飛び跳ねて、生き生きとしていてほしかった」[28]と、独自の発表スタイルについてクワントは明言している。1966年のファッションショーの写真に、彼女が意図するエネルギーや動きが明確にあらわれている[52-55]。ウォーキングしながら棒つきキャンディーをなめたり[54]、髪をおさげにして、幼児が着るようなロンパーススーツ姿で開脚したり[52]、クワントのデザインに

込められた若者への愉快な賛美が、モデ
ルの動きに反映されている。「大人にな
んかなりたくなかった。もしかしたら、そ
んな思いがあらわれているのかもしれな
い」というクワントは、思春期というテー
マを誇張させた、形式張らない、遊び心
たっぷりの発表スタイルを展開することが
多かった。

　　　若い、思春期の女の子たち……
　　12、13歳の女の子たちが、その年
　　ごろの子たち特有の気楽さと優雅さ
　　を漂わせて……ダンサーのように歩
　　いたり動いたりするのは、ハイヒー
　　ルを履いて堅苦しく気取って歩いた
　　り、ホッブルスカートをはいて歩くよ
　　り……ずっと魅力的だった。つまり
　　……裾が広い、短いスカートをはけ

ば……好きなように歩けるの! [29]

　バザーのナイツブリッジ店は、プレ
ス向けのファッションショーを店舗内で
開催できるよう、中2階と階段を組み込
んだ設計になっていた [181](P241)。
1958年のオープン時にコレクションを
斬新な方法で発表し、熱狂的な反応を
得てからは、シーズンごとにこの店で、
少人数のお気に入りのモデルを起用して
コレクション発表をすることが多くなった。
　1969年にナイツブリッジ店を閉じて
からは、レストランやサヴォイホテルで
プレスに向けたファッションショーを開く
ようになる。1970年代にマリークワン
トの広報担当者だったヘザー・ティル
ベリー・フィリップスはこう振り返る。

モデルは、ほんの数人だけでした。たぶん、4人……最大で6人だったので、ものすごく急いで着替えていました。パメラがモデルの出て行く順番のチェックを担当して、私は振りつけをすることが多かったです[30]。着替えを手伝うのはアトリエやオフィスのスタッフでした……ランウェイがない時もあって、プレスの人たちがすわっているテーブルの間をモデルの女の子たちが歩くケースが多くて、お互いによく知っているので歩きながら話しかけたりしていました。カリーナ・フィッツアラン゠ハワード(現

フロント)、ロレイン・ネイラー、ヘイゼル・コリンズ [56]、ウルリカ、マリー・ヘルヴィン、ヴィッキー・ホッジ、アイカ・ヒンドレー [57] といったお気に入りメンバーがよく出演していました。ショーは朝食の時間帯に開かれることがほとんどで、そうすると写真がお昼すぎには仕上がって、『イヴニング・スタンダード』や『イヴニング・ニュース』に掲載されて、翌朝には地方紙や全国紙、国際紙に載るのです。クワントのモデルの「標準」は、身長172cm、バスト86cm、ウエスト61cm、ヒップ86cmで、ウエストが砂時計みたいにくびれているのではな

58 ド／「エーイスウェイ」キャン／ーンに登場し
たサラ・ドーソン、ジェニー・ボイド、サンディ・モス、パ
ティ・ボイド、ピューリタン・ファッション社の副社長
ポール・ヤング、1965年、マリークワントアーカイヴ

59-62 P89　陸軍返役共ったマソ　クワント・ク
ンジャー・グループのアイテムを着たモデルたち、1966
年ごろ、写真：グンナー・ラーセン、マリークワントアーカ
イヴ

くて、ボーイッシュな体型でした。マリーは、ガーリーなドレスや飾りをおもしろ半分にデザインしていたけれど、モデルは中性的なルックスの子を選ぶことが多かったのです[31]。

イギリススタイルの輸出

　本書の冒頭に見開きで掲載している写真（P2-3）は、1966年に撮影されたものだ。クワントのファッションに身を包んだ4人のモデルたちとクワント本人が写っている。左から2番目のジャン・ド・スーザは、1962年から1964年にかけてジンジャー・グループの専属モデルを務めていた。サウスモルトン通り9番地にあったジンジャー・グループのショールームに待機していて、バイヤーがやってくるとコレクションを実際に着て見せ、プレス向けの発表や国際展示会にも登場していた。

　ブランドにとってマリークワントらしさを前面に押し出すことが重要で、リラックスしながら「ひょろひょろと」[32]クワント好みのウォーキングができる、ド・スーザやサラ・ドーソン[117]、カリ＝アン・ミュラーといったハウスモデルの存在が、世界市場に乗り込んでいく上で大きな役割を果たした。海外でコレクションを発表する時も、クワントは自分の「理想とするモデル体型」[33]ではない、「胸が大きいタイプ」の現地モデルを使うのではなく、ハウスモデルたちを連れていった。1964年、アメリカのピューリタン・ファッション社と展開した「ユースクエイク（若者による激震）」プロジェクト（P145）で、クワントとプランケット・グリーンは全米各地でファッションショー

を開催する、旋風のようなプロモーションツアーに乗り出す。この時、コストを抑えるため、それぞれの開催地でモデルを雇おうと主催者から提案があったが、クワントはそれがマイナスのイメージとなることを危惧し、普段から起用しているサラ・ドーソンとサンディ・モス[102]を連れていきたいとプランケット・グリーンを通して要求する。「このツアーを成功させる唯一の方法は……『らしさ』があって、僕たちのことをよく知っていて、僕たちの服のことをわかっていて、どう見せるべきかをわかっている僕らの女の子たちを一緒に連れていくことなのです」[34]とプランケット・グリーンは主張した。膝上のスカートをはいて、髪を自由になびかせ、言動が現代的なクワントのモデルたちは、世界中で、とりわけアメリカで、クワントのブランドが発信するイギリスらしさの縮図と見なされていった。クワントは、このイギリスらしさという文化の特徴がもつブランド性に気づいた。そして陸軍退役兵たち[59-62]、近衛騎兵隊、ロンドンの観光バス、電話ボックス、英国旗[51]といったイギリス的なシンボルと一緒にモデルを撮影するケースが増えていく。1968年にはルーシー・クレイトン・チャームアカデミーが、世界を魅了するロンドンモデルのルックスについての本を出版している[35]。

モデルの多様性　1965-75

　1960年代のおわりから1970年代にかけてのクワントのデザインは、その時期、とりわけファッションの分野で広まっていた折衷主義とノスタルジアの要素を

63　P91／人種差別撤廃運動の広告においてマリークワントによるフロントジップのジャンプスーツを着たドニエル・ルナ、1966年、写真：デイヴィッド・ベイリー、マリークワントアーカイヴ

Mary Quant, David Bailey, Donyale Luna, David Anthony and Tom Wolsey got together to make this picture because they're all terrific C.A.R.D.s

取り入れながら進化を続け、ブランドの宣伝に起用するモデルに大きな変化が見られるようになる。ドニエル・ルナは、イギリス版『ヴォーグ』の表紙を飾った最初のアフリカ系モデルで、本名をペギー・アン・フリーマンといい、1945年にデトロイトで生まれた。1965年にロンドンに渡り、デイヴィッド・ベイリーによって撮影された写真が、翌年3月号の『ヴォーグ』の表紙を飾る[36]。母国アメリカでは人種差別や暴力が社会問題となっていたが、ヨーロッパにやってきたルナは一躍人気モデルとなり、クワントや他の多くのデザイナーたちと定期的に仕事をするようになる。ちょうどツイッギーが「1966年の顔」に選ばれた年で、アメリカの『タイム』誌は「ルナの年」と宣言する記事を掲載し、「ヨーロッパで最もホットなモデル」の「他に類のない独創性」を賛美している[37]。同年に展開した人種差別撤廃運動の活動資金を募る広告で、ルナはマリークワントによるフロントジップのジャンプスーツをたおやかに着こなしている [63]。その後、女優となり、同じクワントのモデルであるペギー・モフィットも出演している『ポリー・マグー　お前は誰だ？』（1966年）など、数々のアートシアター系の映画やファッション映像に出演するが、33歳で早逝した。

ケリー・ウィルソンも、公民権運動が盛り上がる1960年代半ば、仕事を求めてヨーロッパに飛んだモデルだ。ポリネシ

ア人とアフリカ系アメリカ人を両親にもつ
ウィルソンは、シカゴ大学で心理学を学
び、その後ニューヨークでモデルとなるが、
なかなかよい仕事に恵まれなかった[38]。
パリに渡ると、すぐに人気モデルとなり、
数々のクチュールメゾンのショーに出演
し、1966年にはクワント製品の広告に
たびたび登場する[61]。同年、ブライア
ン・ダフィーが撮影し、『サンデー・タイム
ズ』の別刷付録に掲載されたファッション
写真で、ウィルソンが着ているのはマリー
クワントの紫のサテンのシャツとショーツ
だ。アイスキャンディーをなめているざっく
ばらんな様子は、イチゴの飾りつきのアン
サンブルの遊び心とマッチして、着心地
のよさを巧みにアピールしている[64]。

　クワントのモデルたちのなかで飛び抜
けて多才だったのは、1960年代後半か
ら1970年代初頭にかけて写真モデルと
ランウェイモデルの両方を務めていたア
マンダ・リアだろう[156]。幼少期につい
てはほとんど知られていないが、1965
年にプロのモデルとして働きはじめ、スウ
ィンギング・ロンドンで華やかな生活を送
るようになり、モデルの他、画家、ユーロ
ポップシンガー、女優、テレビの司会者と
幅広く活動した。ロキシー・ミュージックの
セカンドアルバム『フォー・ユア・プレジャ
ー』（1973年）のジャケットで、黒豹をリー
ドにつないでいるグラマラスな女性がリ
アだ。また、約15年間、シュールレアリ
ズムの代表的アーティストであるサルバド
ール・ダリのミューズにして、親しい友人
であったことでも知られている[39]。

　モデルになる前、リアは「ペキ・ドスロ」
という芸名でパリのクラブ、ル・カルーセ

ルのドラァグクイーンショーに出演してい
たと、長年噂されてきた。トランスジェン
ダーモデルでエンターテイナーのエイプ
リル・アシュリーによると、リアの本名はア
ラン・タップといい、1950年代から1960
年代初頭にかけてル・カルーセルで一緒
に働いていたという[40]。リアがトランスジ
ェンダーなのかどうかについて、J.C. ペ
ニーのプロモーションで渡米した時の話
のなかで、クワントはそれとなくほのめか
している。

> モデルの子たちが一緒に過ごせるよ
> うに、ホテルではダブルルームを予
> 約していました。でも、彼女たちの
> なかでゴシップが流れ出したのです。
> 「あの子と一緒の部屋は嫌よ。だっ
> て男だもの」。……それまでも噂に
> はなっていたんです。アマンダは背
> が高いし、骨格がしっかりしている
> し……もちろん、プロモーションツア
> ーが進むにつれて、「私がアマンダ
> と一緒の部屋よ」「違うわ、私の番よ」
> と女の子たちの間で大喧嘩が起こる
> ようになりました[41]。

　それでもリアが、クワントのお気に入り
モデルであることに変わりはなかった。プ
ロモーションツアーに参加してマリークワ
ントというブランドを世界に伝えるだけで
なく、1973年秋冬コレクションのクワント
のお気に入りアイテムを着て、クワントと
ブランケット・グリーンと共にブランドの顔
として、『サンデー・テレグラフ』の別刷雑
誌にも登場している[42] [65]。

　今、どんな美しさが理想とされている

のか。クワントのモデル選びには、その視点が顕著に反映されている。クワントらしいと評されたモデルは、その時代の理想とされる女性の象徴となった。若さ、動き、自由な表現が何よりも評価される、モデル界の新しいスタンダードが確立された。モデルの年齢がどんどん下がり、以前のように背伸びすることなく、年相応に見えるモデリングをするようになった。髪はさらに自然で自由に動くスタイルとなり、仮面のように見えるメイクで遊び心を演出し、一世代前のモデルたちが得意としていた静的で作り込まれたポーズは過去のものとなり、くつろいだ、自然なポーズが主流となって、優雅さとは無縁の子供っぽいポーズが好まれるようになり、スタジオではなく外で撮影することが増えていった。

　ランウェイを使ったクワントのファッションショーはエネルギーと活動力に満ちていて、それは写真にしっかりと捉えられている。クワントの服は形がシンプルで自由に動けるため、モデルたちは踊り、走りまわる。スカート丈が短くなればなるほど、モデルの脚の動きは目立ち、さらに重要になっていった。

　限られたエリートのためではなく、みんなのためのファッションを創造するというクワントの気風は、モデル選びにも反映されていた。さまざまなバックグラウンドをもつ人たちが続々と登場し、モデルという職業は1950年代のような上流階級の女性たちの領分ではなくなっていった。

Photographic Interpretations

クワントの時代の写真家たち

スザンナ・ブラウン

「写真家を映画スターのようにもて
はやすのが、今、とても流行っている
らしい」[1]

コリン・マッキネスの小説『Absolute
Beginners（アブソルート・ビギナーズ）』（1959
年）の主人公は、成功することを夢見る
10代のフリーランスの写真家だ。舞台は
1958年夏のロンドン。イケてるコーヒー
ショップ、ロックンロールクラブ、タバコの
煙が立ち込めるジャズバーと若者文化が
充満している。イタリア系カジュアルウェア
に身を包んだモッズ、ドレープジャケット
を着た不良少年、ノッティングヒルに住む
カリブ人、チェルシー地区の男娼、売春
婦、ミュージシャン、麻薬中毒者らがひし
めきあう世界だ。写真家として成功し、金
持ちになることを夢見る主人公にとっての
ヒーローは、生き生きとしていて男らしく、
次から次へと綺麗な女の子たちと寝てい
る新世代のイギリスの写真家たちで、雑
誌や新聞に写真を掲載してギャラをもら
い、「どこかでかっこいい個展」[2]を開くこ
とを目指している。

　このエッセイでは、マッキネスの小説
の主人公が憧れ、目標とした実在の写
真家たちの作品を探求していく。1950
年代、上流階級志向の時代遅れなイメ
ージにしがみついていたイギリス版『ヴ
ォーグ』を、機知に富んだ屈託のない新

しいタイプの写真で魅力的なものへと転
換させた、アンソニー・アームストロング＝
ジョーンズといった面々からマッキネスは
主人公を創造していった。1960年、ア
ームストロング＝ジョーンズがマーガレッ
ト王女と結婚すると、写真家という職業
が一気に脚光を浴びるようになり、イギリ
スの写真家はセレブリティーの仲間入り
を果たす。アームストロング＝ジョーンズ
は、マクネアが1952年にキングスロード
128番地に設立した写真スタジオ、アリ
スター・ジョーダンで働いていたことがあ
る。ケンジントン・アンド・チェルシー地区
内の新しい人気エリアにあって、マクネア
はここでクワントとプランケット・グリーン
に出会っている[3]。自分たちが立ち上げた
会社のイメージを明快にし、多くの人々
にブランドを知ってもらうために、写真が
重要なツールとなることを三人は最初か
らわかっていた。クワントがデザインする
服、そして後年登場する化粧品は、最新
ファッションに敏感な『ハーパーズ バザ
ー』や『ヴォーグ』といった高級誌の読者
だけではなく、全国紙と地方紙に掲載さ
れる写真を通して幅広い層の人々に向け
て情報発信された。当時の一流の写真
家たちがクワントのデザインをどう捉え、
ブランドのスタイルと哲学を表現していっ
たのかを見ていこう。

　1950年代から1960年代にかけて、

66　P97／ニューヨーク
のダンスホールでのマリ
ー・クワントとアレキサン
ダー・プランケット・グリー
ン、1960年、写真：ジョン・
コーワン、マリークワント
アーカイヴ

多くの写真家がケンジントン・アンド・チェルシー地区内にスタジオを構えていた。クワントの友人もいて、バザーの地下にあったプランケット・グリーンのレストランにやってくるおしゃれな常連になっていた。「ブリジッド・バルドーからすべての写真家……すべての映画監督が、みんなきていました」[4]と2009年にクワントは振り返っている。そのなかにジョン・コーワンがいた。1958年にオークリー通り98番地aにスタジオを開設し、翌年、フルハムロード426番地に引っ越した写真家だ。コーワンはクワントとプランケット・グリーンが新しいウィンドーディスプレイを設置している光景や、いかにもチェルシー地区のカップルといった様子で踊っている姿を撮影している [66]。

パイロット、店員、運転手、旅行代理業者。長身でブロンドの髪をしたコーワンは、写真で身を立てるまで、いろいろな職業に挑戦してきた命知らずで、カリスマ性があった。コーワンの「すぐに人を惹きつける力、エネルギー、人生への情熱」にクワントは感心し、「写真、スタイル、ファッション、ジャズについて」語りあうのを楽しんだという。「彼はいつも何に対してもやる気満々だった。活力にあふれている、というのがお互いの共通点だった。まるで飛行機や車のような人です」[5]。コーワンの写真にはエネルギーがほとばしっている。モデルたちが踊り、水のなかに飛び込み、飛び上がる、そのダイナミズムは雑誌の誌面にかろうじて留まっているばかりだ。グラフィックの構図と明暗差を強調したハイコントラスト仕上げで、写真の効果はさらに高められる。写真史家

フィリップ・ガーナーはコーワンについての論文で、1958年に出版されたアームストロング＝ジョーンズの写真集『ロンドン』に影響を受けた可能性があると記している[6]。アームストロング＝ジョーンズはその序文でこう述べている。「写真とは、技術的にシンプルで、見やすいものであるべきだと思う……目的は普通の人々に反応させることにある。僕は小型のカメラを使っていて、ほとんど機材は用いず、人工照明はまったく使用しない……（写真とは）すばやく撮るべきものだ。『じっとして』なんていっても無駄だ……息をとめるようなもので、その瞬間はもう失われているのだから」[7]。

アームストロング＝ジョーンズのこの手法は、1930年代、ルポルタージュ的なアプローチでファッション写真を撮ることに最初に取り組んだマーティン・ムンカッチが、1935年11月号の『ハーパーズ バザー』に寄稿している内容と重なる。「被写体に決してポーズを取らせないこと。自然に動きまわってもらえばよい。今、素晴らしい写真といったら全部スナップショットだ。後ろ姿を撮る。走っている姿を撮る。今のカメラだったら1000分の1秒の瞬間を捉えることができる。意外なアングルで撮ってみる。でも必ずそこには、そうするべき理由があること」[8]。それまでの写真家たちは、三脚つきの大判カメラを使ってスタジオ撮影していたが、新世代の写真家たちは、ライカなどのポータブルカメラと35ミリのロールフィルムを使って、スピード感とリアリズムに満ちた写真を野外で撮影する機会に乗じていた。

コーワンはフォトジャーナリスト的な感

覚をもって大都市のストリートに乗り出し、ロンドンを象徴する建造物を背景に、動きのある生き生きとしたイメージをつかもうとした。若さあふれるファッションとイギリスの伝統や制度の象徴が組みあわさった作品は、新しさと古めかしさがぶつかりあってスリリングだ。《近衛兵の先を行く》と題されたモノトーン作品では、モデルのマリー・フランスがクワント作のチェック柄コートを着て、近衛兵がかぶっているベアスキンに似たスタイルの帽子を頭に乗せている [67]。コートの幾何学模様が、縦横する鉄柵とその影、道路の敷石に連鎖し、大股に歩くモデルの動きには目的意識と自由さが感じられ、ムンカッチの1934年の名作《水たまりを飛び越える》を思わせる。

　ルポルタージュ的アプローチと大胆不敵な姿勢によって、コーワンはファッション雑誌と全国紙の両方で成功を収める。そして1962年初頭に、モデルの仕事をはじめたジル・ケニントンと出会ったことで、創造性が爆発的に刺激される。1940年代、1950年代の写真モデルは洗練された気品ある一連のポーズを教え込まれていて、写真家が大判カメラにシートフィルムを装填する間、人工照明の光に照らされながら、彫像のように同じポーズを取っていなければならなかった。巨匠の手によって、この上なくエレガントな写真が生まれることもあったが、仮面のようなメークをしてスプレーでがちがちに固められたヘアスタイルのモデルは、高飛車に見えることもあった。それとは、対照的に、ケニントンはカメラの前で自由に動きまわった。彼女の体の動きとくしゃくしゃになっ

た髪は、自由に動けることを提唱するクワントの服にぴったりだった。物おじせず英気あふれるケニントンは、マリークワントのブランド精神を体現するイギリスのニューウェーブモデルの一人となっていく[9]。

　ケニントンとコーワンは4年以上コラボレーションを密に重ね続け、とりわけ1962年から1964年に大量の作品を生み出している。「この時の共同作業で、モデルの存在が洋服を吊るハンガーから、動きをともなう芸術表現へと高められたのです」[10]と、ケニントンは語っている。1964年4月1日、コーワンの個展『エネルギーによる衝撃の解釈の仕方』がケンジントン・ハイストリートのゴードンズ・カメラで開催され、クワントとプランケット・グリーンもオープニングパーティーに顔を出している。個展は好評を博し、『デイリー・エクスプレス』の記事は、「野外で大胆に何でもする勇気あるモデル」[11]が果たしている役割に光を当てている。クワントの服を着たモデルたちを撮影する以外にも、コーワンはクワントが手がける独創的なウィンドーディスプレイの記録写真も残している。1966年に出版した自伝でクワントは、コーワンの意外な場所で撮影することへの熱意、モデルたちに限界の壁を越えさせる能力に影響されたディスプレイについて語っている。「土曜日の夜、ウィンドーの飾りつけをするのを、とても楽しみにしていました。ものすごく楽しかったので。一度、写真家のマネキンを旧式の巨大なカメラと一緒に天井から逆さに吊して、そのレンズの先に、ぎょっとするような角度で鳥を吊したのです。素敵なドレスがあって、それをよく見るためだったらど

んな体勢でも取るに値する、という感じを
表現したかったのです」[12]。

　クワントがパリで開催した最初のファッ
ションショーの映像撮影を依頼されたの
もコーワンだった。1963年4月、会場
のホテル・ド・クリヨンで披露されたのは、
PVC素材のレインウェア「ウェット・コレク
ション」で、モデルはジル・ケニントン、ペ
ニー・パトリック、メリーローズ・マクネア、
ヴィッキー・ヴォーン、ジル・スティンチクー
ム、そしてアメリカ人ジャーナリストのディ
ー・ウェルズの11歳の娘ガリィ・ウェルズ
というメンバーで、コーワンの映像は彼
特有の活気に満ちている。

　　　彼は服だけでなく、その全体の雰囲
　　気を捉えようとして、会場のいたる
　　ところで撮影していて、貴人に近づ
　　いてクローズアップまで撮っていま
　　した……BGMのジャズにあわせて
　　ショーはものすごいスピードで進み
　　ました。60点のドレスやスーツをき
　　っかり15分で見せたのです……　優
　　美に歩いたり、立ちどまってまた進
　　んだりという普通のファッションモデ
　　ルがするような様式化された動きは
　　まったくありませんでした。写真モデ
　　ルをメインにやっている子たちばか
　　りだったので、その場でとまると、高
　　級誌のファッションページで目にする
　　ような、ちょっと傍若無人な感じのポ
　　ーズを反射的に取るのです。こうい
　　うタイプの見せ方は、当時、まだシ
　　ョック療法的でした[13]。

　パリでショーが定期的に開催されるよ

うになると、クワントは1月と7月のショー
直前の月曜日にル・ルレ・ビッソン・ホテ
ルでランチパーティーを開くようになる。コー
ワンとケニントンの他、キュレーターの
アーネスティン・カーター、ファッションラ
イターのユージニア・シェパード、女優の
アイリス・アシュリー、ジャーナリストのバ
ーバラ・グリッグス、女優のサリー・カー
クランド、ファッションパブリシストのパー
シー・サヴェッジ、写真家のノーマン・パー
キンソンなどが招待された[14]。パーキ
ンソンは一世代前の写真家だ。イギリス
ではセシル・ビートンやジョン・フレンチ、
アメリカではホルスト・P・ホルストやアー
ヴィング・ペンと同期にあたる。パーキン
ソンは、スペイト社で宮廷写真家の見習
いとしてキャリアをスタートさせ、1934
年、ロンドンのドーヴァー通りにスタジオ
を設立し、その翌年から『ハーパーズ バ
ザー』に、1940年代初頭から『ヴォー
グ』に作品を発表しはじめる。ビートンと
同じく、パーキンソンもファッションに関す
る生まれながらのセンスをもっていて、ま
た貴族階級への強い憧れがあり、ロナル
ド・スミスという平凡な本名を毛嫌いして
いた。二人とも長い間第一線で活躍する
が、ビートンが18、19世紀の絵画を思
わせる演劇的な技巧を好んで用いたの
に対し、パーキンソンは新しいルポルタ
ージュ方式を取り入れていった。

　1959年、『ヴォーグ』との契約が終了
する。パーキンソンにとっても、イギリスの
ファッション雑誌界全体にとっても、この
年は重要な節目だったと写真を専門とす
るライターでありキュレーターのロビン・ミ
ュアーは解説する。

1950年代最後の『ヴォーグ』に、ロジャー・メインが台頭しつつあるティーンエイジャーについてのフォトエッセイを掲載しています。同じ年、メインはロンドンで起こっていることを描いたコリン・マッキネスの小説のカバー写真も手がけています。文化が大きく変化しているのは明白で、『ヴォーグ』も協力するほか仕方がなかったのです。『ヴォーグ』のためにパーキンソンが撮影した最後の2作品は――「若者のアイデア」のページでマリークワントのドレスをおどけた雰囲気で撮った1枚と、イギリスの労働者階級の家庭生活をリアルに描いた劇作家のシェラ・デラニーのポートレート――共に新しい時代の文化の傾向に沿っていると、(美術史研究家の)マーティン・ハリソンが的確に評しています[15]。

『クイーン』もこの文化の変化を同じように受け入れていた。パーキンソンは1959年から1964年まで社外編集人を務め、発行人のジョスリン・スティーヴンスとエディターのベアトリックス・ミラーが、『クイーン』を堅苦しい上流社会向け雑誌から最先端のファッション雑誌へと転換するのに力を貸した。夜会服を着たデビュタントや社交界の美女たちの写真が徐々に消え、クワントや同世代のデザイナーたちがデザインし、店で販売されていた服を着たモデルたちが誌面を飾るようになっていった[68]。「上流気取りがファッションから消えた」とクワントも断言しているが[16]、マッキネスの小説の主人公は

68 ロンドンのファッションデザイナーたち、『ライフ』（1963年10月18日号）、写真：ノーマン・パーキンソン

「若いデザイナーたちがチェルシー河岸に集合。前列左からマリー・クワント（29歳）と夫のアレキサンダー・プランケット・グリーン、口髭を生やしているのはケネス・スウィート（34歳）。その後ろにいるのはジーン・アンド・ジーンのジーン・ミュアー（29歳）、ジェラルド・マッキャン（29歳）、キキ・バーン（26歳）、デイヴィッド・サスーン（29歳）。街灯によじ登っているのはサリー・タフィン（25歳）、マリオン・フォール（24歳）、帽子デザイナーのジェームズ・ウェッジ」

もっとストレートに言い放っている。「階級なんていうくだらないことに興味なんかない」[17]。

　この時代のパーキンソンの作品で印象的なのは、飛行機で各地を飛びまわる自立した女性を表現した一連の写真だ。南国で撮影され、飛行機、ヘリコプター、スポーツカー、ボートが背景に組み込まれている。1961年5月号の『クイーン』にはスイスの女優でありモデルのドローレス・ウェッタックが、白い麻のトップスと麻のパンツがボタンで繋がったクワント作のセーラースーツを着て、モーターボートの船尾でポーズを取っている写真が掲載されている [85]。1960年代はカラーフィルムも現像代も高価で、ファッション写真は白黒で撮影されることがまだ多かった。クワントは深紅、黄褐色、葡萄色といった鮮やかな色味を使うことが多く、服の全体像を読者に伝えるために説明文が必須だった。このセーラースーツのパンツは淡いオレンジ色で、ウェッタックは左脚を上げ、少し広がっている裾のラインを際立たせている。自信に満ちあふれ、平然としていて、背後で水上スキー

69　「イングランド銀行」、「イートン」を着たメラニー・ハンプシャーとジル・ケニントン、『ライフ』（1963年10月18日号）、写真：ノーマン・パーキンソン

をしている男に見向きもしない。

　こうした海外での撮影をしつつ、パーキンソンはイギリスのライフスタイルに根づいた作品も撮っていた。田舎のパブや農場といった地味な場所にグラマラスなモデルを配置するという遊びに出たのだ。そしてコーワンのようにパーキンソンも、ロンドンの賑やかなストリートにモデルたちを連れ出すようになる。1963年10月18日発行の『ライフ』に掲載された特集記事「向こう見ずな英国デザイナーたち：ロンドン発の新しいスタイルでアメリカの女の子たちをチェルシールックにする」の写真がその例だ［69］。体を正

面に向けたモデルのメラニー・ハンプシャーとジル・ケニントン、そして横を向いた背の高い警官が左右対称の構図になっている。クワントのウールドレスのストライプ柄が写真の縦軸を強調している。モデルの濃い色のブリムハットと白襟が、警官の制服とリンクし、ハンプシャーは下唇を噛んでいて、ケニントンは口を大きく開けている。こうした一瞬の表情を捉えることで写真に即興性が生まれ、背後にぼんやりと写っている車の流れがその効果をさらに高めている。

　1960年代、クワントはアメリカ、そして世界中に「チェルシールック」を大々

70 左／マリークワント・ジンジャー・グループのピナフォ
ア「スノッブ」とストライプのアンサンブルを着たロス・ワ
トキンスとポーリーン・ストーン、1963年、写真：ジョン・フ
レンチ

71 P105／マリー・クワントとアレキサンダー・プランケ
ット・グリーンと9人のモデルたち、《木箱いっぱいのクワン
ト》、1966年4月1日、写真：ジョン・エイドリアン、ナシ
ョナル・ポートレート・ギャラリー、寄贈：サリー・パスモア、
2009年

的に輸出し、マリークワントというブラン
ドは世界各地に広がった。それをジョン・
エイドリアンは《木箱いっぱいのクワント》
と題した写真でユーモラスに表現してい
る [71]。輸送用の木枠に入っているのは
モデルたちで、その右側には当時クワン
ト商品が輸出されていた25か国中の9
つの国名が表示されている。木箱の上に
すわったクワントが手にしているのは新
しい化粧品アイテムで、木枠にもたれて
いるプランケット・グリーンは箱に蓋をしよ
うとハンマーを持っている[18]。流行と共に
あり続けようと、パーキンソンもセシル・ビ
ートンも、こうしたポップカルチャー世代

の気風についていこうと必死だった。一
方、ジョン・フレンチは、1940年代後半
から1950年代にかけて完成させた彼独
自のスタイルで仕事をすることに心地よさ
を感じていた[19]。第二次世界大戦中、近
衛歩兵隊の将校だったフレンチは、形式
と正確さを重んじることを軍で学び、それ
が写真家としてのキャリアで役立つことに
なる。V&A博物館ではフレンチが手がけ
た約1万件の撮影のネガフィルム、写真、
関連記録のアーカイヴを保管しているが、
フレンチの特色である規律意識がいたる
ところに感じられる [70]。フレンチが愛用
していたカメラは、ミディアムフォーマット

AUSTRALIA

FRANCE

U.S.A.

HOLLAND

GERMANY

ITALY

SWEDEN

CANADA

のローライフレックスで、1日に撮るのは最大12着。1着につき12カットが撮れるフィルムを2、3ロール使っていた。スタジオでの撮影ではタングステン電球より自然光を好んだ。フレンチは、バウンスライティング（反射光）を使ってファッション撮影をした最初の一人だ。ポーズを取らせたモデルの周囲に複数のレフレクターを設置して影を飛ばし、やわらかな光を演出した。できあがった写真は、印刷される前に入念に修正が施された。

フレンチがヘアメイクアーティストと一緒に仕事をすることは稀だったが、スタジオスタイリストのジャネット・キャンベルが助手として働いてくれたことは幸運だった。彼女は強力なクリップやハットピン、鉛の重りを駆使して、服のきれいなラインや形を作ることができた。シックなシガレットホルダー、花束、毛皮のマフ、上品なクラッチバッグといった小道具がしばしば撮影に用いられた。フレンチのスタジオで撮影となると、真珠のイヤリング、手袋、ハンドバッグ、ヒールの靴といった「淑女のような」アクセサリーがプラスされ、クワントのデザインの過激さが薄められることもあったが、『デイリー・エキスプレス』『デイリー・メール』『サンデー・タイムズ』といった新聞を通して、多くの人々にクワントのファッションを知ってもらう手助けとなった。フレンチの鮮明な写真とクワントのグラフィカルで強烈なデザインは、印刷が安っぽい紙面でも見栄えがした。『デイリー・ミラー』で編集補佐をしていたフェリシティ・グリーンは、フレンチには「3ギニーのドレスを100万ドルのドレスのように見せる才能があった」といい、全国紙の

早版にフレンチのファッション写真が掲載されると、その服はたいてい数時間で売り切れた[20]。

当時『デイリー・エキスプレス』のファッションエディターで、のちに『サンデー・タイムズ』に移籍するブリジッド・キーナンは、フレンチと彼のアシスタントたちの雰囲気は正反対だったと振り返る。「彼はとても貴族的な風貌で、いつも完璧な服装で、堂々としていました……でもアシスタントの若者たちはみんなイーストエンド出身なんです」[21]。その若いロンドンっ子のなかに、テレンス・ドノヴァンとデイヴィッド・ベイリーがいた。ブライアン・ダフィーをプラスして、パーキンソンが「ブラック・トリニティ（黒の三位一体）」と呼んだ彼らは、ロンドンに出没した新世代の反逆者的写真家として大成功を収めていく。

ベイリーは1960年4月にスタジオを設立し、すぐに『デイリー・エキスプレス』で若者向けファッション写真を撮るようになる。最初に掲載されたのは1960年の《秋の女の子》で、19歳のモデルのポーリーン・ストーンがミニスカートをはいて枯葉の上に膝をつき、リスの剥製に唇を突き出している。この自然かつ意外性に満ちた写真が、クワントのファッションショーのあり方に大きな影響を与える。

それまで、そんな風にファッション写真が撮られたことはなかった。がつんとやられた感じでした。とてつもなく素晴らしかった。そしてもちろん、それからはコレクションを発表する時、女の子たちに動きまわってもらうことにしました。ベイリーの写真のよ

うに動いて、ジャンプして、生き生き
としてもらうことにしたのです[22]。

クワントがコレクション発表時に絶対に
必要とした音楽は、ベイリーや同世代の
写真家たちにとって作品の鼓動だった。
彼らのスタジオはいつも大音量で音楽が
かかっていて、写真からもその旋律が聞
こえてきそうなくらいだ。彼らが得意と
する意外なアングルは、リズム進行から外
れるジャズのシンコペーションのようなも
ので、モデルたちはポップミュージックの
気ままなサウンドにあわせて楽しそうに
体を動かしていた。昼間の撮影がおわる
と、写真家、モデル、その仲間たちは、メ
イフェア地区にあったイギリス初のディス
コ、サドル・ルームに繰り出し、踊り明か
した[23]。1960年代はミュージシャンも、ファッション写真によく登場していた。1964
年、ジョン・フレンチはマリークワントのド
レスを着たパティ・ボイドがローリング・ス
トーンズのメンバーに囲まれているショッ
トを撮っている（その2年後、ボイドはビート
ルズのジョージ・ハリソンと結婚）[73]。ブライア
ン・ダフィーはロニー・スコッツ・ジャズクラ
ブの「オールスター」バンドをスタジオに
呼んで、イヴニングガウン姿のモデルた
ちがポーズしている隣で演奏してもらい、
その時、モデルのジョアンナ・ラムレイに
音楽にあわせて歌うように促したという。
1963年10月1日に発売されたイギリス
版『ヴォーグ』の表紙では、クワントがデ
ザインしたPVC素材の赤いレインコート
を着たタニア・マレットがトランペットを吹
いているまねをし、その数年前の『タトラ
ー・アンド・バイスタンダー』の表紙では、

クワントのシンプルな黒いドレスを着た
モデルが、赤いネックレスにマッチした
赤いドラムセットにすわってスティックを振
りまわしている[72]。

ベイリーと同じく、テレンス・ドノヴァンも
兵役につきながら写真の技術を磨いてい
った。ジョン・フレンチのスタジオで、エイ
ドリアン・フラワーズとジョン・エイドリアン
のアシスタントを務めたあと、1959年、
クワントのバザーから歩いてすぐのヨーマ
ンズローにスタジオを設立する。その1
か月後、ドノヴァンは同じ労働者階級出
身でクワントの親しい友人のヘアスタイリ
スト、ヴィダル・サスーンの撮影を手がけ
る。ロンドンの若い写真家たちにとって、
何よりも魅力的だったのは、服ではなく、
服を着ている女の子たちで、1960年代
は写真家とモデルの親密な関係からファ
ッション写真に官能的な要素がプラスさ
れるようになる。これは上品な距離感が漂
うジョン・フレンチの作品に欠けているも
のだ。

ベイリーの最初のミューズはジーン・シ
ュリンプトンで、ダフィーは赤毛のポーリ
ーン・ストーンにぞっこんであり、ドノヴァ
ンは女優のジュリー・クリスティに似てい
るセリア・ハモンドがお気に入りだった。
ハモンドはドノヴァンについて「とても粗
野で、とても厳しかったです……非常に
荒々しく見えるので、怖かったです……ま
るで吠えるように指図を出して…… 噛み
つかれるより吠えられる方が怖かったで
す」と語っている[24]。グレース・コディント
ンもドノヴァンのモデルになったことがあ
る。ビル・ブラントが撮った色のコントラス
トが激しいロンドン郊外やスラム街のイメ

PHOTOGRAPHIC INTERPRETATIONS

ファッション写真と、ビートルズ、近衛兵、伝統的なかつらと法服をつけた裁判官、王冠をかぶったライオンといった典型的なイギリスのイメージの白黒写真をあわせ、背景に鮮やかなピンクをもってきた。このコラージュ方式は、雑誌の記事や広告の写真を切り取ってペインティングと合体させた作品を生み出していた、エドゥアルド・パオロッツィ、リチャード・ハミルトン、ピーター・ブレイク、トム・ウェッセルマンなどのアーティストたちへのオマージュだ。ピーター・ナップがアートディレクターだったころのフランス版『エル』は、ポップアートをテーマにしたページ展開をすることがよくあり、ドノヴァンはナップの才能と気さくな人柄を賞賛していた。この特集の最初のページには、モアレ・タフタのベストとスカート、白いサテンのシャツに黒いネクタイを締めたツイッギーの姿がコラージュされている。すべてクワントのジンジャー・グループのアイテムで、もともと『ウィメンズ・ミラー』誌用に撮影されたものだ[26]。オリジナル写真はツイッギーが巨大な英国旗の前に立っている構図で、ファッションの最前線におけるイギリスの役割と10代の「ロンドンルック」を象徴している[51]。

ツイッギーは大きな目と短くカットされた髪、そして細長い脚が特徴的で、写真家たちはローアングルあるいは広角レンズを使って、その魅力を際立たせた。ツイッギーの名が一気に世に知られ、それまで活躍していたモデルたちの存在感が薄れた年、クワントはファッション業界への功績を評価されて大英帝国第4等勲章（OBE）を受章し、イタリアの映画監督ミ

ージに刺激されて、35mmフィルムカメラを持って「ベルグレイヴィア地区の外、彼が若いころに過ごしたイーストエンドのストリート」といった埃っぽい工業地帯でロケをしたという。「撮影はいつも楽しかった。テリーと一緒だと、おなかが痛くなるまで、一日中、笑いっぱなしなの。でも撮影の設定に関してはいつも非常に明確で、ばたばたすることもなく、方針がはっきりしていました」[25]。

コディントンはツイッギーと共に、ドノヴァンの最高傑作の一つである1966年10月20日発行のフランス版『エル』のファッション特集に登場している[74-77]。8ページの特集でドノヴァンは、カラーの

yes madame!

ケランジェロ・アントニオーニのスタイリッシュなスリラー作品『欲望』が公開された。激震する若者文化を描いた映画で、デヴィッド・ヘミングスが主人公の写真家トーマスを演じ、女優のヴァネッサ・レッドグレイヴやジェーン・バーキンが出演している。トーマスはデイヴィッド・ベイリーをモデルにしていて、バンドのザ・ヤードバーズやモデルのヴェルーシュカが実名で登場し、クレジットには記されていないがメラニー・ハンプシャー、ジル・ケニントン、ペギー・モフィットといった多くのモデルが顔を出している。ロンドン市内を徹底的にチェックし、アントニオーニがメインの撮影場所に選んだのは、ジョン・コーワンがノッティングヒル西部のプリンセスプレイス39番地に設置した新しいスタジオだった。「広くて、天井が高い、がらんとした建物で、かつては馬車の製造所で、近年は家具屋だった……ロンドンで最も素晴らしいスタジオのはずだ」[27]。

批評家たちの反応は好意的だった。『ニューヨーク・タイムズ』紙は、「見事な作品だ。燃えるような映像と色使いが、主人公の感覚、そして彼が住んでいるモッズの世界へと観客を引き込んでいく」[28]と評している。しかし、クワントは違った。「とてもがっかりしました。あの時、アントニオーニと話をしたのです。彼はみんなと話をしていました。ベイリーともです。でも期待していたほどスタイリッシュでもシックでもなかった」[29]と一蹴している。『欲望』のコスチュームデザインには関わらなかったが、クワントはロバート・ワイズ監督の『たたり』(1963年)、シャーロット・ランプリング主演の『ジョージー・ガール』(1966年)、クワントのお気に入りの女優だったオードリー・ヘップバーン主演の『いつも2人で』(1967年)など、数多くの映画の衣装を手がけている。

『欲望』で描かれた官能的な生活に憧れ、多くの若者が写真家を目指すように

À gauche, le tailleur. Très britannique. La veste type "à 4 boutons. Mais la robe vient de décret Mary Quant au nom de l'Angleterre. L'agrément une petite « Mary Quant » au plexus pince d'adrénie. Imperméable boutonné, col plat, crapule plissée 245 F. au bec boutonné, à plinky. Buffa, Mary Aux... La ceinture la-dessus pour-plier Jean préfigurez force. Sur le régime à l'écrat la tissue. Une pendant que « De l'air » 75 pendre près Mary Quant crée au prince et coll revêt cuivé et polino verbaux. bracelet. très Londres Mary 2245 F. chez Panoki, Raz Sylar.

Quatre garçons très dans le vent : à les ont été 160 ans à mon maitre, ils sont de 16e en Bearce. Ils sont fausses en Australie, on a tout dit sur les Beatles. Kardinisses, pour la plaisir, aux... métiers des Beatles abbreceties, d'où Mit Carlton. La grande bras attirait plus célébrante aux petites. Et respectons, de plus grêle aux deux idées fois « Carnaby Street » de tour la plus élevante de Quatres, théicière Beyond's Street « codicirol, en crépu, rendez à col fixée sur aux très - sux, soupce de crên, servitive d'argent idée éntre pour Jean Yerm. Et 28 F, chaz Prop. Net lancée Mary Queen. Toussieurs l'Aristes français à droite, robe cobsirisse en jersey de laine, bulle force, noussières, froie au top thi-vit pour. Line-aut : Mary Quart 195 F aux Galeries Lafayette.

En ville faire une Obsolve une Lince. En quelle au grands prés à la permirès lignesmo à pleine portraés. Homes Petal Services et q me est Louisses d'antles. Augustine, cher d'étui. Les Keybtons. portant mirère et toit faurés. Et deux audiation super Rive-set Satlé. 240 F chez Beanbras.

なる。「みんなファッション写真家になりたがっていた。大流行になっていた」[30]と、ドイツ出身のヘルムート・ニュートンはパリで『欲望』が公開された時のことを振り返る。ニュートンは、1966年と1967年に『ヴォーグ』の「若者のアイデア」のページ用にツイッギーを撮影している。この2点の写真にあらわれているのは、ツイッギーとニュートンの変幻自在力だ[31]。1966年の作品では、ベッドに横たわったツイッギーを真上から撮っていて、超ミニのメタリックドレスにクワントのキラキラしたタイツをあわせた姿は、宇宙時代のベビードールのようだ。翌年の写真では、濃い色のスーツに身を包み、ヴィダル・サスーンによる1920年代風のフィンガーウエーブのヘアスタイルで決めた、中性的でダンディなツイッギーを演出している[136]。

　1960年代後半になると、シースルーの花柄生地、ロマンティシズム、異国情緒へとファッショントレンドが移行していく。1967年にサンフランシスコで「サマー・オブ・ラブ」現象が巻き起こり、ヒッピー・ムーブメントが最盛期を迎え、ペネロペ・ツリーがベイリーの新しいミューズとなる。アフリカ系モデルが注目を集めるようになり、アメリカからやってきたドニエル・ルナが、アフリカ系モデルとしてはじめてイギリス版『ヴォーグ』の表紙に起用される[32]。ドニエル・ルナもヘイゼル・コリンズもクワントのモデルを務めていて、1970年代、多くのダークスキンのモデルたちと共に、ブランドの多様性を世界にアピールしていく。1972年の春、クワントたちのサリーの家で、テリー・オニールが

コリンズとクワントとプランケット・グリーンを撮影しているが[56]、その時の写真のコンタクトシートを見ると、緑豊かな景色と絵のように美しい建物を背景に、いろいろな組みあわせのメンバーで撮影を展開していたことがわかる。

　モデルという仕事は短い期間しかできない。大勢のモデルたちがクワントのブランドの顔となったが、ブランドの究極の顔であり続けたのはクワント本人で、その時代ごとにトップの写真家たちが最新の作品をまとった彼女の姿を写真に収めている。自宅で、オフィスで、ブティックで、ファッションショーで。モデルたちと、ファッションデザイナー仲間たちと、あるいはプランケット・グリーンと究極のモダンカップルとして。ポートレートに単独で写ったクワントは、脚を組み、頬に手をあて、サスーンによって完璧にカットされた前髪の下から物憂げに見上げ、自信に満ちている[78]。写真に撮られるのが苦手だったクワントは、同世代で最も顔を知られた女性の一人となった。彼女は最初から、世界の共通言語としての写真の計り知れない力を理解していたのだ。

1963-1964

Into the Big Time

PART 3　成功への扉　―大舞台へ―

1963年、クワントの斬新なデザイン
は新聞や雑誌の見出しを飾り、イギリ
ス版『ヴォーグ』の表紙にはじめて登場
し[1]、海外のファッション市場での成功
を評価されて数多くの賞や栄誉を授与
された。マリー・クワントという名は、誰
もが知る存在となっていった。その年、
クワントはジンジャー・グループという新
しいブランドを立ち上げ、若い女性に
大人気となる。1963年最初の大きなチ
ャレンジとなったのはパリでのファッショ
ンショーだった。会場はコンコルド広場
に面したホテル・ド・クリヨンで、18世
紀に宮殿として建築されたこのホテル
は、歴史に残るさまざまな政治家たち
の会合やファッションイベントが開かれ
てきたことで知られる。
　その準備と、5人のモデル、そして段
ボール箱や食料品用の木箱に詰め
込んだPVC素材のレインウェア「ウェッ
ト・コレクション」の渡航手配に大騒ぎ
だったことを、クワントは自伝に記して
いる。「巨大なシャンデリアと大理石の
壁」がいたるところに見られるホテルと、
「私の作る過激で突拍子もない服との
コントラストは圧倒的でした……アメリ
カでの成功とジンジャー・グループの立
ち上げに興奮して、たぶん、興奮しす
ぎた勢いで、パリのコレクションを自分
の好きなようにやることにしたのです」[2]。
『サンデー・タイムズ』の編集者アーネ
スティン・カーターの尽力で、ファッショ
ンエディターや駐仏イギリス大使夫人
のレディー・ディクソンといった多くの著
名人の姿があり、相当なプレッシャーだ
った。ファッションショーはきっかり15

分間で、ジャズが流れるなか、5人のモ
デルたちが60着のドレスやスーツを披
露した。ものすごいスピードで着替えて
はランウェイに登場し続けたわけで、モ
デルたちが静々と、どの位置からも服が
よく見えるようにゆっくりとウォーキング
をする従来のファッションショーとはすべ
て違っていた。ショーは不気味な静けさ
と共におわり、クワントは眠れない夜を
過ごすのだが、翌日、複数のジャーナリ
ストから雑誌に掲載したいので服を貸
してほしいと依頼の電話が入る。メディ
アの反応は好意的だった。
　雑誌などで紹介され、ウェット・コレク
ションへの注文が殺到するものの、PVC
素材の継ぎ目を充填加工する技術はま

79　P114／マリー・クワン
トとアレキサンダー・ブラ
ンケット・グリーン。バザー
ナイツブリッジ店にて。
1964年

80　上／マリークワント・
ジンジャー・グループのタ
グ、1963年ごろ、イラス
トデザイン：モーリン・ロ
フィー、ロンドン博物館：
74.330/41f-h

81　マリークワント・ジンジャー・グループの売り場のインテリア、1963年ごろ、マリークワントアーカイヴ

だ開発途中で、この時点では大量供給の態勢が整っていなかった。ストックポートを拠点とするアリゲーター・レインウェア社とのコラボレーションによって、マリークワント製のレインコートが大ヒットするのは、この2年後のことだ。「そのころには、イギリス海峡のこちら側でもあちら側でも多くのデザイナーたちが、このピカピカした人工素材とその突き刺さるような色——鮮やかなコバルトブルーに深紅、黄色、きらめくリコリスブラック（甘草飴の黒）、白、黄褐色——に魅了されていたのです。私が今も魅了されているように」[3]。

　1963年のもう一つの大きな進展は、マリークワント・ジンジャー・グループの立ち上げだ。マリークワントの二つ目のラインで、老舗衣料メーカーのスタインバーグ社と共同出資で別会社が設立さ

れた。1963年9月15日発売の『ヴォーグ』にジンジャー・グループの広告が掲載され、人形のような女の子のイラストが登場する。イラストレーターのモーリン・ロフィーによる作品で、ジンジャー・グループ製品のタグやラベルにも使われている [80]。イラストの首と腰部分に点線が入っていて、アイテムを入れ替えてコーディネートできます、というジンジャー・グループの基本コンセプトを表現している[4]。

　「お手ごろ価格のクワントの服。一度に買うのが1アイテムだけでも、マリークワント・ジンジャー・グループの服だったら、どれを組みあわせても大丈夫」という宣伝コピーにも、組みあわせが効く部品のようにデザインされ、できるだけ低価格に抑えていることが明示されている。広告には、ベックナムからヨービ

82　左／カーディガンド
レスを着るジーン・シュリン
プトン、1963年、写真：ジ
ョン・フレンチ

83　P119／マリークワン
ト・ジンジャー・グループの
ピナフォア、1963年、素
材：ジャージー、マリークワン
トアーカイヴ

ルまでイギリス国内の59の販売店と、ロ
ンドン市内のデパートやブティックなど16
の店舗の一覧表も掲載された。同じ『ヴ
ォーグ』9月号の「若者のアイデア」欄
では、見開き4ページにわたってジンジャ
ー・グループのコレクションが紹介されて

いる。ケンブリッジでロケ撮影され、裕福
な学生層をターゲットにしているのが明
らかだ。若い女性向けの人気雑誌『ハニ
ー』も1963年10月号でジンジャー・グル
ープを大々的に取り上げている。タイツ
が29シリング11ペンス、シャツが3ギニ

ー、クレープ素材のロングドレスが8.5ギニーといった価格設定だった。コーディネートしやすい色と生地が選択され、平織りのコットン、フランネル、クレープ、厚手のジャージーなどの生地が使われていた。このジャージーがのちにクワントの定番素材となっていくのだが、この時使われていたのは表がウール地、裏が合成ニット地で、クワントがアメリカ滞在中に見つけ、イギリスで同じような素材を手に入れようとサンプルを持ち帰ってきたものだ。同じような生地を、クワントの個人秘書のシャーリー・シューヴィルが偶然見つけた（P176）。エイムズ・ミル織物製造会社[5]の「イーターさん」という人が持ってきたサンプルのなかに、たまたま入っていたのだ。クワントのデザインがシンプル化し、翌年に大ヒットするミニのシフトドレスに似たスタイルに近づいていく。1965年、ジンジャー・グループ、J.C. ペニー、ピューリタン・ファッション社用の商品で、このウール地と合成ニット地、その他のボンディング加工が施されたジャージー素材が大量に使われている。

　こうした大量生産ラインと並行して、クワントがデザインするメインブランド「マリークワント」も相変わらず人気を博し続け、1962年、バースのコスチューム博物館（現ファッション博物館）の創立者であるドリス・ラングレー・ムーアがドレス・オブ・ザ・イヤー賞を創設すると、クワントの「レックス・ハリソン」が第1回受賞作品に選ばれた [82]。大きなボタンがずらりと並んだピナフォアで、1958年から5年間、ロンドンのシアター・ロイヤルで公演された『マイ・フェア・レディ』でヒギンズ教授役

の役者が着ていたカーディガンからヒントを得たデザインだ。ファッションに対するメディアの関心は高まり続け、『サンデー・タイムズ』がインターナショナル・ファッション・アワードを設立し、1963年10月15日にヒルトンホテルで開かれた受賞セレモニーで、ピエール・カルダン、ノーマン・ノレルのクチュールとクワントの既製服で構成するファッションショーが開かれた。このイベントに先立ち、クワントはフランス大使館でのランチに招待され、イタリアのファッションデザイナーのエルザ・スキャパレリと隣席になる。偉大なクチュリエに会えて「興奮した」ものの、人見知りする性格からなかなか会話が弾まず、それでもクワントが老舗のデベナムズ百貨店の毛皮の保管庫で1920年代、30年代製のスキャパレリのコートを目にして感激した話をしたことから打ち解けはじめ、あれこれと話が弾んで楽しい時間となった。このアワードを受賞して間もなく、クワントは「ウーマン・オブ・ザ・イヤー」に選ばれる[6]。

　1963年10月、ジル・バターフィールドがマリークワント社の卸売販売と輸出の成功について書いた記事が『デイリー・エクスプレス』に掲載され、クワントに対する人々の興味はさらに深まっていく。記事によると、毎年20万着以上がイギリス、アメリカ、ケニア、南アフリカ、フランス、スイス（さらにニュージーランドとオーストラリアへ）の取り扱い店舗に輸出されていた[7]。「若くて、小柄で、ファッション界の強者で構成されたスタッフに囲まれたポリアンナ（エレナ・ポーター著のベストセラー児童文学の主人公）のよう」[8]とクワントのことを描

写していて、当時の社会における女性観が顕著にあらわれている。上から目線なところもあったが、こうした記事が掲載されることで仕事をする女性が注目され、若い女性や少女たちの手本となっていった。

クワントと同期のジーン・ミュアー、キキ・バーン、マリオン・フォール、サリー・タフィンといった女性デザイナーたちもメディアの注目を集めていたが、一足早く成功していたクワントが取り上げられることの方が多く、次々とセンセーショナルな見出しが紙面を賑わせた。クワントのおかげで新聞の売り上げが伸びたに違いなく、それでもバターフィールドや『デイリー・ミラー』のフェリシティ・グリーンといったジャーナリストは、ファッション記事を掲載する紙面スペースを確保するために、男性の同僚たちと張りあわなければならなかった[9]。

『デイリー・エクスプレス』の記事と共に掲載されたデイヴィッド・ベイリー撮影の写真には [84]、ユニークな平等精神、そしてマリークワントで働く人たちの仲間意識とエネルギーが満ちあふれていて、それがブランドの説得力ある魅力に繋がっていることがわかる。左端に写っているマクネアは、自身のことを「マリーのビジネス上の乳母」と称し、そのすぐ隣でブランケット・グリーンとクワントが笑っていて、右端にいるのはバザーの商用車の運転手のトム・トットサムだ。その間には、鉛筆書きのスケッチから店舗に並ぶ商品へとクワントの作品を変換する作業にチームで取り組んでいる仲間たちが集合している。大きなハサミを手にしているのはパタンナーのミッキ・カッツで、クワントの

完璧主義について「デザインについて絶対に妥協しない人です。パッと浮かんだアイデアで彼女を納得させようというのは非現実的で、すべての点について根拠を明確に提示する必要があります」と述べている。フィッターのプラ・ガルセス、モデルのジル・スティンチクーム、店長のジョーン・ジンブラーとアン・コシンズ、会計士のロバート・ピート、営業主任のジョージ・カーソン、ジンジャー・グループの商品製造を手がけるスタインバーグ社のアンソニー・スタンバリー、そしてアナベル・マッケイ（旧姓タイラー）の姿も見える。タイラーはバザーで販売するクワント製品以外のアイテムを他の小売業者から調達するバイヤーの仕事の補佐と、クワントの服を独立系のブティックのバイヤーに卸す業務を分担していた。「彼女のデザインを嫌う人がいると、つい激怒してしまいます。会社というものに、これほどの帰属意識をもったことは今までありませんでした」というタイラーの言葉を、バターフィールドは記事で引用している。

タイラーが従業員として強く抱いていたマリークワントというブランドとの一体感は、顧客たちにも広がっていた。服を買って、次はタイツ、化粧品、他のアイテムと購入していくことで、もっとクワントみたいになる、あるいはもっと自分らしくなるという潜在的な魅力が共有されていたのだ。

タイラーはクワントのもとで働いていた時のことを鮮明に記憶している。彼女の実家はケンブリッジにある老舗のジョシュア・タイラー百貨店を経営していて、タイラーは 19 歳の時、家業に従事する前に

経験を積もうとハロッズ百貨店で働くことにする。1957年、タイラーは母親につき添われて面接を受けにロンドンにやってくる。二人ともツイードのコートにスカートをあわせ、帽子と手袋をつけていた。当時のことをタイラーはこう語っている。

　予約品の販売員として雇用され、出社時と退社時にタイムレコーダーを押して、週に5日と半日働いていました。2年半後には、低価格コートのバイヤーのミス・フィリップスのアシスタントになりました。彼女は仕入れに行く時、いつもミンクの帽子をかぶっていました。インテリアのすべてが薄緑色とベージュで、ハロッズ

は戦前から少しも変わっていないようでした。その後、ハロッズ・グループ傘下だったリージェント通りのディキンズ・アンド・ジョーンズで、イヴニングドレス部門の主任になりました。下手な寸法直しに怒って顧客が戻ってくるのを、一日中、ピンクの絨毯の上に立って待っていたんです！そこで2年半耐え抜いて、辞めて、旅に出ました。そしてケニアにいる時、マリークワント社に仕事の応募の手紙を書いたのです。

バザーのナイツブリッジ店の風変わりなウィンドーディスプレイが印象的だったのと、バザーのセールで白

84　「ポリアンナと専門家たち」、『デイリー・エクスプレス』、1963年、写真：デイヴィッド・ベイリー、マリークワント アーカイヴ

2023　　AUTUMN

千彩万華
マツダケン作品集Ⅱ

マツダケン 著
A4判／194頁
定価2,970円(10%税込)

イラストレーター、マツダケンによる作品集第2弾。今回は初めての試みである「シリーズコレクション」「四季」「背景＋動物」「花」「輪廻転生」という5つのテーマから、本書のために描き下ろされた作品も含めて約150点超のイラストを掲載。

増補バンクシー
ビジュアル・アーカイブ

ザビエル・タピエス 著
B6変形判／164頁
定価2,200円(10%税込)

2018年発行『バンクシー ビジュアル・アーカイブ』を増補改訂版。初期&代表作から、コロナ関連、そして最新のウクライナ関連作までを収録。作品写真、わかりやすい解説、描かれた場所を示した世界地図で活動の全貌がわかります。

水と手と目

豊井祐太 著
B5変形判／160頁
定価2,530円(10%税込)

詩情あふれる風景や事物を繊細なドット絵アニメーションで描き、近年のピクセルアートの潮流に大きな影響を与えてきた豊井祐太(1041uuuu)の初作品集。これまでの年代別主要作品、制作における考えや方法論も収録。

ゴジラ大解剖図鑑

西川伸司 著
B5判／216頁
定価3,300円(10%税込)

1989年〜2004年まで、数多くのゴジラ映画の怪獣デザインを手がけた西川伸司氏(マンガ家／怪獣デザイナー)による、1954年の初代ゴジラから2016年のシン・ゴジラまでのすべてのゴジラと怪獣をイラストで解説した大図鑑で

それ行け!!
珍バイク mini

ハンス・ケンプ 著
B5変形判／200頁
定価1,650円(10%税込)

80年代の女のデカルチャーをそのまんまに詰め込んだバイクガイド。少々過激、おもちゃニス、ファンシーグッズ、占い、まだ、当時を知る人には懐かしく、知らない人には新鮮に映るデフォルメ集。バトゥ経済成長の裏側にある究極の立文化を見よ!

カルチャーガイド

A、モノ、動物など、ありえない種類を積み込んだバイクガイドも大集合。大集合したバイクは、少女雑誌、おもちゃニス、ファンシーグッズ、占いなど、当時を知る人には懐かしく、知らない人には新鮮に映るデフォルメ集。

ギリシャ神話
キャラクター事典

オーバーカ・エユミ 著
B5変形判／160頁
定価2,090円(10%税込)

ギリシャ神話を神やヒーロー、怪物といった登場人物を紹介か、キャラクターの特徴や来歴、誰かに教えたくなるトリビアも満載!実は知りたかったギリシャ神話がよくわかる必見の一冊。キャラクターに注目しているので、どこから読んでも楽しめます。

珍バイク mini

デザインコレクション

B6判／240頁
定価1,760円(10%税込)

1970〜80年代の昭和カルチャーを偲ばせる名作&名場面や所蔵品のガーリー文化研究をのぞかせてくれるグリッターや夢のあるかわいいグッズはもちろん、貴重なレア物まで。サンリオグッズはちゃんとリアルなど

3つの技法でしっかり描ける 花の水彩レッスン

中村愛 著
B5変形判／128頁
定価1,980円(10%税込)

「下書き」「混色」「にじみ」の3つの技法をマスターするだけで、しっかりと花の水彩画を描くことができます。色や形などの制作手順は、写真と図でビジュアル解説。初心者でもすぐに要点を把握できるよう工夫しています。

ユ・ヨンウ先生の人体デッサン教室

ユ・ヨンウ 著
B5変形判／254頁
定価2,200円(10%税込)

人体を描くには、「図形化」「具体化」「理論適応」の3つのステップと反復練習あるのみ。イラストレーター、ユ・ヨンウ先生が人体を描くときの大事なポイントを順序立ててわかりやすく解説してくれる人体デッサン教本です。

ウェザリーの動物デッサン ネコ科を描く

ジョー・ウェザリー 著
B5変形判／176頁
定価2,200円(10%税込)

ネコ科動物に特化したデッサン教本。ジェスチャーや動き、構造、解剖学のほか、立体と線で描くデッサンの基本やフォルム分析、ネコ科50種以上の基本図、デフォルメ図、解剖図を掲載。身近なネコで動物デッサンをマスター！

女の子キャラデッサン・パーツ図鑑

子守大好、もちうさぎ 監修
B5変形判／200頁
定価2,420円(10%税込)

講師歴35年のマンガ技法のプロと、プロマンガ家がセレクトした、女子キャラの主要なパーツ＆ポーズのイラスト実例を900点以上収録。お手本だけでなく、各パーツ＆ポーズの描き方も解説。初心者はもちろん、中級者、上級者にも役立ちます！

スキルアップ 色鉛筆

デニーズ・ジェイ・ハワード 著
B5変形判／128頁
定価1,760円(10%税込)

色鉛筆描画が上手くなりたい人のための究極の一冊。人、動物、テキスタイルから陶器、金属、自然事物まで、さまざまなテクスチャーの描き方を、手順を追って丁寧に解説するアーティスト必携の指南書です。

スキルアップ 鉛筆＆木炭

スティーブン・ピアース 著
B5変形判／128頁
定価1,760円(10%税込)

鉛筆、木炭を使ったデッサンの基本的なテクニックと、質感の描き分け方を紹介。101種類のテクスチャーを、主に4カットのコマ送りで見せ、鉛筆の角度から、光と影の描き分け、スミの濃淡で立体的に見せる方法など、ポイントを押さえて説明しています。

日本語を愉しむ はじめての和モダンカリグラフィー

原田祥子 著
B5判／112頁
定価1,760円(10%税込)

著者が考案した3タイプの和モダンカリグラフィーの書き方を紹介…

リタの塗り絵ブック 旅するヨーロッパ

リタ・バーマン 著
B5変形判／96頁
定価1,320円(10%税込)

旅が大好きな著者、リタ…

台湾小吃どんぶりレシピ

口尾麻美 著
A5変形判／160頁
定価1,760円(10%税込)

台湾で「小吃」と呼ばれるサイズの小さな料理が街中にあふれています。どんな料理か食べているのか、わからない謎解きのようなところもあって、めっちゃ面白い小さなごはん。本書はそんな台湾の小吃、麺類、台湾茶の再現料理をまとめたレシピ集です。

鶏糸湯

世界の朝ごはん、昼ごはん、夜ごはん。

ニオズキッチン 著
B5判／200頁
定価2,750円(10%税込)

世界各国の有名な料理を知っていろものもありますが、普段日々食べものを食べているのか、なかなか調べ料理のない不思議な国の料理のことはたくさんあります。そのものごはんを取り込み記録、日記にや生えします、島菜のこでもいっしょにもらうちは食文化ともも紹介します。

おばあたちの台所

安城雪子 著
A5判／152頁
定価1,980円(10%税込)

沖縄県本島北部の大宜味村で元気に暮らすおばあたちの日常を綴り込みました。自然のこと台所仕事、畑仕事のこと、島野菜など、素材を生かした料理のこと、ひばあちゃんたちから話しと料理24品も収録しています。

モン・サン=ミッシェルの修道女 四季の食卓でていねいな暮らし

ローランス・デュ・ティリー 著
松岡由美子 監修
B5変形判／240頁
定価2,970円(10%税込)

私たちに身近な食の原点から、知られざる修道女たちの日々の様子を紹介します。格別な味わいのおいしさもあるなか、ていねいに暮まいのなかを丁寧に営む、育てた野菜やハーブを取り入れたやさしい料理とお菓子は、働きとはどんなことを考えるヒントを与えてくれます。

中華鍋ひとつで山中華

村田秀彦 著
A5判／144頁
定価1,540円(10%税込)

元中華材料人を父に持ち、自身もキャンプ愛好家の著者に。日々の様々なまんか中華の魅力を紹介します。ガチ中華から家庭な作り物、ごはんにおかずにつまみ、にまりつも品、スープや麺類も。自宅での手作りいいキャンプ場での作り分けている格別中華にも活用できます。

樋口直哉のあたらしいソース

樋口直哉 著
B5判／112頁
定価1,980円(10%税込)

食材を引き立てて味のバランスを整える、最高においしいけど、皿への角度立てのやさしいソース。ソースは本来の役割とはそれもあたらしいソース！樋口直哉…

女子キャンプごはん

柚木さとみ 著
B5判／96頁
定価1,760円(10%税込)

ソロキャンプをはじめパー、老若男女にあい…

カッテ スタ…

のリネンのパンツを5ポンドで買ったこと。その時点で私がマリークワントについて知っていたのは、これだけでした。うれしいことにアーチー・マクネアが返事をくれて、面接にくるようにいわれ、MQ（マリー・クワント）のグレイのフランネルのドレスに、グレイのツイードのコート、黄褐色のふさふさしたトリルビー帽というスタイルで出かけました。次にMQとAPG（アレキサンダー・プランケット・グリーン）との面接にくるようにいわれ、別の服と帽子のコーディネートで出かけました。APGの秘書として働かないかといわれて喜んで引き受け、1962年の秋に働きはじめました。

マリークワント社のオフィスに行くには、バザーの商用車が停めてある車庫を通り抜けます。そうすると『不思議の国のアリス』に出てきそうな小さなドアがあるのです。なかに入ると廊下に『サンデー・タイムズ』の別刷カラー雑誌の初版が山積みになっています。アーネスティン・カーターが執筆したMQについての記事が掲載されている雑誌なのですが、もうほとんどインクが褪色していま<ruby>褪色<rt>たいしょく</rt></ruby>しています。マリーと彼女のアシスタントのマーガレットとアーチー用の小さなオフィスが3部屋あって、大きな部屋に簿記係のアイリーンと、彼女のアシスタントのブリジットとノーマとバーナデット（スネル）がいて、このバーナデットはその後、生涯にわたってアーチーのかけがえのないアシスタン

トとなります。しばらくすると……MQの卸売商品のショールームを私が仕切るようになって、APGの個人秘書も兼ねていました。APGは広報の達人で、ファッション関係の女性記者たちに大人気でした。あと、バザーのチェルシーとナイツブリッジ店でMQ商品の補完アイテムとして販売するジーン・ミュアー、ジェラルド・マッキャン、ロジャー・ネルソンといった他の若いデザイナーの商品を購入する仕事も私が引き継いでいました。

このころには、MQの組織で働くことができて、私はなんて幸運なのだろうと思っていました。MQでは野放図なのが当たり前で、仕事への熱意と独自の思想をもつことが全員に求められていました。大きな百貨店のあり方とことごとく違い、服まわりに関することでも人とのつきあい方に関することでも、目からうろこの体験でした。（面接でかぶっていた）黄褐色のふさふさしたトリルビー帽は捨てて、上から下まですべてMQのサンプルでコーディネートして、とにかく楽しかったです。

1962年に私のオフィスに届いた商品サンプルのなかで一番重要だったのは、J.C. ペニー向けにデザインされたものでした。白、鮮やかな青、黒の厚手のコットン生地で作られたドレス、トップス、バミューダパンツ、ダンガリーシャツ、スカートで、ベー

85　ドローレス・ウェッタック、『クイーン』(1963年5月号)、写真:ノーマン・パーキンソン

カーボーイキャップをあわせるスタイルです。斬新でスポーティーで、アメリカですぐに人気が出ました。

一方イギリスではこんなこともありました。かなり早い時期から、バークレイホテルで毎年開催されるデビュタント用ドレスのショーから声がかかり、ベリンダ・ベルビルと共にデビュタントたちのドレスを製作する機会を与えられていました。APGの親戚のベッドフォード公爵がショーの進行役でした。でもスムーズにはいきませんでした。デビュタントの子たちの母親は、ほぼみんなピンク色の肌のぽってりとしたタイプで、自分の娘にベルビル作の綺麗なドレスを着せたがり、私たちのスポーティーでかっこいい服を着たいという子が数えるほどしかいなかったからです。そんなこんなの多くの思い出がありますが、クワント・ファミリーの一員でいるのはとてつもなく楽しくて、それはマリーとアレキサンダーとアーチ

PRINTED PATTERNS
BUTTERICK 3287
4/6
SIZE 12
BUST 32
METRIC 81cm.

LONDON:
A MARY QUANT DESIGN

MISSES
10 12 14 16

86 左上／「ミス・マフェット」を着たセリア・ハモンド、マリークワント・フォー・バタリック、型紙3287番、1964年、V&A博物館:NCOL. 438-2018

87 右上／テレンス・コンランとマリークワントの服を着たハビタのスタッフ、1964年、写真:テレンス・ドノヴァン

クワントのデザインが多くの人たちに支持されていることは明らかだった。1964年、ニューヨークを拠点とするバタリック社からクワントがデザインしたアイテムの型紙が発売され、さらに何千、何万人もの若い女性たちのクローゼットにクワントのファッションが取り込まれていく。7万部以上売れた型紙もあると、『ミニの女王 マ

ーのおかげです。みんな、彼らに対して大きな愛情と忠誠心をもっていました。1969年、私は家業に関わることになって、しぶしぶ MQ を辞めた時、マリーは成功の絶頂にいました。夢のような仕事を体験させてもらえて、感謝しかありません[10]。

リー・クワント自伝』にクワントも記している[11]。多くの人が洋裁をしていた時代で、クワントがデザインするシンプルなフォルムの服は家でも簡単に作ることができた。例えば、「ミス・マフェット」は単純な構造の型紙で、無地でも柄物の生地でもうまく仕上がった。1964年5月、フルハムロードにインテリアショップのハビタの1号店がオープンした際、女性スタッフはバザーの服を着た。写真を見ると、スタッフのペイガン・テイラーが、黒のクレープ地に白い襟と袖口がついた「ミス・マフェット」を着ている [86, 87]。1867年創立のバタリック社では、1937年以降、クチュールコレクションをベースに家庭洋裁用の型紙を生産販売していて、1961年には

88 右上／ブラウス「ターキッシュ・ディ
ライト」とフランネルスカート「タイガー・
ベイ」を着たニコル・デ・ラ・マージュとフラ
ンネルドレス「カーフィリー」を着たグレー
ス・コディントン、1964年、写真:マレー・ア
ーヴィング(ジョン・フレンチ・スタジオ所
属)、1964年、マリークワントアーカイヴ

89 右下／ドレス「プリム」と「プルー
ド」を着たモデルたち、『タトラー・アンド・
バイスタンダー』(1964年5月13日)、写
真:デイヴィッド・ハーン

90 P127／マリークワント ピナフォア、
1963年ごろ、素材:ウールツイード、寄贈:
アナベル・マッケイ、V&A博物館:T.65-
2018

コンデナスト社から「ヴォーグ」の名称使用権を購入し、「ヴォーグ型紙」の商標を取得していた[12]。そのパタリック社が「若いデザイナー」シリーズとして、クワント、ジーン・ミュアー、ジェラルド・マッキャン、そしてオーストラリアのメルボルン出身のブルー・アクトンのデザインの型紙を打ち出したのだった。

リバティ・オブ・ロンドン社とは、1964年、クワントがリバティ社製の細かい花柄模様の生地を使ってシャツとシャツドレスを作り、それが多くの雑誌に掲載されたことから、ごく自然な協力関係が築かれていた[13] [89]。その年のクワントのデザインは全体的にフェミニンで、クレープやコットンローンといった軽やかな素材を使い、スモックやピーターパンカラーといった子供服に見られる要素を取り入れているアイテムが多かった[14]。ウェールズの織物工場で生産されるフランネルも、秋冬向けのコレクション製作に欠かせない主要素材だった[88]。意外なことに、その年のクワントのファッションはくるぶし丈のものが多く、ヴィクトリア朝様式とエドワード朝様式のドレスにヒントを得たようなデザインも見られ、1956年にはじめて手がけて『ハーパーズ バザー』に掲載されたヴィクトリア朝風のパジャマからの繋がりが感じられる。

一方で、1964年の秋冬物のなかには、近代化が進む紳士服の仕立て技術と、柄ものツイードやチェック柄ウールが製造できるようになっていることを最大限に利用したオプアート的なコートやドレスもあった。キュレーターのハンネ・ダールが、トローブリッジ博物館とウィルトシャー・アンド・スウィンドン歴史センターのアーカイヴを調べたところ、1960年代のイギリスの織物産業は、マリークワントや若いデザイナーたちによって活性化されていたことが明らかになった。テキスタイルデザイナーのアリステア・ゴールドも1992年にこう話している。「振り返ってみると、60年代というのはデザインが本当に開花した時代だったのではないかと思うのです。マリー・クワントと彼女みたいな人々の時代です。それ以降は、あれほどのレベルにはいたっていないと思います」[15]。

トローブリッジ博物館があるトローブリッジは、織物産業が盛んな土地で、1960年代、世界70か国に織物を輸出していた。1960年前後以降、テイラードの服にクワントがよく使っていた「ブレッド・アンド・バター」と呼ばれるグレイのフランネル生地もトローブリッジで製造されていた[30]。短い納期で生産できる体制だったのかもしれない。トローブリッジの織物工場は、クライアントの要望にあわせて織物をアレンジしたり、指定の色に染めたり、特別な注文にも素早く対処してくれた。イングランド西部で生産される高品質のフランネルやその他のウール生地は、何世紀にもわたって積み重ねられてきた経験の成果だ。この地のファブリックを使って作られた洋服には、品質の証として、白馬の紋章が織り込まれた「イングランド西部」のラベルが内側についている[16]。1964年、クワントがお気に入りのデザインを形にするために使用した素材が、トローブリッジのソルターズ織物工場で生産されていたタッタソールチェックのウール生地だ。タッタソールチェックのピ

ナフォアにケーブルニットの襟と袖がプラスされたハイブリッド型のワンピースで、クワント本人も愛用していた。ジンジャー・グループのコレクション内容が決定した時点で、マクネアが生地の色味と価格について織物工場と交渉していたことが、アーカイヴに残されている手紙に読み取れる。注文が確定された翌年には、ジンジャー・グループのアイテムを製造するスタインバーグ社からソルターズ織物工場に直接、似たようなチェックのウール生地の注文が入るようになった [17]。

タッタソールチェックのピナフォアを着ているクワントの姿を捉えた写真がある。ヴィダル・サスーンがクワントの髪をファイブポイントカットにする現場に、ジャーナリストと写真家たちが招待された時に撮影されたもので、当時、そのスタイルを維持するのに毎週カットしてもらっていたと思われる [93]。クワントはエリック帽子店で働いていた時にサスーンのサロンを発見し、メイフェア地区までわざわざ出かけて、サスーンが「四つ星シェフのように」カットしている様子を見物したことを2012年に出版した回想録に記している。1960年にクワントはニューヨークに飛び、現地での様子がイギリスとアメリカの新聞に報道されるが、その出発直前、サスーンに依頼して20年代のフラッパースタイルのボブにカットしてもらっている。半世紀後、クワントはその時のことを振り返り、サスーンは「髪を完全に変えた」と表現している。

髪の個性や質感を生かすだけでなく、頭や顔の魅力を最大限に引き出す形や質感にカットすることができるのです。頬骨に視線が向くようにしたり、目を強調したり、顔の特性と個性を最大に引き出すのです。

ウェーブやカールの髪が流行していた1950年代、女性たちは頭にカーラーを巻いてスタンド式ドライヤーの下で何時間も過ごしていた。その退屈な時間から女性を解放し、自然な髪の美しさを提唱したのがサスーンだった。サスーンの顧客たちは「海で泳いだり、オープンカーでドライブしたり、雨のなかを歩いたりする自由を手に入れました……彼がカットで創り出した形や力強い曲線を髪が覚えていて、その状態に戻っていくのです」とクワントも語っている。サスーンのファイブポイントカットは、それ以前にもエリザベス・ギボンズやグレース・コディントンといった彼の顧客やモデルがしていたが [18]、クワントのトレードマークとして人々の記憶に残るようになる。クワントとサスーンは同等の役割を担いながら、アイコン的なファッションイメージを創出していく。クワントにとってサスーンは「脚をきれいに見せるミニスカートのデザインに完璧にマッチする頭部、カラフルな化粧品にマッチする『額縁』を創造してくれる」[19] ヘアドレッサーだった。クワントの髪をカットするサスーンと、その仕上がりにうっとりするクワントを捉えた一連の写真は、それぞれのブランドにとって貴重な広報素材となり、時代を創った2人のクリエイターの鮮やかな記録となっている。

91　下／マリークワント ケーブルニットの襟と袖つきのドレスのデザイン画、1964年、寄贈：マリー・クワント、V&A博物館：T.107E-1976

92　右／マリークワント ケーブルニットの襟と袖つきのドレス、1964年、素材：ウール地、手編みウール、寄贈：マリー・クワント、V&A博物館：T.107-1976

93 マリー・クワントの髪をファイブポイント
カットにするヴィダル・サスーン、『デイリー・ミ
ラー』(1964年11月12日)

94 P132／マリークワント シャツドレス、
1965年、素材:コットンプリント、寄贈:C.L.ア
ーチャー夫人、V&A: T.383-1988

95 上／マリークワント・ジンジャー・グルー
プのアンサンブルを着たグレース・コディント
ンとスー・エイルウィン、1965年、写真:テレン
ス・ドノヴァン

Doing Business in Transatlantic Fashion: The Experience of Mary Quant

大西洋を横断するファッションビジネス：マリークワントの体験

レジーナ・リー・ブラスチェック

1962年9月、しゃれたスタイルできめたクワントが、イギリス海外航空（BOAC）の段ボール製ハンガーボックスに詰め込まれた服をチェックしている写真がある[96]。アメリカの大手百貨店で、西海岸から東海岸まで全米全土で店舗展開しているJ.C. ペニーの依頼で、クワントがロンドンでデザインし、南ウェールズにあるスタインバーグ社の工場で製造されたアイテム群だ。ワシントンD.C. の駐米イギリス大使館宛に発送され、クワントは9月27日に大使館で開かれたJ.C. ペニー主催のプレス発表会に出席する。大西洋の向こうから、若くて魅力的な女性デザイナーが、ロンドン発のオフビートスタイルを携えてやってくる。目新しさ満点のこの状況はどこを切り取っても絵になり、J.C. ペニーは人気ファッションデザイナーとの新しい事業提携の宣伝に大々的に活用した[1]。

このエッセイでは、1960年代におけるクワントのファッションビジネス事業を、戦後の既製服業界という幅広い文脈のなかで位置づけてみようと思う。クワントは、J.C. ペニー、スタインバーグ社、アメリカの大手衣料メーカーであるピューリタン・ファッション社とビジネス関係を築くことで、すべての女性が楽しくてスタイリッシュな服を毎日着ることができる、という現代的な考え方を推し進めていった。手ご

ろなファッションへのビジネス参入をあと押しした背景には、さまざまな社会的要因があった。自由に使える収入が増え、個人消費支出が急増したこと。アメリカの「スポーツウェア」、すなわち上下の組みあわせが自由にできるセパレーツというコンセプトが普及したこと。合成素材と手入れの簡単な生地が次々と誕生したこと。そして1946年から1965年にかけて、アメリカとイギリスで出生率が上昇するベビーブームが起こり、人口が急増したこと。こうした変化を利用し、クワントは既製服を新しいファッションのあり方へと転換させていく。ロンドン、ストリートスタイル、そしてクワントというデザイナーの個性が生んだ、最先端の平等主義的なファッションへと変えていった。

既製服革命

1950年から1980年までの30年間で既製服が急激に普及し、手作り服と注文服が影を潜め、看板デザイナーを掲げたグローバルブランドが幅を利かせるようになっていった。1950年初頭のファッション界は、オーダーメイドのドレスとブティックで販売する製品、そして海外の小売業者と衣料メーカーに自国での製造と応用を許可する輸出用デザインを少数生

96 ワシントンD.C.の
駐米イギリス大使館に
おけるプレス公開前の
J.C.ペニー・コレクション
とマリー・クワント、1962
年9月27日、マリークワン
トアーカイヴ

産するフランスのオートクチュールメゾン
がいまだ君臨していた。オートクチュー
ル界は、1947年、クリスチャン・ディオー
ルがニュールックを発表したことで復活
を果たしたが、1957年にディオールが
他界するころには、限られた富裕層のた
めにドレスを作るフランス方式では生き残
りが難しくなっていた。フランスでも既製
服産業が誕生し、大量生産に乗り出して
いくが、手仕事へのこだわりが強く、うま
く機能しなかった。
　世界最大かつ最先端の既製服産業が
発展していたのはアメリカで、1960年

の時点で1億8000万人の国内市場を
支えていた。ファッションに関してアメリカ
の典型的な消費者を把握しようとするの
は無理な話だった。「典型」など存在し
ないからだ。この巨大市場は、地域、気
候、収入、職業、年齢、人種、民族、配
偶者の有無、サブカルチャーといった要
因によって細分化されていた。ニューヨー
ク7番街のガーメントディストリクト（衣料
品街）は、アパレル業者が集結するデザイ
ンと製造の中心地で、当時、産業全体の
生産高の66％を占めていた。その他の
アパレル主要都市として、ロサンゼルス、

フィラデルフィア、シカゴ、ボストン、セントルイス、ダラス、クリーブランド、カンザスシティ、シンシナティ、ボルチモア、ミルウォーキー、サンフランシスコ、マイアミが降順に連なっていた[2]。

アメリカでは衣服の大量生産技術が既に確立していて、「スポーツウェア」と呼ばれる独創的な普段着スタイルを展開していた。カジュアルなファッションを打ち出していたのはロサンゼルスで、クリーブランドなどのアパレル産業都市でも生産が進んでいた。クリーブランドで若者向けのスポーティーな既製服を手がけ、トップに躍り出ていたのがボビー・ブルックス社だ。10代の学生をターゲットにカラーコーディネートされていて、上下の組みあわせができるセパレーツアイテムを低価格で提供する販売戦略で、1952年に980万ドルだった売り上げは1961年には4400万ドルに伸びていた。16歳の女子高校生が毎週のおこづかいでアイテムを揃えられるという設定で、5、6点のセパレーツアイテムをもっていれば、トップ、ボトムス、ジャケット、アクセサリーの組みあわせを変えるだけで毎日違うスタイルが楽しめる[3][97]。自動車王ヘンリー・フォードが提唱した「部品の互換性」という考え方をカジュアルなファッションに取り入れ、大成功を収めたボビー・ブルックスは、アメリカのファッションスタイルの特徴としてセパレーツを定着させるのに一役買うことになる。

イギリスのファッション業界はフランス式とアメリカ式のちょうど中間にあり、オーダーメイドの伝統に根づいた技術にこだわりながら、アメリカ式の大量生産方法を取り入れ、大通りにある大手の小売業者と共生関係にあることが特徴的だった。戦時中、イギリス政府は効率的に製造できる工場に衣料生産を統合し、ロンドンのイーストエンドと南ウェールズに工場をもっていたスタインバーグ社のような衣料品製造業者が軍服や、詳細まで厳格に指定された民間人用の「実用衣料」を製造していた。1941年から1952年まで施行されたこの実用衣料事業では、仕様通りに精密に製造することが義務づけられていた。精密に製造することで服が長持ちするようになり、これがイギリス製既製服のトレードマークとなる高品質へと繋がっていく[4]。

合成素材の開発が進み、ファッション業界も現代的な生地を取り入れていくようになる。イギリス国内には、世界有数の化学繊維会社のコートールズとブリティッシュ・セラニーズ（1957年にコートールズに吸収合併）があり、人工繊維は既に何十年も幅広く使われていた。1930年代後半に世界初の合成繊維であるナイロンがアメリカとドイツで同時期に発明され、第二次世界大戦中にポリエステルがイギリスで開発された。アメリカでナイロンを発明したデュポン社は、戦後、ナイロン、ポリエステル、アクリル、スパンデックスの大規模な販売戦略を世界中で展開する。こうした新素材で作られた生地は簡単に洗濯できて、しわにならず、汚れにくいという特性があった[5]。1960年代のイギリスでは、既にさまざまな化学繊維が子供服、学生服、一般的なメンズ・レディース製品に使われていた。

イギリスの衣服製造業界は、消費社会

のあり方を変えつつあった人口動態変化の問題に直面していた。1950年代半ば、ロンドンを拠点に研究活動を繰り広げていた社会科学者マーク・エイブラムスが、15歳から34歳までの若者と肉体労働者の経済活動についてのリサーチをおこなった。その結果、1956年にはブルーカラー消費者が衣服市場を支える主軸となり、年間総売上100万ポンドのうち60万ポンドがブルーカラー消費者による支出となった。さらに、全人口の35％のみを占める若者が、年間に販売されるすべての洋服の約半数を購入していることも判明した[6]。1940年代、既に数社の衣料品製造業者が10代向けの商品を製造していたが、1955年にベビーブーマー市場をターゲットにした業界団体ティーンエイジ・ファッション・グループが結成され、一気に動きが加速していく。スタインバーグも子会社のアレクソン社を通して団体に加盟する[7]。

イギリスの若い世代の消費者たちは、アメリカの音楽、映画、雑誌からファッションのアイデアを得ていた。1930年代、アメリカからの輸入製品を扱っていたロンドンの小売業者もあったが、戦争によって途絶え、その後は政府の規制によって輸入量が抑えられていた。1959年に規制が解除されると、アメリカのファッションがイギリスに入ってくるようになり、信頼性の高いサイズ展開とカジュアルでスポーティーなスタイルで16歳から24歳の「ティーンエイジャー」と25歳から34歳の「若い女性たち」を魅了していった[8]。

国内市場が拡大するなか、イギリスの既製服産業も正確な規格サイズの導入へと乗り出していく。女性が服をオーダーメイドしたり、自分で洋裁したりしていた時代には標準化されたサイズなど誰も意識しなかったが、既製服の世界では必須の課題だった。アメリカでは戦間期以降、業界団体、家政学関連団体、政府機関によって女性の身体サイズを数値化する取り組みがされていた。1939年から1940年にかけてアメリカ農務省が他の連邦機関、州政府、教育機関と連携し、女性と子供の身体測定データを収集する学術調査を実施する。そしてこのデータを活用して政府が身体寸法の商業規格を設定し、衣料産業で広く導入されていた。この取り組みによって、アメリカの規格サイズは、完璧には程遠いとはいえ、他国のものよりかなり優れていた[9]。1950年代、アメリカとイギリスの衣料産業は、あらためてサイズについての新規調査を各々におこなった。その結果、食生活の改善と人口変動によって、平均的な女性の身体寸法なるものは、かなり変化していた[10]。

イギリスのマークス・アンド・スペンサー、アメリカのJ.C.ペニーといった大手の小売業者もサイズの標準化に向けて独自の取り組みを進め、よりよい結果を生み出していた。アメリカのJ.C.ペニーは社内に家政学部門を設置し、大学と高校の家政学教師や学生たちと密に連携することで、消費者が何を求めているのかを常に把握していた。市場調査の結果から、アメリカの女性のサイズと体型はとにかくさまざまだということに気づいたJ.C.ペニーは、ジュニア、プチジュニア、ミス、プチミス、ハーフという5段階の基本サイズ

how many looks can you make with *Bobbie Brooks*

を開発する[11]。マークス・アンド・スペンサーもイギリス人女性の体型についての科学的な研究をおこない、その成果を服のデザインに反映させ、正確で信頼できる規格サイズの一般大衆向け製品を流通させることに成功する[12]。

イギリスの衣料品製造業者は国内市場だけでなく、北米、ヨーロッパ諸国、英連邦加盟国への販路拡大に乗り出していく。イギリス製品は海外で評判が高く、衣類も例外ではなかった。長年海外に輸出をしていたスタインバーグ社は、ニューヨークに営業所を設置し、アメリカでの事業展開に向けて態勢を強化していた[13]。衣料品製造業界は海外のバイヤーをロンドンに惹きつけようと、イギリスらしさを

前面に押し出した活動を展開していく。1956年1月、「ロンドンウィーク」を開催し、フランス、イタリアでのコレクションに向かう途中のバイヤーたちをイギリスに誘った[14]。このロンドンウィークは年2回開催されるイベントとなり、ロンドンの既製服業界は国際的な名声を得ていく。業界団体であるファッション・ハウス・グループの発表によれば、1961年秋のショーのあとには182万ドル以上が輸出販売され、その輸出先は100万ドル分がヨーロッパで、残りは英連邦加盟国と北米だった[15]。

97　「ボビー・ブルックスでどれだけコーディネートできる?」、『ワードローブ・マジック冊子』、ボビー・ブルックス社、1960年、ウェスタン・リザーブ歴史協会、オハイオ州クリーブランド

青信号は「進め」

　イギリスのファッション業界が切望していたのは、アメリカ市場への進出だった。デザイナーであり、輸出業者であり、1959年から1966年までファッション・ハウス・グループの会長を務めたフレデリック・スタークは渡米経験があり、その市場を熟知していた[16]。イギリス商務省が発行する『ボード・オブ・トレード・ジャーナル』誌に掲載された記事でスタークは、アメリカの生活水準の高さと「優越感が付加される輸入ブランドへの需要の高まり、そして普通の店では買えない何かを手にしたいという衝動」について解説し、こうした要因は、輸出業者にとって「すべての信号が青になっている状況」[17]を意味していると結論づけている。

　ファッション史で指摘されることはほぼないが、当時のアメリカの小売システムは世界の最先端にあった。都市部に見られる独立系の百貨店、ファッションを専門とした小売店、地方で展開されているチェーンの百貨店、チェーンのファッション専門店、店舗展開もしている通販会社、通販部門もある全国展開のチェーン店、郊外のディスカウント小売店、特別なアイテムを揃えた店舗と、圧倒的なスケールの販売システムが構築されていたのだ。スタークは、アメリカ人バイヤーが世界で最も手強い取引相手となると読んでいた。「ヨーロッパのバイヤーより、アメリカのバイヤーたちは科学的なのです……そして販売について、ずっと深く理解しています」と『ウィメンズ・ウェア・デイリー』の取材で語っている[18]。

　アメリカのバイヤーたちは、消費者を魅了するユニークな商品はないかと常に目を光らせていた。「組織化された、世界最高峰の大量生産型ファッション産業」の拠点であるニューヨークの七番街には「どこよりも優れたデザイナーが集結している」とスタークは記述している。しかし、その量産体制が自己満足でおわるデザインを生み出す原因にもなっていた。「かなりの数量で作ることから、型にはまった同じようなデザインが多くのブランドで見られる」[19]とクラークは指摘している。高い生活水準、優れた小売業システム、保守的なデザイナー。こうしたアメリカの現状が有利に働くと見て、ロンドンの既製服産業は自信をもってイギリスのファッション進出作戦をスタートさせた。

イギリススタイルを売り出す

　こうした既製服業界の流れから、1960年10月、クワントとプランケット・グリーンは、はじめてアメリカを訪れる。クワントのデザインは、『セヴンティーン』と『ウィメンズ・ウェア・デイリー』の記者たちの目に留まり、五番街の老舗デパート、ロード・アンド・テイラーから注文が入った。しかし、大きな動きが生まれるのはそれから2年後のことだ。先見の明があるJ.C.ペニーの経営陣が、クワントに直接働きかけてきたのだ[20]。

　七番街に本社を構えるJ.C.ペニーは大手百貨店チェーンで、48州で1695店舗を展開し、売り上げは140億ドルに達していたが、未来へのビジョンをもったCEOは大きな変革に挑んでいた[21]。

1957年、副社長だったウィリアム・M・バッテンは、取締役会で小さなメモを読み上げて面々を圧倒し、以後、このメモはアメリカのビジネス界の伝説となっている。1902年、J.C.ペニーは、確かな品質の日用食品を販売する大通りの乾物屋としてスタートした。しかし戦後、市場のあり方が激変し、この旧式の販売方法は時代遅れとなってしまう。売り上げが減少していることを危惧したバッテンは、経済の繁栄、郊外への人口流出、消費力のある10代市場の拡大とアメリカ社会を変化させている人口動態の傾向にあわせ、J.C.ペニーを改革することを提案する。バッテンがCEOを務めた1958年から1974年の間に、J.C.ペニーのイメージは「古臭い」から「スタイリッシュ」へと大転換する。すべての世代向けの実用的な服も販売しつつ、郊外に住んでいる若者向けに流行を取り入れた商品ラインをプラスしたのだ。斬新なファッションの購買者層としてターゲットにしたのは、若い既婚カップルと10代の若者たちで、高級品を取り扱う郊外の実店舗、あるいは1963年夏に立ち上げた通信販売で購入することができた[22]。最初の通販カタログは1252ページもあった。

　J.C.ペニーで取り扱う洋服のほとんどがアメリカ国内の衣服製造会社で生産され、J.C.ペニーのプライベートブランド商品として販売されていた。10代の若者たちの購買力を狙ったJ.C.ペニーは、若者が夢中になっているポップカルチャーとセレブリティーを利用する作戦に出る。アメリカの小売業は、フランスとイギリスのクチュリエ、イタリアの既製服メーカー、

アメリカのスポーツウェアデザイナーの製品を取り扱うのが長年の慣習だったが、J.C.ペニーは軌道を変え、若者市場に焦点をあてた事業に乗り出していく[23]。それまでは、パリのクチュールデザインをベースにした高級感あふれる婦人服や、アメリカのライフスタイルにあったオリジナルデザインをニューヨークの七番街で制作していた[24]。ジャクリーン・ケネディー風のエレガントなデザインで若い女性層を魅了することはできたが、『セヴンティーン』や『マドモワゼル』誌をバイブルとし、ギジェット・シリーズ（フレデリック・コーナーの小説の映画化）を観に映画館に群がり、TV番組『American Bandstand（アメリカン・バンドスタンド）』に登場するスターに卒倒する10代のポップカルチャー愛好家たちの心を惹きつけることはできなかった。そこで、J.C.ペニーでスポーツウェア部門のバイヤーだったポール・ヤングが新たな任務を引き受ける。彼はアメリカとイギリスと大西洋の両側で業務についてい

98　J.C.ペニー・カタログ『ペニーズ秋冬63』をチェックするウィリアム・M・バッテン（J.C.ペニー社長兼CEO）とマリー・クワントとレスター・O・ネイラー（J.C.ペニー副社長、カタログ通販担当）、1963年8月、マリークワントアーカイヴ

た若いイギリス人だ。彼の任務は、近い将来、ファッション・セレブリティーの仲間入りをするであろう、若いヨーロッパのデザイナーを見つけること。ヤングはヨーロッパ大陸中を当たったものの収穫はなく、次に向かったロンドンでクワントに遭遇する。彼女こそ、ヤングが捜し求めていた人材だった [25] [98]。

1962年秋、クワントによる試作デザインをもとに、ペニーズ・ヤング・インターナショナル・デザイナー・コレクションが立ち上げられた [26]。クワントの旗艦ブティックのバザーがあるロンドンのチェルシー地区の名

前をとって、「チェルシーガール」と名づけられた一連の商品が制作された。商品は駐米イギリス大使館で開かれた報道陣を招いてのプレスランチで披露され、郊外にある J.C. ペニー63店舗でテスト販売がおこなわれた [27]。カラーコーディネートされ、組みあわせ自由な若さあふれるスポーツウェアが大集合したコレクションは、すべてクワントの監督下、スタインバーグ社の工場で製造された。アメリカの「ジュニア」サイズ——7、9、11、13、15号——で作られ、細くて、ウエストが高い位置にある、若々しい体型の人

4581.

4

Buttons and buckle to be
on all colourways.

4725

6.30

3 Colours as 4817 but would also
be good in Black with white trim

Zips should be brass on each
colourway, and rings must
please be <u>exactly</u> the same
<u>size</u> and <u>type</u>.

or

Brass buttons on all col

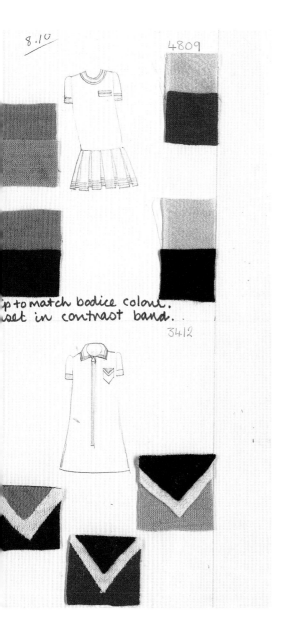

8.10

4809

...p to match bodice colour.
...set in contrast band.

3412

100 J.C.ペニー用「スキマー・プラス・ショーツ」のスケッチと配色、1967年、素材：ウール、オーロン・アクリル、アセテート・トリコット、ニューヨーク市立博物館：67.73.6、イラスト：スザンヌ・アイザックス

たちにフィットするようにデザインされており、まだ成長段階にある10代の若者も、細身で華奢な大人の女性も着られるように配慮されていた[28]。イギリス大使館でのプレスランチのあと、クワントは全米ツアーに出発し、「チェルシーガール」コレクションをアメリカ全土で宣伝し、彼女に対する人々の興味をかきたてていく。

　ロンドンファッションは大ヒットした。J.C.ペニーは販売促進を拡大するが、さらなる成功を確実なものにするため、アメリカ人の好みにあうようにデザインを微調整するようクワントに依頼する。1963年4月、J.C.ペニーは「チェルシーガール」第2弾アイテムを郊外にある80店舗で販売開始した。ロングアイランドとニュージャージーの3店舗にクワント本人が登場し、ファッションショーがテレビ放映され、同行したヤングがコメンテーターを務めた[29]。1964年春、クワントによる第4弾コレクションが実店舗とカタログ通販で展開される。カタログには、ウェストミンスター宮殿の時計台ビッグベン、国会議事堂を背景に「カジュアルなニューチェルシールック」アイテムを身につけたイギリスのスーパーモデルのジーン・シュリンプトンの写真が掲載された[30]。撮影したのは人気写真家のデイヴィッド・ベイリーだ。その年の秋にはアメリカでの製造がはじまり、1965年のカタログにその理由が記される。「イギリスでデザインし、アメリカで生産する。『インポート』スタイルに『アメリ

カ』のフィット感をプラス」[31]。アメリカの衣料メーカーがジュニアサイズの製造に長けていたということが、有利に働いたばかりではない。クワントが J.C. ペニーのマンハッタン本部でスポーツウエアのバイヤーたちに見せる試作品の製品化に向けて、ニューヨークの工場で色や生地の実験ができるという利点もあった[32] [100]。J.C. ペニーのヤング・インターナショナル・デザイナー・コレクションには、最終的にマドリッドのミシュリーヌ・イスケルド、ロンドンのキャロライン・チャールズとジョン・マイケル・イングラム、パリのアリエルとヴィクトワール、そしてニューヨークのスージーが参加した[33] [99]。

その一方で、クワントは新会社マリークワント・ジンジャー・グループを立ち上げ、低価格の既製服ラインの販売をはじめる。政党内の急進派や、ある特定の問題に関して扇動する活動を意味するイギリスの政治用語「ジンジャー・グループ」にひっかけた会社名で、最先端のファッションを低価格で販売し、より幅広い消費者の手に届けることを目的に創立された。1963年2月、『フィナンシャル・タイムズ』紙はクワントと衣料製造会社のスタインバーグ社が「最新ファッションの既製服を製造し、手ごろな価格で販売する」提携を結んだと報道している。株式は双方が50%ずつ所有し[34]、最初のファッションショーは1963年5月にロンドンで開催された[35]。サイズ展開は7、9、11、13号で、ユニークな色使いが目を引き、組みあわせが無限に可能なコレクションで、国内外で販売された。ティーンエイジャーに人気の「ジュニア」サイズ、実用的なセパレ

ートのアイテム群とアメリカの要素を取り入れていたのは、J.C. ペニーとのコラボレーションの影響だと考えられる[36]。

『ウィメンズ・ウェア・デイリー』に売り上げデータが載っている。新規ジンジャー・グループのコレクションへの初回注文は3万点となり、「マリークワント部門」を特設したイギリス国内の110の販売店と、オリジナルのクワントのブランドを展開している J.C. ペニー以外の20強のアメリカの店舗に発送された[37]。ピンクのリボンつきのエンパイアウエストの白いボディスに、「ダイセル」社の合成繊維で作った黒のロングスカートをあわせたイヴニングドレス「レイジー・ボーン」など、シンプルなエレガンスと現代的な実用性が組み込まれたデザインが特徴的だった[38]。1964年の年次総会でスタインバーグ社は、マリークワント・ジンジャー・グループは消費者の関心を燃え上がらせている、「特にアメリカで」と述べている[39]。

J.C. ペニーとのコラボレーションの成功から、クワントのもとにさらなるアメリカでのビジネス話が舞い込んでくる。取引相手はアメリカ最大手のアパレルメーカーの一つであるピューリタン・ファッション社で、ニューヨークのブロードウェイに本社があり、15の子会社とブランド、20の工場、アメリカ東部に14の発送センターを整備していた。ピューリタン・ファッション社ではトラッドスタイルの製品をメインに生産していたが、1964年にライセンス契約でビートルズをテーマにしたアイテムを作り、若者の間で大ヒットした。数週間でその売り上げは300万ドルに達し、CEO のカール・ローゼンは25歳以下の

101 「ユースクエイク:新しいヤング・ロンドン・ウェーブ
がアメリカにやってきた! クワントとフォール・アンド・タ
フィンがアメリカを揺り動かす!」、『ヤング・イラストレイテ
ッド・ロンドン・タイムズ』、ピューリタン・ファッション社が
制作したユースクエイクのキャンペーン用チラシ、1966
年、マリークワントアーカイヴ

消費者の購買力に気づいた。1965年4
月には、J.C. ペニーのポール・ヤングがピ
ューリタン・ファッション社の副社長になる
と、その後まもなく、「ユースクエイク(若
者による激震)」プロジェクトがスタートする。
ユースクエイクとは、アメリカの著名ファ
ッションエディターのダイアナ・ヴリーラン
ドが、1965年1月号の『ヴォーグ』でベ
ビーブーマー市場を表現するのに考え出
した造語だ[40]。

　最新のファッション、ブティックでのショ
ッピング体験、セレブリティーデザイナー
の保証つきを看板に、自由で華やかなユ
ースクエイクの宣伝戦略が打ち出された
[101]。ポール・ヤングは新しいアイデアを
求め、マリー・クワント、フォール・アンド・
タフィン、ヴェロニカ・マーシュ、エマニュ
エル・カーンらヨーロッパの若手デザイナ
ーと、ディアナ・リテル、ジョエル・シュマッ
カー、ベッツィ・ジョンソンらアメリカのデ
ザイナーをプロジェクトに招き入れた。さ
らにヤングはユースクエイクのアイテムを
販売するブティック「パラファナリア(がらく
た)」をオープンする。フラッグシップ店は
マディソン・アヴェニュー799番地にあり、
1966年以降、フランチャイズ店が全米各
地の百貨店に設置され、マーケティング
投資と若者スタイルのファッション投資は
猛スピードで回収された。ピューリタン・
ファッション社の売り上げは、1963年の
3800万ドルから1965年には8400万
ドルに跳ね上がり、1968年には1億ド
ルに到達した[41]。

　ビートルズが登場し、アメリカのティー
ンエイジャーたちの目がイギリスに向くよ
うになった結果、ロンドンのデザイナーが

ユースクエイクの貴重な人材となった。ク
ワントとフォール・アンド・タフィンはそれ
ぞれピューリタン・ファッション社と３年契
約を結び、オリジナルコレクションを提供
していく。クワントはピューリタン・ファッ
ション社のブランド「バーンズビル USA」と
「ヤング・ナチュラルズ」に、フォール・アン
ド・タフィンは「JP's オンリー」にデザイ
ン提供することになり、クワントはシーズ
ンごとに若い女性向けのドレスとスポー
ツウェアを25点デザインすることに合意
した。1965年秋のコレクションは高所得
者層を意識したデザインで、20-30ドル
の価格帯で販売された[42]。ピューリタン・
ファッション社主催のプロモーション活動
でクワントは、ミネアポリスのデイトンズな
どの大手百貨店を訪れて注目を集めた[43]。
イギリス好きの新世代のアメリカ人たち
は、クワントが実は恥ずかしがり屋で注目
されることが苦手だとは知らず、彼女のイ
ギリスなまりの英語、マナー、スタイルに
大喜びした。

　アメリカ人はモッズに夢中だと多くの
メディアが報じるなか、イギリスの週刊紙
『エコノミスト』は、ロンドンルックを過剰
評価しすぎているのではないかと慎重に
状況を見ていた。毎年4000万ポンド分
のイギリス製衣料品が輸出され、そのう
ちの75%がカーディガンとセーターのツ
インセット、タータンチェックやツイード素
材のもの、レインコートといった「クラシッ
ク」なアイテムだと指摘したのだ。ブレー
マー、バーバリー、プリングルといったブ
ランドが伝統的なデザインの製品を輸出
していて、バーバリーは継承する伝統を
現代仕様にアレンジし、ミニ丈のベージ

ュのトレンチコートを打ち出していた[44]。
スタインバーグ社の子会社のアレクソン
では、毎週2500着のコートとスーツを
生産し、そのほとんどをアメリカに輸出し
ていた。その多くが「イギリス古典主義
のスタイル」[45]のアイテムだった。

　ビジネス契約もファッションの流行も、
いつまでも続くものではない。ファッション
とは常に変化していくものだとクワント自
身、よくわかっていた。そこで彼女は化粧
品とアクセサリーの分野に進出し、頭か
ら爪先までのトータルルックを提唱しな
がらブランドを拡張していく[46]。1960年
代半ばには、スタインバーグ社でも新し
い計画が持ち上がっていた[47]。モッズス
タイルの流行がおわりを迎え、新しいア
イデアを生み出せる新しい人材との提携
がはじまっていた。1965年までにスタイ
ンバーグは、デザイナーのジャン＝クロー
ド・ゴベールと組んでパリをイメージし
た輸出用コレクションの制作を開始し、
1967年には子会社アレクソンの「ヤング
セット」ブランドが「かわいい若いデザイ
ナー」アランナ・タンディを迎え入れてい
た[48]。1970年3月、スタインバーグ社が
保有するマリークワント・ジンジャー・グル
ープの株をクワントが取得し、単独株主
になったと報道される。とはいえ、その後
もクワントとスタインバーグ社の協力関係
は続いた[49]。詳細についての記録は明
らかになっていないが、スタインバーグ
社は、途中、1973年にスタインバーグ・
グループへと社名変更しながら、1970
年代半ばまでクワントがデザインする洋服
を生産し続けた[50]。

　ピューリタン・ファッション社のカール・

102　P147／ピューリタ
ン・ファッション社による
ユースクエイク・ファッショ
ンショー前のジェニー・ボ
イド、サンディ・モス、サラ・
ドーソン、1966年、マリー
クワントアーカイヴ

ローゼン社長も、アメリカの消費者がモッズからベーシックなスタイルへと方向転換するあと押しをしていた。1971年になると、かつて「若くて風変わりなファッション」を求めていた消費者たちは、前衛的で大胆なスタイルではなく、現代的で若さあふれるスタイルを好む大人になっていた[51]。高校生や大学生はというと、映画『ボニーとクライド』的なノスタルジアとウッドストックのヒッピー族、それにイブ・サンローランのオーダーメイドを奇妙にミックスしたテイストを好んだ。クワントのデザインがJ.C. ペニーのカタログに最後に登場したのは1971年の秋冬号で、アメリカの新進デザイナーのエリカ・エリアス、ベッツィ・ジョンソン、そして芸能界、自由奔放に生きるボヘミアン、想像上の大草原の世界をモチーフにカラフルな折衷スタイルを打ち出すウェイン・ロジャースのアイテムが一緒に掲載されていた[52]。1972年には、ヤング・インターナショナル・デザイナー・コレクションそのものが流行遅れとなる。合成繊維は自然素材に取って代わられ、セパレーツが主流となり、イギリス製ツイードは台頭しはじめたプレッピールックに取り入れられていく。モッズの「風変わりな」スタイルは「アウト」になり、組みあわせが効くセパレーツが「イン」になった[53]。

名前が意味すること

　1960年代、それまで富裕層だけが享受していたフランス式のファッションの伝統を、既製服業界が覆した。この新しい動きのなかで重要な役割を果たしたの

が、イギリスの若いデザイナーたちだった。ストリートからヒントを得た、誰もが着られる実用的なファッションを創造したのだ。クワントはバザーの開店、ジンジャー・グループの創立、アメリカの小売業者や衣料メーカーとのコラボレーションを通して、この変化に大きく貢献してきた。

　イギリスで製造した衣料を輸出するのはコストがかかる上に非効率的で、商品デザインとブランドのライセンス契約を結んだ方が高い利益を見込める。モッズルックを世界に送り出していた他の人々同様、マリークワントを展開する三人組も——デザイナーのクワント、夫でマーケティング担当のプランケット・グリーン、法律家のマクネア——その状況が見えていた。ヤング・インターナショナル・デザイナー・コレクションでもユースクエイクでも、クワントというデザイナーの個性とロンドンの文化がセールスポイントとなっていた。マリークワントというブランド名、その評判、そしてデイジーのシンボルが、クワントがシーズンごとに描く何百枚ものスケッチより、ずっと大きな商業的価値があった[54]。この発見こそ、J.C. ペニー、ピューリタンとの長距離コラボレーションから三人が得た大きな学びだった。

　長年、フランスのオートクチュールビジネスは、デザイナーの一風変わった個性、レーベル、イメージ、メディアでの名声、香水を軸に展開していた[55]。1960年代から70年代にかけて、フランスのクチュール業界はラグジュアリーなドレス作りからブランディングへと優先順位を変えていった。1984年、パリのファッション業界は、プレタポルテ（最高級既製服）とライ

センス契約からの収益によって破綻を回避できている、と『エコノミスト』が報道する。ライセンス契約とは、1924年にココ・シャネルが香水の分野で打ち出した戦略で、ファッションハウスが商品の試作品を作り、他社に製造と販売の権利を与える代わりに対価を受け取る仕組みだ。このライセンス契約では、ブランド名とブランドに関わるクリエイターの個性が最も価値ある要素となる。ハイファッションの世界だけでなく、手ごろな価格のファッションについても同じことがいえる。若者向けの普段着の創造者となったクワントは、「自分らしい商品を作ることを実質的にあきらめ、自身の才能を『デザインスタジオ』として売り出し、年間約3500万ドルのロイヤルティーを手にしていた」[56]。

　1960年代から70年代にかけて、消費者は特定のデザイナーの名前から特定のスタイルと品質を連想するようになった。ライセンスビジネスは「フランスで生まれ、アメリカで洗練され、日本で最大限に活用された」[57]と『ウィメンズ・ウェア・デイリー』が記している。ファッション業界におけるこの新しいビジネス形式は、イブ・サンローラン、ピエール・カルダン、ダニエル・エシュテル、オスカー・デ・ラ・レンタ、ラルフ・ローレンといったフランスとアメリカの実業家たちの努力に負うところが大きいが、クワントもデザインの改革者として、早くからブランドを全面に押し出した起業家として、そして国際的なセレブリティーとして、ライセンスビジネスへの移行に大きな役割を果たした。1960年代初期にクリエイティブな若きスーパースターとして颯爽と登場し、イギリスの

ファッションのアメリカ進出に（ビートルズより先に!）重要な役割を果たしたクワントは、手ごろな価格の、気楽なファッションを提唱した。誰もが手にすることができるファッションを生み出した、世界初のセレブリティーデザイナーの一人であるクワントは、今の時代に繋がるブランド革命の一端を担ったのだ。

1965-1967
The Shock of the Knee

PART 4   ミニスカート革命

トロンプ・ルイユ（騙し絵）のエッセンスが盛り込まれ、乳幼児が着るロンパースーツみたいに見える1966年製ドレスには、「ピーターパン」襟とパッチポケットがついている。美術史家のデボラ・チェリーによると、膝上8cmほどのミニドレスで、クワントが大人のファッションにも若さと楽しさを取り入れていたことがうかがえる。フラットシューズとあうように、スポーティーなシルエットにデザインされていて動きやすく、ウエストが細く、足元はハイヒールで決める1950年代のファッションとはことごとく違っていた [104]。

ミニスカートが登場したのは、1950年代のおわりごろだった。1958年、イギリス公共放送BBCの副ディレクターが、ライブ音楽番組『Six-Five Special（シックス・ファイブ・スペシャル）』にやってきた観客の女の子たちが「とても短くしたスカート」をはいていると、不平を口にしている[1]。その後の数年間でクワントのメディア露出が進み、現代的な女性たちの間でミニが広がる大きな役割を果たすことになる。1960年にニューヨークを訪れた際、クワントがはいていた膝丈のスカートがメディアに大きく取り上げられている[2] [4]。まだ保守的なファッションが主流だった1960年代前半、ニッキー・ヘッセンバーグたちは、短いスカートをはいていると、ニューヨークの街なかでひどい言葉を投げつけられたという[3]。とはいえ、当時の写真や現存するドレス（所有者が購入後に短くしていないオリジナル製品）を見ると、1966年までは、膝上2.5cm以上、あるいは太もも下部が露出するようなミニスカートはあまり見られない。

「ミニチュア」の接頭辞から派生した「ミニ」という言葉は、1934年、三輪自動車の解説に使われたのがはじまりだといわれている[4]。ブリティッシュ・モーター・コーポレーションのモーリス・ミニ＝マイナーが製造されたのは1959年で、1961年には「ミニ」に短縮される。その4年後、「ミニドレス」「ミニスカート」という用語がはじめて印刷媒体に登場するのだが、広く使われていたわけではないようだ。クワントも自伝の執筆を1965年におえ、1966年4月14日にカッセル社から出版されるが、「ミニ」という用語は使っていない（原書タイトルは『Quant by Quant』）。使われているのは「短い、短いスカート」という表現で、1965年のアメリカでの「ユースクエイク」ツアーに向けて作ったアイテムに関する記述に登場する[5]。2012年に出版した回想録の最終章では「シックスティーズミニ」という発想を提示していて、「今まで編み出されたファッションのなかで、最もやりたい放題で、最も楽観的に『私を見て！ 人生って素晴らしい』といっているスタイルで……ウーマンリブのはじまり」と21世紀初期の「ファッションの自由」に繋がっていくものだと讃えている[6]。

ミュージシャンのトーヤ・ウィルコックスは、バーミンガムに住んでいた1966年、8歳の時にマリークワントのミニドレスを目にし、ファッションに対する意識が大きく変わったと2018年に語っている。

とても厳格な家に生まれ、制服の規則が厳しい女子校に通っていたので、マリー・クワントの天賦の才能あ

103 P150／「クワントのファッション方式」、『ハニー』特別号（1967年）、V&A: NAL 607. AT.0015

104 P153／マリークワント・ジンジャー・グループ「トロンプ・ルイユ」のドレス、1967年、素材：コットン・ドリル、寄贈：デボラ・チェリー、V&A: T.61-2018

ふれるデザインにドキドキし、自由を感じたのです。特に当時、彼女のデザインは音楽やダンスにも影響を与えていたようでした。テレビで『Top of the Pops（トップ・オブ・ザ・ポップス）』を見ていると、マリークワントのドレスを着ている人は、踊り方が決まっているのです。両脚をしっかり閉じて、肘を腰に押しつけて踊っていました。

当時、姉のニコラは17歳でした。ある日、はじめてのお給料でマリークワントのドレスを買ってきたところ、母がカンカンに怒って、ラッカムズ百貨店に返品に行かせて、もっと控えめなデザインのものと交換させたのです。姉はひどく泣いて、でもうちの母がそんな露出度の高い服を人前で着てよいというわけがありません。最初にミニスカートが世のなかに出てきた時、それはもう、とんでもないものと見られていたのです[7]。

デザイナーたちが贅沢で最先端のデザインをそれぞれの顧客にフィットするようカスタムメイドするパリのクチュール界でも、1950年代のおわりにミニの兆候があらわれていた。バレンシアガが、シンプルで適度に体にフィットしたサックドレスなどを発表し、それまでのウエストを強調したスタイルとは異なるシルエットの流行に先手を打ったのだ。イヴ・サンローランがデザインを手がけた、1959年のディオールのトラペーズ（台形）ラインのなかにも、以前よりも脚が見えるスカートや、

膝まで見えるデザインがあった。そして1964年、短いスカートを発表したクチュールコレクションで世界中の注目を浴びたのがクレージュだ。「賛否両論あるパンツスーツ、膝上丈のスカート、光沢のあるロングブーツは、先シーズンに登場してからかなりの熱狂を巻き起こしている。理にかなっているし、女性たちの生き方について大胆で新しい視点を提供している」[8]。あごの下で紐を結ぶボンネット帽も、そのころ、パリのコレクションで人気を集め、ほぼ同時期のクワントのファッション写真にも登場している [105、106]。ピエール・カルダン、パコ・ラバンヌといったパリの若手デザイナーたちは、ロンドン

のクワントの路線を追い、若さと動きやす
さを盛り込んだファッションへと軌道修正
していく。フランスのデザイナーのエマニ
ュエル・カーンとパリのドロテビスも、それ
までとは違う若々しいスタイルを求める声
にしっかりと応える創作をした。イギリス
ではジョン・ベイツが、露出度の高いデザ
インと短いスカートで注目を浴びた。ベイ
ツはメッシュ素材を使った「カスパ」ド
レスで1965年のドレス・オブ・ザ・イヤー
賞を受賞し、作品は今もバースのファッシ
ョン博物館に収蔵されている[9]。しかし実
際に短いスカートをはいたのは、クチュ
ールメゾンの顧客ではなく、クワントのよ
うな若い女性や街にいる女子学生たちだ
った。クワントのデザインがミニの社会的
インパクトを高め、クワントがミニの女王
として市場での存在感を高めていったの
だ。2016年、クレージュの訃報を受けて、
ファッションジャーナリストのアレキサンダ
ー・フューリーはこう記している。

　　……1960年代は寛容な時代で、挑
　発的な実験をすることが、とりわけ
　服飾の分野で奨励されていました。
　クチュール界がシックだと認めるよ
　り早く、クワントが既製服を売り出す
　よりも前から、世間の若い女性たち
　はスカート丈を短くするようになって
　いたのです。(誰がミニスカートを発明
　したのか)ファッションの世界で大きな
　議論になってはいます。でも、誰かが
　「私が発明者」と主張できることな
　のか、私にはわかりかねます。ファッ
　ションはみんなのものなのです[10]。

『ミニの女王　マリー・クワント自伝』で
ファッションの民主化について、クワント
も同じような心情を明かしている[11]。歴史
はメディアの見出しを飾った写真つきの
物語をベースに仕立てられていくものな
のだ。1965年10月30日、オーストラリ
アの一大イベントであるメルボルンの競
馬レースに、モデルのジーン・シュリンプ
トンがシンプルな白のシフトドレスを着
て、帽子もストッキングも手袋もなしという
スタイルで登場し、短いスカートがイギリ
ス国外にも普及していく契機となる。メル
ボルンの保守派の人々はこのシュリンプ
トンの姿に衝撃を受け、世界中にニュー
スが配信され、紙面を飾った[12]。当時マ
リークワント製品は、オーストラリア各地
で広く販売されていた。ジンジャー・グル
ープのコレクションを輸入している店舗が
もともと複数あり、その後、ニューサウスウ
ェールズ州のセントメアリーズに大規模
な工場をもつ衣料会社タフスがライセン
ス契約で製造するようになっていた[13]。と
はいえ、シュリンプトンが着ていたドレス
は、クワント製品ではなく、コリン・ロルフ
という洋裁師が作ったもので、生地が足
りなくなって、丈が短くなったのだという。
1966年には、短いスカートをはいた若
い女性がロンドン中で見られるようになり、
『デイリー・ミラー』のフェリシティ・グリー
ンは「スカートの安全性は?」と題した記
事を、おしりの「ほんの少し」下までしか
覆わないドレスやスカートを着た15歳か
ら20歳の秘書、学生、店員の写真と共
に掲載している[14]。
　シンプルなラインのミニスカートの普
及に一役買ったのが、クワントによるジン

ジャー・グループのファッションだった。販売店舗のディスプレイ用にイラストレーターのモーリン・ロフィーが制作した漫画っぽいファッション画には、とても印象的なジンジャー・グループ製品を着た2人の女の子が描かれている [108]。一つはホルターネックのストラップがついた淡黄色のリネンのスカートで、細身のリブセーターをあわせている。夫のピーターと共に「ニュー・ブルータリズム」を提唱した建築家のアリソン・スミッソンが、当時このスカートをもっていて、のちにバースのファッション博物館に寄贈している。これより少し丈の短いものが、1973年にロンドン博物館で開催された『マリークワントのロンドン』展用に作られ、現在はV&A博物館が所蔵している[15]。1964年と1965年に製造販売されたアイテムで、オリジナルの状態を維持しているものを見つけるのは非常に難しい。60年代のおわりに向けて流行のスカート丈がどんどん短くなり、手持ちの服の丈を自分で詰める女性が多かったからだ。

ロフィーのイラストに描かれているもう一つのアイテムは、シンプルなピナフォアだ。ジッパーがデザインの一部になっていて、スカートの前中央にプリーツが入っている。テレンス・ドノヴァンが撮影したファッション写真で、グレース・コディントンがこれを着ている [110]。このドレスのもとになっている「ヘザー」と名づけられたドレスのデザイン画が残っている [109]。サンプルを制作する職人に向けて、この「短めの」ドレスの特徴となるトップステッチ、「ジッパーが表に出ている」パッチポケット、ヒップからバストまでの長

いダーツに関する指示も書き込まれている。ヴィダル・サスーンのボブカット、黒い瞳、淡い色の唇をあわせたスタイルは、クワントの創作が1960年代初期に見られた過去を参照したデザインを離れ、シンプルな素材を使って「モッズ」とミニマリズムの方向に加速していることを明示している。

クワントはスケッチを早く仕上げるタイプではなく、そのデザイン画は実利的というわけでもなかった。1965年春の時点では、1年間にジンジャー・グループ向けに200点（50着のコレクションを4回分）、J.C. ペニー向けに80点、ピューリタン・ファッション社向けに100点のデザインを創作していた。ジャーナリストのアーネスティン・カーターが計算したところ、バタリック社から年に2回出していた型紙コレクション、デベナム・アンド・フリーボディ百貨店向けの毛皮のコート、アレクソン社向けのコート、ユースライン用の下着、繊維メーカーのコートールズ向けのクーティルの毛糸を使ったニットパターンの仕事が入り、その年、クワントがこなすべきデザイン総数は528点に達していた（ピューリタン・ファッション社向けの帽子、セーター、ハンドバッグ、ストッキングはこの数に含まれていない）[16]。これはシーズンごとに100点、つまり年間約200点を発表し、約2000件のオーダーメイドをこなしていたノーマン・ハートネルといった1950年代の人気クチュリエに匹敵する仕事量だ[17]。クワントの場合、素材が創作のヒントになることが多く、国際見本市で見つけたり、アシスタントのシャーリー・シューヴィルや、1965年以降はスザンヌ・アイザックスが

107　右／ホルターネック・ストラップつきのスカートとドレスを着たグレース・コディントンとスー・エイルウィン、写真：テレンス・ドノヴァン

108　P159／マリークワント・ジンジャー・グループの広告ポスター、1963年ごろ、マリークワントアーカイヴ

面白い生地サンプルを見つけてきたりすることも多かった。注釈つきのクワントのスケッチから実際の製品を作っていく、その第一歩となるのがパターン（型紙）を起こしてサンプルを作る作業だ。1972年から1982年にかけてサンプル制作に携わったジェラルド・ファラデーが、その作業について2015年にこう振り返っている。

　僕が働きはじめた時は、まだジンジャー・グループがあって、サンプル制作室でパターンや服のサンプルを作って、アイテムの開発をしていました。選ばれたデザインのパターンを起こすと、今度はカードプロダクションサンプル（紙で作ったサンプル）が作られ、生地や芯地やサイズの差を明確にするために違う色の紙を使っていました。その後、実際の製造に向けて生産用パターンを使って洋服のサンプルを作ります。このパターンとサンプルをジンジャー・グループに渡して、そこでさらに製造過程での観点から必要な修正がおこなわれます。オリジナルのパターンは大きな茶封筒に入れ、表にデザインの線画とデザイン番号と名前を書いて、アイヴス通りのオフィスに保管していました。

サンプル制作室はかなり大きかったです。パタンナーが3人、たまに4人いることもあって、サンプルの裁断師が1人、サンプルの裁縫師が8人、それから仕上げをするフィニッシャーが働いていました。もともと試作品、サンプル用のパターン、サンプル品、それからファッションショーや販売のためのサンプルを作るための場所だったのが、セミクチュール的なコレクションを制作するようになっていきました。

マリーは自分でデザインをしていて、

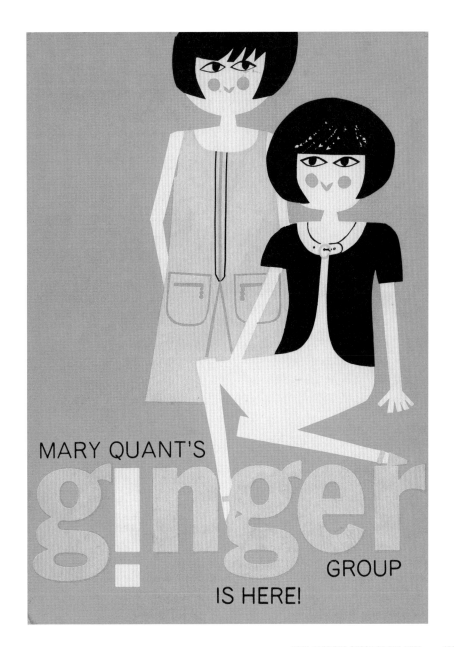

MARY QUANT'S

g!nger

GROUP

IS HERE!

Heather　805

white Couture
hat
+ bias ribbon

zip B.
curved corners to
square neck
channel seam F
& top hip
patal pockets
zips to show.
Width to skirt
hem as suit
skirts.

sleeveless

plain cut to B
seam
darts a.st.
channel seam
across B. a.st.

long dart
from hip tops
to bust

zip B
channel seam F

hip tops

white couture
top. slitched
white
+ brass zips
rolls short dress
long darts from
hip to bust

MQ

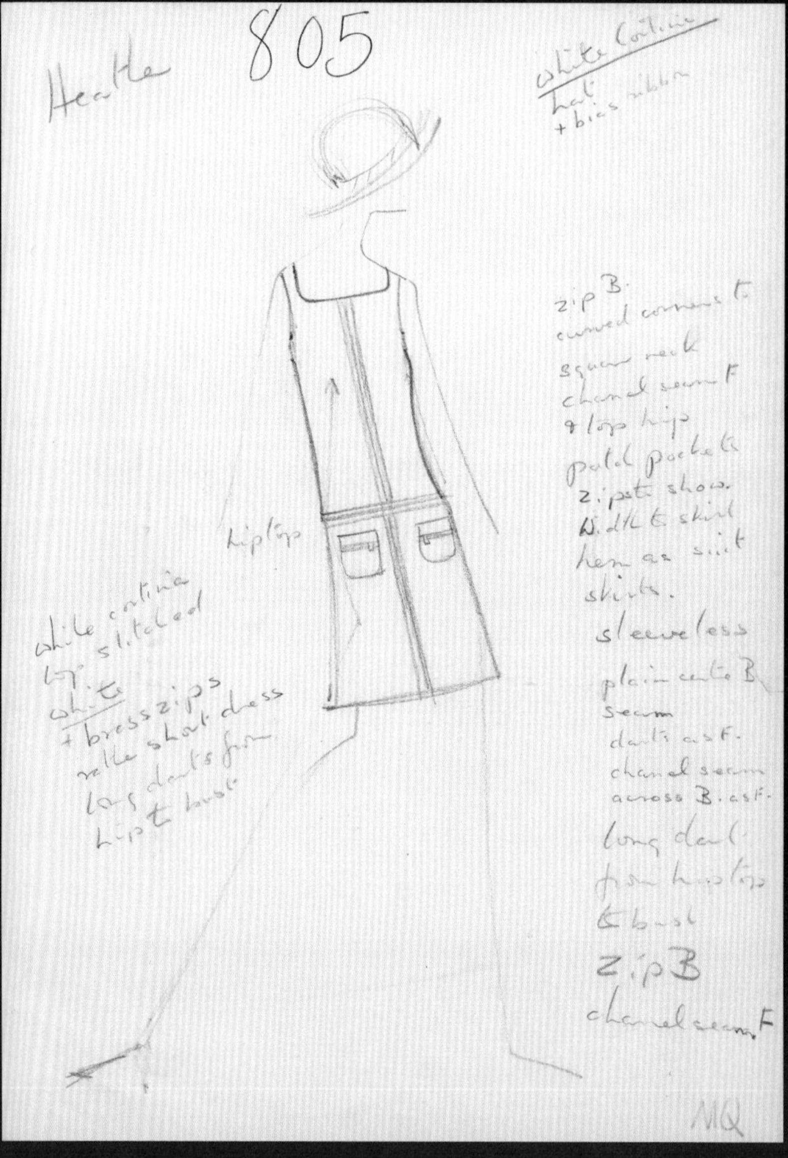

（1970年代までに）アシスタントデザイナーを1人雇っていたけれど、すべてのデザインをマリーが承認していました。話しあって、自分でいろいろ修正し、生地を選んで、最終決定するのです。サンプル制作室は制作チームの一部でした。マリーがデザインスケッチや、前に持ってきたデザインの変更箇所について書いたちょっとしたメモを持ってきます。そうすると明確にすべき点を徹底的に話しあうのですが、職場環境がとにかく親密なので、マリーが何を望んでいるのかよくわかるのです。彼女はこうしたいと思ったら断固として変えないので、制作室でなんとか実現する方法を考えなくてはいけないのです。作業の進み具合をチェックしに、よくひょっこりやってきました。誰がどのデザインに取り組んでいて、どんな風に進んでいるか、見たくて仕方がなかったのです。

マリーは何かを見る時、とにかく厳密で、すぐに変更したい箇所を見つけるのです。デザインの細部を8分の1インチ、あるいは6分の1インチ変えたいということもあります。それがジャージーやサテンといった扱いにくい生地だとしても、一度全部ほ

どくことになっても、必ず変更はおこなわれました。彼女の熱意とエネルギーがみんなに伝染して、やる気にさせるのです。

ハウスモデルたちに着てもらって、服の見た目やフィット感をチェックしました。サラ・ドーソン、カリーナ（フロスト）、アマンダ・リア、それからマリーとパムの秘書を兼ねていたサラ・ホランビーです。みんなとてもスリムでしたが、やせこけているわけではありませんでした。当時の僕の日記に彼女たちのサイズがメモしてありますが、ヒップ約86cmが普通でした。

コレクションの日が近づいてくると、サンプル制作室は慌ただしくなって、週末も出勤したり、夜遅くまで働いたりすることもしばしばで、賑やかな雰囲気でわくわくする時期でした。マリーはいつも感謝してくれて、お

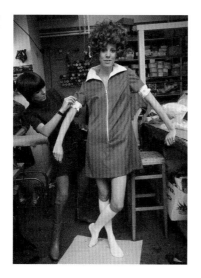

112　モデルにサンプル
を試着させるマリー・クワ
ント、1967年

茶やランチの差し入れをしてくれま
した。スペインやアメリカ向けも入れ
て1年に数回分のコレクション制作
をしていましたが、でも見本市での
販売はしませんでした。イギリスで
のコレクションは、いつも朝9時半
からのブレックファストショーではじ
まりました。プレス発表はチャンセリ
ーレーンにあるテラッツァエストか、
サヴォイホテルでもよくおこなわれま
した。僕たちサンプル制作室のスタ
ッフも着替えを手伝ったり、バックス
テージでの最後のフィッティング調整
をしたりしました。マリーはいろいろ
な種類の生地を使ってみるのが好き
でした。営業担当者たちがリバティ
とかバーナード・ネヴィルといった会
社から生地見本を持ってきて、マリ
ーの好みの色に変えてもらうこともあ
りました。こういうことは少なくとも1

年前にやっていました。彼女は色の
コーディネートというかミスマッチの
色あわせが好きでしたから。サンプ
ル制作に使う生地が届くと、生地の
保管部屋に持っていきます。トニー
が布の管理をしていました。数メー
トルだけのサンプル生地のこともあ
ったし、半反、あるいは一反まるごと
届くこともありました。何に使う生地
なのかを記したラベルをトニーがそ
れぞれにつけていました。装飾に使
うものは、時々卸業者から調達して
いて、急に必要になった場合は、ピ
ーター・ジョーンズといった小売業
者で購入し、その後、卸業者を探し
ました。

サンプル制作室で作られていた洋
服のクオリティーはかなり高いもの
でした。マリーはとにかく譲らない
人でしたから。縫製の質と生地の
質。マリーはエリックで帽子職人と
して訓練を受けています。クチュール
なので、細部までこだわった手仕事
をすることを学んだのです。彼女は
いつもそれを心に留めていました。
二流など受けつけないのです。

サンプルの縫製師たちは腕がよく、
知識も豊富でした。彼女たちと協力
して服を作り上げていって、フィッ
ティングもできる人たちでした。フィ
ッティングはトルソーを使って、あるいは
ハウスモデルに着てもらってやりまし
た。修正すべき点を記録してパター
ンに反映させ、必要だったらまたサ

ンプルを作ります。仕立ては外部に委託していましたが、最初のプロトタイプはこの制作室で作っていました[18]。

これで生産化しましょうと承認されると、サンプルと完成したパターンはスタインバーグ社のパタンナーに届けられ、そこで製造に向けてアメリカのティーンサイズの7から13に調整されました。

スタインバーグ社でファッション業界担当マネージャーを務めていたのが、ジャック・アイゼンバーグだ。当時の生産過程とクワント製品のマーケティング、そしてクワントがビジネスにもたらした大きな影響についてこう述べている。

1966年のことで、私はニューヨークのファッション工科大学をアパレル業界経営学専攻で卒業していました。スタインバーグに入社し、ファッション業界でのキャリアをスタートさせました。スタインバーグは複数の事業を展開していて、主にアレクソンというブランドで注文服を生産していました。ドレスの製造を手がける子会社ホロックスが、マリークワントと共同出資で「マリークワント・ジンジャー・グループ」というブランドを立ち上げ、彼女がデザインする服を製造することになりました。レオン・ラプキン（ホロックス）とアーチー・マクネア（マリークワント）が共同でトップを務めていました。今振り返ると、あれ

だけ文化の異なる2社が、どうして一緒にビジネスをすることになったのか不思議でならないのですが、とにかく理想的なカップルというわけではありませんでした。ジンジャー・グループについての話に進む前に、まず、クワントとスタインバーグのビジネス関係における文化の違いを話したいと思います。1960年代という時代がもたらした変化に関連していて、重要な観点となるからです。クワントは「新しい社会」を代表する存在でした。イギリス社会の規範や慣習を変える原動力の一部となるファッション革命を起こしていたのです。テレンス・コンランが家具を、ビートルズとローリングストーンズが音楽を変え、毎日の生活のすべてが変化の対象となっていたのです。クワントがミニスカートを普及させたことで、イギリス社会がそれまで絶対に容認しなかった「流動性」（社会階級間の移動）が起こる誘因となって、とうとう階級制度の足かせが排除されたのです。

その一方、スタインバーグとホロックスは旧式の価値観に根づいていました。王室にドレスを納品していて、英国王室御用達許可書を授与されていたのです。取締役社長（ジャック・スタインバーグ）はウォルフソン一族と縁組していました。会社のオフィスは、社が所有する現代的な建築様式の建物に入っていました。黒ジャケットに縞柄パンツ姿のスタッフが、

113　生地の保管部屋での
マリー・クワント、1967年

毎日、上層部にアフタヌーンティーを用意します。社用車はロールスロイスで、もちろん運転手つきです。それがマリークワント登場以前のイギリスの典型的なあり方でした。つまり、クワントが交渉の場で持ち出してくる新しいアプローチを受け入れるのは、かなりやっかいな任務だったのです。スタインバーグの人々は長年そうやってきたわけで、でもクワントは「ノー」というのです。クワントのやり方はスタインバーグにとってかなり脅威だったと思います。衝突は不可避で、実際、相当ぶつかりあっていました。イギリスは、そして世界全体も、以前のままではいられないということがその後に証明されて、ヴィクトリア朝時代から継承されてきた価値は、新しい創造の力でついに取って代わられたのです。とはいっても、すべてがイギリス的でした。大英帝国が消えて、代わりに「ミニスカート」「シー・ラヴス・ユー（ビートルズの楽曲）」「ジャンピン・ジャック・フラッシュ（ローリングストーンズの楽曲）」が登場したのですから。私は二つの仕事をこなしていました。レオン・ラプキンのアシスタントをしながら、（ラプキンの指導のもとで）販売と生産の調整を担当していました。広い範囲の業務に関わるポジションでした。コレクションに入れる商品サンプルの承諾からスタートして、アイテムの製造に必要なすべての情報を集めて、それ以外の仕事もこれからの話のなかにいろいろ出てきます。

コレクションに入れるアイテムを選ぶ作業は、とても緊張した雰囲気のなかでおこなわれました。このチームのリーダーが誰なのか、両サイドの人間が示そうとするからです。最初のミーティングはマリーのオフィスがあるアイヴス通りで開かれ、サンプルの製作が進捗していくとサウスモルトン通りのショールームで開かれます。一番盛り上がるのは製品化が決まったアイテムのネーミング作業です。「ウーフウーフ（ワンワン）」とか「バナナスプリット（前身ごろに長いジッパーがついているドレス）」とか、それぞれの服に名前をつけるのです。脚の内側が明るい色で、外側が濃い色になっているフランネルのパンツの「インサイドジョブ（顔見知りの犯行）」というネーミングが個人的に好きでした。

コレクションラインが仕上がると、私とスタインバーグ／ホロックスの制作チームは使用する生地や装飾に

使う素材の情報を集め、マリーのチームからパターンを受け取ります（これをベースに生産用パターンを制作）。それと並行して、シドニー・シェーファス（営業部長）から情報を入手し、レオン・ラプキンが各アイテムの販売計画を立てるサポートをします。それによって生地の購入量が決まるのです。販売シーズンがスタートすると状況が変わってくるので、この部分は非常に流動的でした。

ジャック・アイゼンバーグとマリークワント・ジンジャー・グループの話に戻ります。コレクションラインがまとまって、佳境に入ります。コレクションラインを販売する段階に入るのです。まず、パリのプレタポルテ展示会で発表することにしました。展示ブースには誰もが出入りできて、そこに展示されている商品を見ることができるというのが普通でしたが、クワントのブースは囲うことにしました。これがフランスの主催者たちを恐怖に陥れたのです。ブースのデザインを手がけたのは、ジョン・バネンバーグ（クイーン・エリザベス2号の船内インテリアを手がけたデザイナーの一人）でした。囲いに関してバトルが展開され（フランスVSイギリス）、でも、クワントが勝りました。ブースを囲うことができたのです。

レオン・ラプキンがフランス語で解説するなか（イギリスなまりがフランス人に好評でした）、ジャン・ド・スーザ、カリ

＝アン・ミュラーといったトップモデルたちがランウェイを闊歩するショーは街の人々の話題となりました。ショーは毎回満席で、観客から発注もありました。クワントはパリで旋風を巻き起こしたのです。

プレタポルテの世界だけでなく、その興奮はパリ市内にも広がっていきました。マキシムにディナーに行くと、たまたまいあわせたモデルを含む大勢がミニスカート姿でテーブルに向かっていくのです。不気味な静けさがレストラン全体を包みました。食事をしている人全員がじっとこちらを見ているのです。それが嫌悪なのか、目にしているものが信じられないのか、あるいはショックを受けているのか、いまだにわからないのですが、とにかく大きな反応を引き起こしました。

次に目指したのは、「ここで成功したら、どこでも成功する」といわれていたビッグアップル、ニューヨークです。マリーが選んだホテルはアルゴンキンでした。文学界、演劇界の著名人が「アルゴンキン・ラウンドテーブル」に集まることで知られたホテルです。そのラウンドテーブルが置かれている部屋がジンジャー・グループの作戦会議室となりました。未来の顧客たちはここでコレクションを目にし、戦略会議はここで開かれました。ジンジャー・グループの第二の我が家となったのです。ニューヨ

ークにおける独占販売権を巡って、ブルーミングデールズとメイシーズという二大大手百貨店がバトルを繰り広げ、ブルーミングデールズが勝利しました。ジンジャー・グループは、百貨店、あるいは「ショップ・イン・ショップ」を所有する優良な販売業者と組むことができたのです。新聞、雑誌、テレビから注目され、小売業者から購入注文が殺到し、ニューヨーク訪問は大成功におわりました。組織内の権力闘争が制御されて、制作チームが仕事をきちんとやっていれば、ジンジャー・グループはスタインバーグの主要な資力となると思っていました。

しばらくの間はうまくいっていたのです。どうしてパートナーシップが破綻したのか、よくわかりません。破綻する前に私はスタインバーグを辞めていました。かなり長い期間、衣料ビジネスに携わってきましたが、マリークワントほど刺激とオリジナリティーを創造し、ファッションに注入した例は他に見たことがありません。キングスロードからやってきたレディーであるクワントは、イギリスの規範と慣習の近代化の歴史のなかでとても重要な役割を担っているのです。20世紀の歴史のなかで重要な時代に起きたことを内部から見ることができたのは、本当にありがたいことでした[19]。

社会のルールの変化にあわせ、ジンジャー・グループはどんどん短い丈のスタイルを打ち出していった。すると同時にタイツの人気が高まり、ガーターベルトとストッキングは完全に不要な物となっていく。1950年代、冬に分厚いウール製のタイツははかれていたが、それ以外にはあまり普及していなかった。バレンシアガがクチュール市場にタイツを登場させたといわれているが、マークス・アンド・スペンサーはマリークワント・ジンジャー・グループと同じ1963年にタイツを初生産している[20]。マリークワントのストッキングとタイツの製造は、1964年からナイロン・ホーゼリー社が手がけている[21]。1954年創立の会社で、インドから夫のスワレンとその兄弟デリーと共にイギリスに移住したニルバ・カリーが、セントポール大聖堂近くの市場の露店でバックシーム（後ろに縫い線）入りのストッキングを売りはじめたことからスタートしている。最初は自宅でアイロンを使って、ストッキングにきらきら光る装飾をつけたり、フロック加工（毛くずで飾る）を施したりしていた。1960年代になるとカヴェンディッシュ・プレイス3-5番地とオックスフォード通り214番地を拠点に見本市で販売するようになり、マリークワント社の化粧品の販売を手がける代理店と「ニューヨーク、パリ、ミラノ、コペンハーゲン、ヘルシンキ、ブラジル、そして中東」で顔をあわせるようになる。カリーはさまざまなメーカーと組んで多種類のレッグウェアを生産していて、レスターシャー州の伝統的なフレームワーク編み製法で作ったものもあった。その他、ノッティンガムシャー州マンスフィールドにある自社工場でも製造していた。

クワントのレッグウェア開発に関する管理業務をほぼ一手に引き受けていたのが、デリー・カリーだった。デザイナーと組んで商品展開をしたいと模索していたが、他のデザイナーたちはロイヤリティ（商標使用料）を手にすることには興味を示しつつも、「（レッグウェアを）デザインすることにあまり興味を示さなかったのです……マリーはその反対で、とても熱心でした。自分でデザインしないのだったら、彼女の名前は使わせないのです。これはちょっと面倒なことになると思ったのですが、うまくいきました。とてもいい仕事をしてくれましたから」[22]

マリークワントとの提携が成立すると、カリー兄弟はパンティ部分で繋がった長いストッキングの製造技術を開発し、マリークワントのファッションアイテムにあう鮮やかな色に染めたストッキングの生産を開始する。新しい色、模様入りのニットタイツとバリエーションが増え、1966年には「ハイボール（全速力で進め、の信号）」と名づけられたラメストッキングが登場し、シルバー、ゴールド、グリーンブルー、レッドとカラー展開していく[23][114、115]。デイジーのロゴが入った深緑と茶色のパッケージはあとから黒に変更されるが、ブランドアイデンティティに統一感があり、ディオールやプリティ・ポリーといった他社製品のなかで際立っていた。いろいろな色と模様のストッキング、タイツ、いろいろな長さのソックスがデザインされ、雑誌

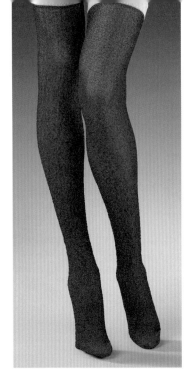

115　P169／マリークワント ストッキングとタイツ（オリジナルの商品パッケージ）

上段（左から右へ）：
ストッキング、1965年
V&A: T.72-2018
マイクロメッシュのシームレスストッキング、1965年
V&A: T.9-2019
タイツ「ジェイルバード」、1965年ごろ
V&A: T.101B-1983

中段（左から右へ）：
タイツ「ニート・フィート」、1968年
V&A: T.8-2019
タイツ「レッグ・ウォーマー」、1975年ごろ
V&A: T.101G-1983
山形模様のタイツ、1970-74年ごろ
V&A: T.12-2019

下段（左から右へ）：
タイツ「ドッティー」、1975年ごろ
V&A: T.13-2019
タイツ「スターカー」、1967-69年ごろ
V&A: T.11-2019
透けないタイツ、1980年ごろ
NCOL: 185-2019

で紹介されて、大通りにある一般大衆向けの店舗でも百貨店でも買うことができた。マリークワントのレッグウェアは、ライセンス製品として1980年代まで生産され、最も長く続いた商品ラインとなった。

1960年代半ば、合成繊維ライクラが開発されて下着の素材として使われるようになり、女性たちはそれまでのコルセットのような装具から解放される。ちょうどクワントも、自分のデザインするナチュラルで細身のスタイルの服にあう下着の必要性を感じていた時期だった。クワントのアンダーウェア製品は、ポーツマスにあるワインガーデン・ブラザーズ社の自社ブランドのユースラインから「Qフォーム」レーベルとして発売された。アンダーウェアに

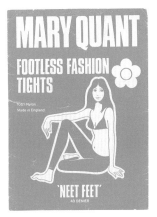

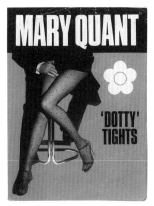

116　左／ライクラ素材
のマリークワント・アンダ
ーウェアの広告、1966年
ごろ、マリークワントアー
カイヴ

117　P171／マリーク
ワントのアンダーウェア
を着たサラ・ドーソンと2
人のモデルたち、『ノヴァ』
（1965年4月号）、写真：
オトフリート・シュミット

は、その時点で既に広く知られていたデ
イジーのロゴの刺繍が入っていた。ただ
花びらの数が5枚ではなく、6枚のバージ
ョンだ。ワインガーデン・ブラザーズは19
世紀後半からニューヨークでコルセットを
製造していた会社で、1905年にポーツ
マスのオールセイントロードに工場を設
立しているが、1972年には閉鎖、あるい
は移転している[24]。Qフォームのアイテム
には、ブラジャー、ガードル、パンツ、ガ
ーターベルトがあり、のちにボディストッ
キングが追加される。このボディストッ
キングは最初、黒地に白、白地に黒の2パ
ターンで作られ、1966年に「ナチュラル
な」ベージュのバージョンが追加される。
若者市場を狙って『ハニー』（1960年創刊）、
『ノヴァ』（1965年創刊）といった新しい雑
誌に広告が打たれ、着け心地のよさと動
きやすさがアピールされた。『ペチコート』
（1966年創刊）に、このボディストッキング
についての記事が掲載されているが、ガ

ーターベルトと一緒に着用するものとして
書かれており、タイツではなくストッキン
グがまだ一般的だったことがわかる。「ラ
インがなめらかで、ガーターベルトが脚
の上部でとまって目立たず、ストッキング
をミニスカートの裾より高い位置で留めら
れる。体の線を自然にシェイプしてくれる
ところが好き」とゲイというモデルの感想
を紹介している[25][116、117]。1965年に
はアベラ・インターナショナルと水着のラ
イセンス契約を結んでいる。

　ライセンス契約でこうした商品開発を
進める一方、クワントは洋服のデザインに
力を注ぎ続け、ウールあるいは夏用のパ
ンツにオーバーオール、リバティ社の家
具用生地を使ったアールヌーボー・スタ
イルのパンツスーツなど、機能的でおし
ゃれなデザインを発表している。これは、
スカートの丈がますます短くなっているこ
とに違和感を抱いている女性たちに向け
た選択肢であり、社会のしきたりへの抵

The feel of today **A CELON COAT** Mary Quant inspired

Newsworthy **ALLIGATOR GOES ZIPPY** Clever performance
Super white **CELON GOES SNOWY** In and out of the wash
Hooded coat. Five colourways. About £11.5.0. 'Dynamo' by Alligator.

CELON IS NYLON BROUGHT UP TO DATE BY COURTAULDS

抗でもあった。それまで女性がズボンを
はくのは、家で家族と過ごす時だけにほ
ぼ限られていたからだ。女性がさまざま
な状況でパンツをはくようになったという
のが、この時代の女性の衣服に関する最
大の変化の一つで、クワントが確実に一
役買っている。宣伝写真を見ると、1970
年代に入るころにはクワント自身、パンツ
を着用していることが多く、形式にとらわ
れないユニセックスのファッションスタイ
ルを広める手助けとなった。
　ロンドンの社交生活におけるフォーマ
ル度が、少なくとも若者の間で大きく変わ
りだし、それまで「デビュタント」の誰もが
もっていた、毛皮のコートという最も高価
なワードローブアイテムの需要が傾きはじ
めた。何社もの毛皮メーカーや小売業者
がデザイン力を求めてクワントにアプロー
チした。クワントは1965年、老舗のデベ

ナム・アンド・フリーボディ百貨店のために
コートをデザインする。ロンドンの毛皮加
工アトリエのロートが製造したようで、現
存するコートを見るとロートのラベルもつ
いている[26]。V&A博物館コレクションに
収蔵されているアストラカン、あるいはカ
ラクール子羊の毛皮のコートが『タトラ
ー』誌で取り上げられていて、「非常に斬
新……精密に作られた堅めの小さなスタ
ンドカラー、長い袖、シンプルなボタンが
昼間のフォーマルシーンにぴったりです」
と書かれている[27]。毛皮のコートは（クワン
トがデザインしたものも、そうでないものも）一般
の消費者の手が届くものではなく、『タト
ラー』が掲載したコートの値段は220ギ
ニーあるいは231ポンドだった[28]。毛皮
のコートは新しいエリートたちの究極の
ステータスシンボルとして生き延びること
になり、ビートルズのジョージ・ハリソンと

118　左上／「セロン」
素材を使ったコートのデ
ザイン画。裏面にグール
ドマン氏宛の指示が記さ
れている。1966年ごろ、
ヘザー・ティルベリー・フィ
リップス

119　右上／アリゲー
ター社から発売された
「セロン」コートの広告、
1966年ごろ

120　P173／マリーク
ワント・フォー・アリゲータ
ー レインコート、1966-67
年、素材:PVC、寄贈:ベ
リル・デイヴィス、V&A:
T.95-2018

121　マリークワントのタイツと靴、1965年ごろ、マリークワントアーカイヴ

モデルのパティ・ボイドは、マリークワントの毛皮のコートを着て結婚した。革のコートも当時の流行の重要な一部だった一方、1966年、『ハニー』がポニーのフェイクファーコートを手作りできるキット（無名デザイナーによる製品）を6ポンド12シリングで販売している[29]。1965年からはアリゲーター社がクワントのデザインによるレインコートの製造販売を手がける。クワントを歓喜させたPVC素材を使ったシリーズで、なかにはパンクの時代を予兆させる巨大な安全ピンでベルトを留めるデザインも見られる[30]。他の新素材も使用しており、イギリスの大手化学メーカーのコートールズが開発したセロンもその一つだ。このコートのデザイン画が残っていて、アリゲーター社に勤務していたと思われる「グールドマン氏」宛の指示がいろいろと書き込まれている[119、120]。「このスケッチ（1）をワックス加工した白のナ

イロン素材で試してみるよう、あなた方を説得したいと思います。それが最もシャープ＋わくわくする＋よく売れるので」と書かれたメモに、新しいアイデアを試すよう老舗メーカーを仕向けるクワントの才能がうかがえる。さらに次の試作では白黒のキルティングのナイロン生地を使うようにと示唆している[31]。

　1964年以降、型紙、レインウェア、アンダーウェア、ストッキングにタイツと、クワントはさまざまなメーカーと提携してさらに手ごろな価格帯の商品を世に送り出し、ファッションの民主化を推進するという目的を実行していく。「キラキラ光るストッキング」は1966年に19シリング11ペンスと1ポンド以下の値段で販売されていた[32]。ただ、ちょっと特別な場面で購入されていたようで、2017年にダイアン・ハリスからV&A博物館に寄贈された2足は、夫からのクリスマスプレゼントだっ

たそうだ[33]。

　ニットパターンの商品化で、編み物を
する人たちもクワントのデザインを着るチャ
ンスが増えた。Tシャツドレス型（P81）の
パターンを使って、スー・ロバートソンの
母親のローズが手作りしたニットドレスが
V&A博物館コレクションに収蔵されてい
る。ボンディング加工のジャージー素材を
使ったデザイン（ジンジャー・グループのコレ
クションに頻出）や、手編みの合成繊維の
厚みを生かしたものなど、さまざまなバリ
エーションがあったが、狙いはニットパタ
ーンの販売促進だった[34]。

　1966年、クワントは大規模な化粧品
ラインの立ち上げに乗り出す（P188）。さら
にPVC素材の洋服とバッグのデザインも
手がけた。この年に商標登録したデイジ
ーのロゴが使われるようになり、頭から爪
先までトータルでクワントのルックを提唱
できるようになっていく[121]。この10年

間にわたる努力が評価され、1966年11
月、クワントは女王から大英帝国勲章を
授与される。代表作の一つであるジッパ
ーつきのウールのジャージードレスに同
素材のベレー帽をかぶり、タイツにフラッ
トシューズ、そして革手袋ブランドのデン
ツに特注したと思われる手の甲部分に穴
が空いている手袋[35]というスタイルで、ブ
ランケット・グリーンとマクネアと共に受勲
式にあらわれたクワントの様子は世界中
に報道された。気候と礼儀作法を考慮し
た上で選んだ実用的なファッションで、礼
服の帽子の問題をベレーで解決した。こ
のスタイルだったらコートを着る必要もな
かった。

　購買力をもった新世代の若い女性たち
が多様な選択肢があるなかで買い物を
楽しめるよう、クワントはこのタイプのジャ
ージードレスをいろいろな色とスタイル
で何百着とデザインしていた。前述の通

り、クワントはボンディング加工のジャージー素材をアメリカで見つけていた。アシスタントのシャーリー・シューヴィルがスタンダード・インターナショナル織物協会の担当者を介して、イギリスのエイムズ・ミル織物製造会社が似たような生地を作っていることを突きとめる。色味が鮮やかで、形にしやすい素材で、色のコントラスト、トリミング、ポケットをアクセントにしたシンプルなミニドレスを生産するのに最適だった。V&A博物館が収蔵するアイテムのほとんどは、表がウール素材で、裏に合成繊維が張りあわせてある[36][123-130]。このようなジャージードレスは、アメリカ市場向けにデザインされたものだ。ニューヨーク市立博物館に所蔵されている布見本つきのスケッチ画には、アメリカで製造し、J.C.ペニーで販売するさまざまなデザインのジャージードレスの素材、装飾、色あわせが記されている[100]。これはクワントのアシスタントのスザンヌ・アイザックスがまとめたものだ[37]。

『ミニの女王 マリー・クワント自伝』初版の表紙に使われたポートレート写真では、別バージョンの色鮮やかなジャージードレスが登場している[5][P24]。クワントがストライプ柄のジャージー素材のサンプルを床に広げている写真で、アメリカのノースカロライナ州を拠点とするステフコニット社の布見本だ[38]。シャーリー・シューヴィルによると、クワントが着ているのは、実はドレスではなく、丈の長いジャージー素材のトップスで、「インティメート・アパレル」か、ニューヨークのロード・アンド・テイラーのナイトウェア売り場でクワントが買ったものだという。この室内着というコンセプトから、クワントはジャージー素材の服と、それにあう下着、ソックス、パンツ、ミニスカートをデザインし、「外着としての下着」を提案していく[39]。

映画『いつも2人で』(1967年)で、オードリー・ヘップバーンがクワントのジャージードレスを着ている。コスチュームを監修したファッションエディターのクレア・レンドルシャムが、それまでフランスのクチュリエであるジバンシーのデザインを身につけることが多かったヘップバーンに、まったく新しいスタイルを与えたのだ。他にも『たたり』(1963年)でクレア・ブルームが、『The Wild Affair(ワイルド・アフェアー)』(1965年)でナンシー・クワンが、『ジョージー・ガール』(1966年)でシャーロット・ランプリングがクワントの衣裳を着てスクリーンに登場している[40]。ブランドの顔としてクワント自身が既に広く知られていたので、映画スターたちに着てもらうことによる宣伝効果は重要視されていなかったが、それでも多くの女優や、シラ・ブラックといった歌手たちがクワントの服を着ている姿があちこちで人の目に留まった。世界中を飛びまわっていたクワントは、アメリカだけでなく(レジーナ・リー・ブラスチェックのエッセイ、P134)、行く先々で群衆に迎えられ、内気な性格ながら、それに随分慣れてきていた。175ページの写真では、ロンドンの地名を冠したブティック「カーナビー・ストリート」がローマのマルグッタ通りにオープンした際、現地を訪れたクワントと人気デザイナーのジョン・ステファンの姿をとらえている[122]。

ジンジャー・グループのアイテムは、引き続きハイファッション系の雑誌で頻繁に

紹介された。一方、さまざまな社会的背景をもつ若い女性たちの興味や考え方に重点をおいた新しい雑誌で取り上げられることも増えていった。1967年、『ハニー』はクワントを多方面から分析する特集を組んだ。メイクに関するアイデアから、自宅のインテリアや料理にいたるまで、生活全般に対するクワントの考え方を紹介している。

> 女の子は、それぞれが本質的にその人らしくあるべきなのです。私にとって『ハニー』の読者は、冒険心のある若い精神そのもので、いつも動きまわっていて、飽きやすく……私がデザインする服は、そうした女性のパーフェクトな鎧になるのでしょう。個性を反映させながら、でも着ている人を支配したり、抑制したりはしない。服は着る人のために存在し、機能するものなのです。ぞんざいに扱ってもよく、デニムみたいに気楽であるべきなのです[41]。

小冊子にまとめられたこの特集は、ブランドのターゲット層である4人の「普通の」女の子の物語で構成されていて、それぞれがクワントのスタイリングで大変身している。そのあとにデザイナーのインタビューがあり、そこにはゆとりをもってマリークワントというブランドに向きあっているクワントの姿が感じられる。夫のプランケット・グリーンとビジネスパートナーのマクネアは今や裏方にまわっていて、特集に登場する20代の子たちよりずっと上の36歳という年齢でありながら、クワントの

創造性は絶頂にあった。特集では他の商品と一緒にジンジャー・グループのアイテムも紹介されている。ベビーピンクとピーチカラーのドレスを着ているツイッギーを筆頭に、ブロンドのクワントモデルたちがページを飾る。アリゲーター社とのコラボレーションの堅牢なコートや、男の子っぽい印象のアイテム [124、125] の掲載ページとのコントラストが楽しい。ベロア素材に目覚めたことを語っているページもあり、その豪華な質感と「キャンディー」のように染色できる点を絶賛している。ドイツで製造された新しいルームウェアのシリーズではテリータオル地を使用していて、ボディスーツや短い丈のオールインワンなどのアイテムが発売された [135]。

クワントは、ドライコットプレイスの自宅の応接間に置かれた巨大なスケッチ用デスクで作業している姿をしばしば写真に撮られている [132]。この1枚では、ブリストルのキングスウッドを拠点とする大手靴メーカー、G.B. ブリットン・アンド・サンズ（「タフ」ワークブーツで知られる会社）が製造するプラスチック素材の靴とブーツの商品ライン「クワント・アフット（進行中）」のサンプルを手にしている。1967年8月に立ち上がったプロジェクトで、フットウェアへの奇抜なアプローチがメディアの注目を集めた。「深紅、栗色、シトラス色、緑色、バーガンディー色、黒」のプラスチックを押出し成形した、くるぶしまでの高さの「シュー・ブーツ」で、ジッパーで取り外し可能な膝までのパーツがついているタイプもあった。靴底は透明で、デイジーのロゴが組み込まれていて、雪や土の上を歩くと足跡にデイジーが咲いた。マリー

123 P178左／マリークワント ポケットつきドレス、1967年、素材：ジャージー、マリークワントアーカイヴ

124 P178右／マリークワント Vネックドレス、1966年、素材：ジャージー、マリークワントアーカイヴ

125 上／「フッター」を着たグレース・コディントン、1967年

126 右／マリークワント ドレス「フッター」、1967年、素材：ジャージー、マリークワントアーカイヴ

127 P180左／マリークワント フードつきドレス、1967年、素材：ジャージー、マリークワントアーカイヴ

128 P180右／マリークワント ドレス「フッター」、1967年、素材：ジャージー、マリークワントアーカイヴ

129 P181左／マリークワント ポケットつきドレス、1966年、素材：ジャージー、V&A: T.86-1982

130 P181右／マリークワント スケータードレス、1967年、素材：ジャージー、寄贈：ジャネット・フラッド、V&A: T.79-2018

131　右上／テリータオル地のプレイスーツを着たジ
ェニー・ボイドとグレース・コディントン、1967年、写真：
Bokelberg、マリークワントアーカイヴ

132　右下／成形プラスチック靴「クワント・アフット」を
手にしたマリー・クワント、1967年

133　P183／マリークワント プレイスーツ、1967年ごろ、
素材：伸縮性のあるテリータオル地、V&A：T.96-2018

クワントのタイツ、ジンジャー・グループの
ドレスとカラーコーディネートされており、
手ごろな値段でトータルルックを手にす
る助けとなった[42]。当初は50万足生産す
る計画だった。人気は高く、履いて楽し
いアイテムだったが、軟らかいライニング
素材を使っていたとはいえ、通気性に欠
けるプラスチック製の靴は頻繁に履ける
ほど実用的ではなかった。

　このプラスチック靴のプロジェクトは、
新しい素材、新しい製造方法へのクワン
トの強い探究心を反映していた。『ガー
ディアン』紙のジャーナリスト、アリソン・ア
ドバーガムの取材で、クワントは靴つき
のタイツ、それからプラスチックの底つき
のボディストッキングをその年内に販売
開始する予定だと語っている[43]。アドバー
ガムのインタビューで、クワントは過去
にインスピレーションを探るファッションへ
と流行が戻っていることへの違和感を述
べている。「そんなの、ファッションとは呼
べません。古い服なのだから。それに過
去の服を着ると、いつも気が滅入ってし
まいます。過去のファッションが流行する
と、私たちデザイナーが答えを提供する
のに失敗したのだと感じます」。それでも
ファッションの流行は執拗なくらい過去に
逆戻りしていき、クワントもインテリアブラ
ンドのサンダーソン社が1960年代に復

THE QUANT
FORMULA ✿
IN FASHION

❝ People tend to think that I design rather tough clothes, but nothing could actually be farther from the truth. Naturally, within the Ginger Group range, I feature trousers and trouser-suits, but a large proportion of the Collection is always strictly 'pretty'. ❞

Long-line apricot dress, ruffed in white—like all the others on this page, in open-weave rayon—Marshmallow, 9½ gns. Drawstring-tied blouson, primly collared and cuffed, Snowball, 9½ gns.: puritanical smock-dress, turned back to front for our photograph, Porridge, 7½ gns.: lilac and white dress, narrow-bowed in white, Darling, 9½ gns.: steel-laced look, feminine-frilled, Carruthers, 9½ gns. White crispey stockings by Mary Quant for The Nylon Hosiery Company, 5s. 11d.

134 P184／マリークワ
ント・ジンジャー・グループ カ
ラーつきのドレス「ピューリ
タン」、1967年、素材:コット
ン、所有:パトリシア・ロウ

135 上／「クワントのフ
ァッション方式」、「ハニー」
特別号(1967年)、V&A:
NAL. 607. AT. 0015

活させた、ウィリアム・モリスの家具用コッ
トンファブリック「マリーゴールド」で作っ
たスカートとジャケットなど、ジンジャー・
グループのデザインに、このトレンドを巧
みに組み込んでいく。アンティークスタイ
ルのボローディエ・アングレーズの刺繍
飾りや繊細なレースを使ったミニドレスも
デザインしている [134]。このレース使い
は1966年の「キャラコ・コレクション」に
顕著で、サリー州にあるプランケット・グリ
ーンの別荘で見つけたエドワード朝時代
のダスターコートとオーヴァードレスにヒ
ントを得たようだ。「スモックドレス、スカ
ート部分がギャザーや襞飾りつきのロー
ウエストのワンピース、それから最高だっ
たのがボローディエ・アングレーズの飾り
がついた刺激的なホットパンツ……とて
も短いパンツで……生産が間にあわな
いほど早く売れていました」[44]と、クワン

トはその仕上がりについて語っている。
　1967年秋にはイギリスのベレー帽メー
カーのカンゴールとの提携が発表され
る。1966年の大英帝国勲章受勲式で
クリーム色のベレー帽をかぶっていたこ
とから発展したコラボレーションなのか
もしれない [137]。バケットハットなど、ヒ
ップポップアーティストに人気のカジュア
ルな帽子で知られるカンゴールは、イギ
リスの老舗帽子ブランドで、ベレー帽は
1939年にカンブリアではじめて生産され
ている。ポーランドから難民としてイギリ
スにやってきたジャック・スプライルゲンが
創立し、最初はフランスから軍用あるい
は作業用のベレー帽を輸入していた。ブ
ランド名 Kangol は、ニット (knitted) の K、
アンゴラ (angora) の ang、ウール (wool)
の ol を合体させたといわれている。戦
後、ベレーなどの帽子はファッションの必

IS THIS JUST ANOTHER FAD?

The big beret.

12s 6d.

12 Quant colours.

Enquiries
for Quant berets
to
39 Firm——
Squ——
London W——

MARY QUANT

136 P186／ピンストラプのスーツを着たツイギー、「若者のアイデアのダンディ・ルック」、『ヴォーグ』（1967年9月15日）、写真：ヘルムート・ニュートン

137 左／「これって、また、ただの流行?」、マリークワント・ベレー帽の広告、1967年

新的な市販品を生み出すクワントに対する高い評価を自ら茶化すような姿勢は、化粧品ラインの宣伝にも継承されていく。当時カンゴールの広報担当だったヘザー・ティルベリー・フィリップスは、このベレーはお金をかけずに手持ちの服を新しく見せることができたため、『ペチコート』『フレア』『ジャッキー』『19』といった若年層向けの雑誌に大々的に取り上げられ、カンゴールとクワント両社にさらなるビジネスをもたらしたと語っている[47]。

1967年、『ヴォーグ』から『ペチコート』まで、すべてのファッション雑誌が時代の変化を誌面に反映させていた。モッズ、ハードエッジなミニマル、ベビードールスタイルは消えて、丈の長い、流れるようなラインの大人のエレガンスが漂うスタイルへと移行していった。『ヴォーグ』9月号の「若者のアイデア」のページでは、ジンジャー・グループのチャコールと白のストライプ柄のパンツスーツが紹介されている[136]。そんな時代の流れのなかにあっても、クワントはロンドンのメイフェア地区のど真ん中、ニューボンド通り113番地に旗艦店をオープンさせ、あちこちのメディアでそのデザインと名前が取り上げられ、ファッション界の牽引者であり続けていた。ただ、60年代のおわりに向けて、ファッションそのものではなく、カラータイツや化粧品といった大量生産品が、メディアでの存在感を強めていった。

需品として市場参入に成功し、1964年、カンゴールはビートルズの承認を得てビートルキャップなどの商品ラインを展開する[45]。その3年後、12色のマリークワント・ベレーが12シリング6ペンスで発売された。デイジーのロゴと、カンゴールの手に編み棒をもったカンガルーのロゴが内側に入っているこのベレーは、『ヴォーグ』などの雑誌に掲載された広告に明らかなように、クワントのファッションで全身コーディネートするのに一役も二役も買っていた[46]。「これって、また、ただの流行?」というコピー入りのこのベレーの広告は、独特で風刺的で自己認識の高いクワントのブランドのあり方の提示であった。革

Quant and Cosmetics

クワントとコスメティック

ベアトリス・ベーレン

1966年3月、化粧品のバイヤーと美容ジャーナリストたちに、5ピースのジグソーパズルが届いた [138]。組みあわせると、ミニドレスを着たセリア・ハモンド、グレース・コディントン、ペギー・モフィットら、22人のモデルのグループ写真ができあがり、頭上にこう書かれていた。「美のジャングルでトップモデルたちがじたばたしているのを見て、マリー・クワントがいいました。『メイクのアイデア、大混乱!』結論、マリークワント・メイクアップ。新しいスウィンギング市場にぴったりのアイテム! これでメイク問題は解消します」。この自信に満ちた告知は新商品のコンセプト――若者向けで、現実的で、使いやすく、肌のトラブルを解決する――を示唆するものだ。翌日、パズルを完成させる最後の1ピースが届いた。ロンドンのメイフェア地区にあるクラブで開かれる発売記念ランチパーティーへの招待状だった。

どうして化粧品に関わることになったのか、1968年、クワント自身が簡潔に語っている。「洋服は新しくなったのに、顔が追いついていなかったから」[1]。ファッションは劇的に変化していたが、メイクは昔のまま取り残されていたのだ。アイテムの種類だけではなく、色、パッケージ、広告、販売方式とすべてが旧式のままだった。

リップスティックは赤、ピンク、薄いオレンジ色、アイシャドウは青、緑色、パープルで、それ以外の色を誰も取り入れようとしなかったのです。だからメイクに変化がなかったし、楽しくもなかった……それに店で化粧品を売っている人たちは、ドラゴンのように強気で――ああ、おそろしい――顧客を追ってきて、捕まえるのです……メイクの世界は戦時中の考え方から抜け出せずにいました[2]。

マクネアによると、三人はまず、インペリアル・レザー石鹸で知られるイギリス最大の石鹸製造会社で、美容市場への参入を模索していたカソンズ・サンズ社のマーケティング・ディレクターのマージョリー・グッドウィン(旧姓カソンズ)に話をもちかけた[3]。取引は成立せず、その後すぐ、クワントはミラン・ピッカー・グループ内のガラ・コスメティックス社のオーナー会長のスタンリー・ピッカーと契約を結ぶ。ロンドン南西部のサービトンにあるピッカー・グループの工場では、中間価格帯のガラ・コスメティックス製品以外にも、若い消費者をターゲットにしたマイナーズ、アウトドア・ガールといったブランドで低価格の化粧品アイテムを製造していた。クワントのコスメラインは18か月をかけて開発され、「スリル満点の時間だった」とクワントは

'Make-up ideas all mixed up!' said Mary Quant watching top models floundering in the beauty jungle. Result: **MARY QUANT** make-up. Cut out for a big new swinging market! It's the missing link in make-up! Wait for it! Pièce de résistance tomorrow!

Message from Mary Quant:
Please come to my champagne party
to see my new make-up
on March 28th, at 12 noon at
The Garrison,
5 Hamilton Place,
London W1
RSVP 48 Burlington
Arcade, London W1.
Telephone Hyd 4065

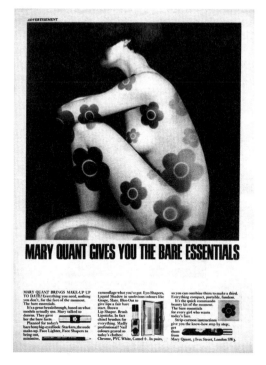

ADVERTISEMENT

MARY QUANT GIVES YOU THE BARE ESSENTIALS

MARY QUANT BRINGS MAKE-UP UP TO DATE! Everything you need, nothing you don't, for the face of the moment. The bare essentials.
It's a great breakthrough, based on what models actually use. Mary talked to dozens. They gave her the bare facts.
Planned for today's bare bony big-eyed look: Starkers, the nude make-up. Face Lighter, Face Shapers to bring out, minimise,

camouflage what you've got. Eye-Shapers, Liquid Shadow in unobvious colours like Grape, Slate, Blot-Out to give your lips a fair bare start. Brown Lip Shaper. Brush chisel brushes for everything. Madly professional! Nail colours geared to today's clothes: Chrome, PVC White, Camel+. In pairs,

so you can combine them to make a third. Everything compact, portable, fussless.
It's the quick commando beauty kit of the moment. The bare essentials for every girl who wants today's face.
Strip-cartoon instructions give you the know-how step by step; get them from
Mary Quant, 3 Ives Street, London SW3.

138　左上／マリークワント・メイクアップ発売記念ランチパーティーへの招待状、1966年3月28日、写真：テレンス・ドノヴァン、ジョイ・デベナム＝バートン

139　左下／「本当に必要なものをマリークワントが届けます」、マリークワント・メイクアップの広告、1966年

振り返っている。

　色や商品について、自分のコンセプトにまったく不安や疑いはありませんでした。新しいものが求められていることは紛れもなく明らかでしたから。パッケージ制作と製品テストがとてもスムーズに進んで、すごく素敵に仕上がった時、人生でその時1回きりですが、このビジネスはうまくいくと絶対的な自信をもちました[4]。

　絵筆、水彩絵具、クレヨンといったアーティスト用の創作道具をメイクに使ってみたり、かつて自分であれこれ実験していたりしたことが、商品開発やネーミングの伏線となっていく[5]。モデルたちが舞台用の商品やブラシを使って、自分で舞台メイクをする姿を、クワントは長年、撮影現場で見ていた。「骨格や鼻筋をシャドウで演出して、まぶたに光を集めて目を引き立たせたり、頬骨ハイライトを入れたりするのです」[6]。クワントは化粧品の合理化を図ろうとした。どの製品も組みあわせ可能で、時間をかけずにメイクできて、持ち歩くのは数アイテムだけでいい。ファッションにおいてクワントは、組みあわせてかっこよく、個々の強さもある、交換可能な要素で作り上げる「トータルルック」を常に念頭においていた[7]。ニットとタイツを補

色で作るようにメーカーにかけあった経験をもつクワントは、同じ方式を化粧品にも応用した。

　　すべて私が望む色に配合しました。コールマンのマスタードみたいな色と、このプルーン色とパティ色、ベージュがかったパティ色、あるいはそこに緑色が入ったもの、黒と白。1965年、66年のころのことです。このメイクアップ製品に既に取りかかっていて、こうした色を使っていたのです……マニキュアにもこの色を取り入れて、もちろん、そんな色のマニキュアなんてそれまで誰も見たことがありませんでした。リップスティックとアイシャドウも、この色で全部まとめました。そうすることで全体に統一感が生まれたのです……[8]。

　1966年3月28日の最初のプレス発表、その1週間後にクワントの自宅で開かれた第2弾に参加したジャーナリスト、バイヤー、営業担当者たちはメイク革命を目撃することになる。まったく新しいタイプのパッケージに遭遇したのだ。クワント自身が指摘しているが、1960年代半ば、美容関連の製品の多くは、動物の角といった高級素材"もどき"の容器や、「全体が薄ピンクのキルティングや偽物のゴールド」のプラスチック製の容器に収められて販売されていた[9]。香りも含めて、控えめな素材を好むクワントは、「100カラットの上質なプラスチック」製のパッケージになると宣言している[10]。

　クワントは服をデザインする時、それが何であるのかもまだわからないけれど、何か特別な要素が必要だと感じる箇所にデイジーのマークをつけていた。「以前はこのデイジーをいたるところに落書きしていました。緊張した時に。そのうち服に使うようになって、正式な形になって、例のデイジーになったのです」[11]。1966年1月、花びらが5枚の黒いデイジーが、マリークワントの商標としてはじめて登録される。化粧品の容器にこのロゴを大々的に組み込んでいく計画で、初期の広告では、裸のモデルの身体中にこのデイジーが描かれている[12][139]。クワントと一緒にパッケージデザインに取り組んだガラ・コスメティックス社のコンサルタントデザイナーのデイヴィッド・マクメキンは、「バウハウスの椅子を選び、ダイニングルームをシルバーでまとめる純正主義者の資質、あれこれもてあそんだりしない彼女の姿勢を、光沢のある黒または白の土台に描かれた5枚の花びらのシルバーのデイジーであらわしたのです」[13]と述べている。クワントが率直さと効率性を望んだことから、ブラシつきの細長い金属製ケースに入ったリップスティックが考案された。「貴婦人の寝室に置いてあるようなものではなく、ポケットやバッグからぱっと取り出せる」ものにしたく、「ライターみたいな形のリップスティックがあってもいいじゃないと思ったのです」[14]。

　それぞれのアイテムの効果や目的は、直球的かつユーモアたっぷりの商品名に示唆されている。色白、普通、ダークの3色展開のリキッドタイプのファンデーション「スターカーズ」は、「『裸』を意味するイギリス英語の俗語」という説明が海外販

促の際にプラスされた[15]。「顔の形を作る」という意味の「フェイス・シェイパーズ」はコントゥアリング用アイテム。小さなチューブ入りの「フェイス・ライター」は「顔を明るくする」という意味のクリーム状の製品で、「マッシュルーム・ベージュ」はシェーディング、「アイヴォリー」はハイライトに使う。パウダー「フェイス・ファイナル」はパフと一緒にコンパクトに入っている。光沢のあるクリームタイプのアイシャドウ「アイ・グロス」は明るい色味で、リキッドタイプの「アイ・シェイパーズ」、パウダータイプの「ブラッシュ・アイ・シェイパーズ」を使う前のベースになる。「ブラッシュ・アイ・シェイパーズ」はムーディーブルー、グリーン、黄褐色の3色がミラーつきのコンパクトに並んでいる。商品は2種の異なる形態で製造されることが多かった。黒、茶色、青で展開されたマスカラは、固形タイプのケーキマスカラとブラシつきのチューブ入りマスカラがあり、好きな方を選ぶことができた。6色展開の口紅は、円柱状のものと平たいケース入りのものがあり、同じ色のマニキュアもあった。

　クワントは「新しい女性たち」に「自然に見えるメイク」を提案し、固形のパンケーキファンデーションを使った仮面のような化粧とさよならしようと唱えた[16]。ジャーナリストのマーガレット・アレンが、1981年の著書で「イギリス的」あるいは「ロンドン」ルックと呼んだ「目にすべてを集中させた、メイクがおわっていないような青白い顔とリップ」は、瞬く間に世界中に広がっていった[17]。ブランドの広報大使であるクワントは、1967年の『ハニー』の特別号で自分のメイクについて語っている。

顔：スターカーズで「裸」のようにカバーします。ヌード・メイク、セミマット肌で、素肌のよう!
目：アイホールの端にブラウン、眉骨の下に白。パウダータイプのブラウンとパールホワイトのセットを使っています。
リップ：6色あるリップスティックのなかの2色。一番淡い色と一番鮮やかなピンク。Q.1またはQ.6（色の印象を強くしたり、濃くしたりできます）。

　この3パーツをはっきりさせると、いい感じの顔になります。最初からもっとメイクをプラスしてもいいし、あとで足してもいいのです。茶色のアイライナーを使って、そばかすを描くのもいいですね……。

コントゥアリング用パウダーのフェイス・シェイパーズを使うと、もっとおもしろいことができます。光沢のあるパウダーで頬に輝きをプラスします。私は額や顎に使っています。それから顎を小さく見せるように、顎の先にダークなシャドーをぽんぽんとはたいています。

フェイス・ファイナルをプラスすると、メイクがしっかりと定着します。それからダークなシェイパーをもう一度使って、唇の輪郭を引き立たせます。リキッド・ライナーで目のラインをくっきりと描きます……下まぶたにまつ毛を描くのにもライナーは必須です。ブラシを液体につけて、一度ティッシュに転がしてから、まつ毛を弾くよう

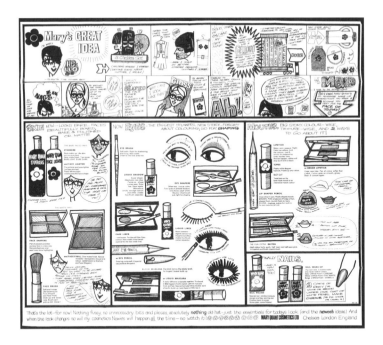

にラインを引きます。次はマスカラで
す。ここでももちろんティッシュがいりま
す。全部でたったの7アイテムです![18]

　クワントのコスメ革命は販売員のあり
方にも反映された。「ドラゴンのよう」な威
圧的な女性たちではなく、6人の若いビ
ューティーコンサルタントが雇われた。こ
の6人が採用されたのは「容姿がよいだ
けでなく、強烈な個性の持ち主だったか
らです」[19]と、1966年3月、コンサルタ
ントのスーパーバイザーとなったジョイ・
イングラム（現デベナム＝バートン）は振り返
る。白のトリミングと、胸ポケットにデイジ
ーがついたジャージー素材の黒のミニド
レスを着た販売員たちはブランドの顔で
あり、彼女たちの使命は、顧客に「あの

子みたいになりたい」と思ってもらうこと
だった[20] [140]。当時、営業担当者は男
性が圧倒的に多く、彼らが置かれた状況
はもっと複雑だった。自分たちですら完全
に理解していないまったく新しいコンセプ
トを、「まだ帽子をかぶっているような」[21]
保守的な百貨店のバイヤーたちに売り込
まなくてはならなかったからだ。

　発売開始後、営業担当と販売員たち
は、イギリス国内の数か所の都市をまわ
るプロモーションツアーに乗り出した。百
貨店内に期間限定のカウンターが設置さ
れ、ビューティーコンサルタントが新製品
の使い方を紹介しながら、訪れた人の顔
半分にメイクをし、最後に目の近くに小さ
なデイジーのマークを書き入れた。どの
商品をどういう順番で使ったらいいのか、

140　左／コンサルタント・スーパーバイザーのジョイ・イングラムとマリー・クワント。バーミンガムのラッカムズ百貨店でのメイクアップ・キャンペーンにて。1966年、ジョイ・デベナム=バートン

141　P192／「マリーの素晴らしいアイデア」、販促用チラシ、1967年ごろ、イラスト：ヤン・パーカー

リート店でマリークワント・コスメティックス製品を買うことができ、意外なことにクワントの直営店では取り扱っていなかった。

　1966年4月から7月にかけてクワントの化粧品はヨーロッパ数か国に輸出され、8月、パット・マッシュは2人の同僚とアメリカに乗り込んでいく。アメリカのファッション業界紙『ウィメンズ・ウェア・デイリー』は、イギリス同様に「この『クワントコレクション』はアメリカでも化粧品セクションではなく、既製服セクションで販売される予定だ」と報じている[23]。海外での売り上げを伸ばすのに貢献したのが、クワント・ビューティー・バスだ。ロンドン市内を走る2階建てバスで知られる真っ赤なルートマスターの内部を改装し、長いメイク用テーブル、鏡、回転式スツールが設置されていて、メイクレッスンを受けたり、イメージチェンジを体験できたりするようになっていた[142]。1970年から1975年にかけて、この赤のビューティーバスと白バージョンの後継車が、ヨーロッパ、カナダ、アメリカ、ベネズエラを巡回した。バスはクワント製品取扱店の向かいに停車し、ロンドンから派遣されたメイクアップアーティストたちと地元店舗のビューティーコンサルタントたちの手によって、一度に24人の顧客がメイク体験をすることができた。1970年に国際広報役員に就任したパット・マッシュの記憶によると「バス

マンガ形式の説明書を作り、上質紙に印刷して小さな長方形に折りたためるようにした[141]。このマンガの説明書が、素晴らしいマーケティングツールとなったと、1966年7月にクワントのコンサルタントとして働きはじめたパトリシア（パット）・マッシュ（現ガーン）は振り返る。新しいことに挑戦してみようと、マリークワントのリップスティックを買ってみた女性が、「このマンガの説明書を持ち帰って、家で読んでみて、次の週にスターカーズを買いに戻ってきて、その次の週にはまた何か別のアイテムを買いにくるのです。そうやって女性たちはクワントの全コレクションを手にしていったのです」[22]。

　すぐに多くの百貨店でカウンターが常設されるようになり、最初、6人体制だった女性販売チームは拡張され、各カウンターに配置された。ロンドン市内ではミス・セルフリッジ、フェンウィックス、ハロッズ・ウェイ・イン、ディケンズ・アンド・ジョーンズ、DHエヴァンス、ジョン・ルイス・アンド・ピーター・ロビンソン、ブーツのリージェントスト

142 マリークワント・ビューティー・バス、1971年
マリークワント・ビューティー・バスの前でポーズするガラ・
コスメティックス社の従業員たち（左から右へ）：インター
ナショナル・デモンストレーターのヴィッキー・ベッドフォー
ド、広報担当のロウィナ・ハニー＝ウィル、インターナショ
ナル・デモンストレーターのシルヴィア・ティッタリントンと
サリー・コンプトン、バス運転手兼ディスプレイアーティス
トのデイヴィッド・ノーターマンズ、国際広報役員のパッ
ト・マッシュ、マリークワント国際営業販売責任者のトレ
ヴァー・ハンゼル

で販売はしていませんでした。きてくれた
若い顧客たちに、製品の使い方が描か
れたマンガの説明書と、それぞれに似あ
うアイテムのリストを渡していました。そ
れをもとに、隣接する販売店やファーマシ
ーで購入してもらうのです」[24]。

広告

　他の化粧品ブランドの広告と大きく異
なり、とにかく人目を引いたマリークワン
ト・コスメティックスの広告は、1960年に
リニューアルされた男性向け季刊誌『マ
ン・アバウト・タウン』のアートディレクター
を務めていたトム・ウルジーの協力で制
作されていた。ウルジーのアートディレク
ションのもと、『マン・アバウト・タウン』（そ
の後、『アバウト・タウン』さらに『タウン』へと名
称変更）は、写真の力を全面に押し出し
たデザインで大きな影響力をもつようにな
り、デイヴィッド・ベイリーや、マリークワン
ト・メイクアップのジグソーパズルに使わ
れた22人のモデルの写真[25]を撮ったテ
レンス・ドノヴァンといった新鋭写真家た
ちの活躍の場となっていた。ウルジーは
自分の制作会社や、繋がりのある広告代
理店を介してクワントの広告についての
助言をしていたが、クワントとブランケッ

ト・グリーンの友人であったことから、直
接、彼女たちに提案することもあった[26]。
　ウルジーの広告に対するアプローチは、
『タウン』で開拓してきた彼特有のスタ
イルと似ていた。視線を惹きつける写真
は、群れとなった被写体、あるいはクロ
ーズアップが多く、そこにだじゃれを使っ
た大胆に挑むような見出しや、くだけた
調子の軽妙な言葉を組みあわせている。
1967年の「スターカーズ」と「フェイス・
ライター」の広告はまさにこの好例だ。カ
メラをまっすぐ見つめているモデルの顔
のクローズアップに「素顔のうそつき」と
いうコピーが重なっている。薄く開いた唇
の間に金色の歯が1本見えている。「すっ
ぴんで、骨格がはっきりとしていて、きれ
い。みずみずしい。ナチュラル。うそつき！」
天然の美に見えるのは、実はマリークワ
ント・コスメティックスで作り上げた人工
美だと明かしているのだ。同年に発表さ
れたウォータープルーフマスカラの広告
はもっと衝撃的だ [143]。モデルのブロン
ドの前髪がページの半分を占め、その
髪先は左目の黒々としたまつ毛に触れて
いる。そしてその目から涙が1滴こぼれ落
ちる。「マリークワントの新商品、涙が出て

143 「泣いてごらん、ベイビー」、涙が出てもにじまないマスカラの広告、1967年

もにじまないマスカラ」を使っているから、「泣き虫」になっても大丈夫だよ、「泣いてごらん、ベイビー」というわけだ。ウルジーは1972年にアメリカに移住し、その後は他の制作会社がクワントの化粧品ラインの魅惑的な広告を制作していく(P202)。

新しい商品と香水

マリークワント・コスメティックスの立ち上げ後、最初にプラスされたアイテムは香水だ。香水の都として知られるフランス南東部の都市グラースの、保守的な感覚の男性調香師たちに、自分の考える新しい香りをなかなかわかってもらえなかったとクワントは語っている。「男性用の香りのようにオープンで自信に満ちたものでありながら、同時に女性的でセクシーで大胆で複雑」で、「清潔感のあるエロティシズム」[27]を喚起させる香水というクワントのビジョンは、確かに少々矛盾していて、たやすく理解されなかったのも無理はない。しかし最終的に満足のいく香りが生まれ、1966年10月、A.M.とP.M.というペアの香水が発売される[145]。このシリーズで圧巻だったのは容器の蓋で、パッ

ト・マッシュいわく、「MQの5枚の花びらのデイジーの形をした大きなナックルダスター(手にはめて打撃力を強化する武器)リングで、真ん中の円部分には色つきガラス『ジュエル』がついていました」。このデイジーの蓋を開けると、なかにA.M.あるいはP.M.の練り香水が入っている[28]。トム・ウルジーがデザインした広告に、ファセットカットされた宝石と花を唇に挟んだモデルの顔を、正面とサイドから撮った作品がある。彼女は、昼間は「マーガレットの花のようにあどけなく」、夜になると「感情がくすぶり、誘惑する危険な存在」になる「浮気者」なのだ[29]。その後、1974年には「楽しみたい女の子たちのための」香水とコロン「ハヴォック(大混乱)」を発表する。

1960年代メイクの特徴といえば、つけまつ毛だが、意外にも立ち上げ時の商品ラインには入っていない。その後、1967年3月に3商品が発売される。「ラッシング」は上まぶたと下まぶた用のつけまつ毛で、下まぶた用は「1束ずつ分かれたまつげでつけたいところに個々につける」。「ナチュラル・ラッシュ」は「ほんの少しだけ、つけまつ毛感」が出せるタイプで、「ヴァンプ」はその反対でがっつりと人工美を演出できる[30]。1967年は「ロード・オブ・ラッシュ!」が発売された年でもある。本物の毛からなる長さ8インチ(20.3cm)のつけまつ毛が、ぐるりと円状になってプラスチックのケースに収められた商品で[31]、クワントのコスメで最も広く知られるアイテムになっていく。1968年には、新タイプのナチュラル・ルックへの移行を反映した「ロウアー・リッダー・ラッシュ(下ま

ぶた用まつ毛）」が登場する。「羽のように軽い」まつ毛が、通常の黒ではなく透明の軸についているアイテムだ[32]。その後もつけまつ毛製品は開発され、1972年には繰り返し使える「ウォッシュ・アンド・ウェア（洗ってつける）」が発売された[33]。

クワントがスキンケア製品に乗り出したのは1968年のおわりで、コスメラインのコンセプト「機能的で楽しい」に連動する「スキン・シンク（肌の考え）」が発売された[34]。洗顔料の「カム・クリーン（白状しなさい）」、化粧水の「ゲット・フレッシュ（なれなれしくする）」、下地用保湿クリームの「スキン・ドリンク（肌の飲み物）」、保湿乳液の「スキン・セイヴァー（肌の救い主）」、そして小さな円形ケースに入ったビタミンB、ビタミンCの「太陽の陽射しのような黄色の錠剤」に「未来のコスメは体の外側だけでなく、体の内側から働きかけるようになる」というクワントの確信があらわれている[35]。ブランケット・グリーンは、この「鮮やかな黄色」の錠剤を「男性にも売り込める天の恵み」と歓迎しつつ、妻が「次から次へとクリーム」を試していることには閉口していたようだ。クワントは、その時のことをジャーナリストのシーラ・ブラックにこう話している。「何時間もすわって、クリームをつけたり落としたりしていました。家政婦は私の気が狂ったと思ったそうです」[36]。1960年代のおわりから1970年代の初頭にかけては、日焼けどめ剤入りのセルフタンニングクリーム「トップスピード・タン」、肌をきれいに焼くためのスプレー式の日焼け剤「サンシャイン・オイル」、「日焼けした肌を鎮める」[37]エアゾールスプレー「レッドスキン・リリー

フ」が発売される。

1966年10月には、最初の「ペイント・ボックス」が既に発売されていた。複数のアイテムを効率的に収納できる平たい白いケースで、蓋の内側に鏡がついていて、3種類のアイシャープナー（またはアイシャドウ）、黒の固形ライナー、固形マスカラ、2色の口紅、目元用のブラシ2本、唇用の幅広の「鑿（のみ）」[38]のような道具がセットになっていた。1930年代に流行した、化粧品などを入れる小さなパーティー用バッグのミノディエールが貴金属や宝石を使っていたのに対し、クワントのコスメ容器はプラスチック製で、シルバーのデイジーがついていた。その他にも、汚れても簡単に拭き取れる黄色のプラスチックでコーティングされた長方形のボックスに、外泊時に必要なアイテムがすべて入っているセットもあった。ボックスのなかに2枚のトレイが積み重なっていて、一つにはサンプルサイズのスキンケア商品が、もう一つにはコスメアイテムが収納されていた。そのミニバージョンが「ツールキット」で、リップスティック、リキッドファンデーションの「スターカーズ」、アイグロス、アイブローペンシル、マスカラの「基本アイテム」が黄色のプラスチック製ポーチに入っていた[39]。

コスメ製品の名前とパッケージは相変わらず愉快なものばかりだった。「チーキー（生意気）」は「べたつかない、チークルージュ」、「ブラッシュベイビー（顔を赤らめるベイビー）」はチークパウダー、「ジーパー・ピーパー（わっ、美しい目）」はパウダー型のアイシャドウの商品名だ[40]。もともと色は数字で表示されていたが、すぐに「ジ

ンジャー・ポップ」「チェリー・ポップ」「バナ
ナ・シャイン」（1972年）といった名称に変更
され、1973年には「ノーティー・ネイル（い
たずら好きな爪たち）」マニキュアシリーズの
「サルトリー（情熱的な）・サファイア」「イー
ヴル（邪悪な）・エメラルド」「フォエヴァー・
アンバー」「テンプティング（誘惑の）・ターコ
イズ」の4色が発売された[41]。化粧品に
おいても、クワントのブランドは人々の記
憶に残る色づかいで傑出していた。クワ
ントのコスメが発売された時、ミュージシ
ャンのトーヤ・ウィルコックスは8歳で、バ
ーミンガムに住んでいた。1960年代、ま
だトーヤは子供でメイクなどできなかった
が、彼女のお姉さんは楽しんでいた。

> （姉が）マリークワントの美しい丸いボ
> トルのマニキュアを持って帰ってき
> て、それがカナリアイエロー、きらきら
> ひかる緑色、夜の闇のような黒とい
> った素敵な色なのです。あまりにも綺
> 麗で何時間でも眺めていられました。
> デザインが最高で、それまで見たこと
> がないようなものでした。マリークワ
> ントはすべてのスペクトルの色を讃
> え、楽しんでいて、私はそれに大き
> な影響を受けて、メイクを自己発見と
> 自己表現のツールとして捉えるように
> なったのです[42]。

愛の行為をおこなう時のメイク

　1960年代の終盤、両大戦の間の美学
が再注目されるようになり、その人気が高
まるにつれて、人々が理想とする美しさの
概念に変化が出てきた。「30年代風のグ

ラマーな感じ」になりたくて、髪を伸ばし、
つけまつ毛をやめて、「ぼやけたような
色」を試してみるようになったとツイッギー
も回顧している[43]。このトレンドをいち早
く捉えたのが、バーバラ・フラニッキがケ
ンジントンに開いたブティックのビバだっ
た。フラニッキも1969年に化粧品ライン
をスタートさせ、若者層をターゲットに安
価の商品を打ち出していた。

　このタイミングで、クワントがまた革命
を起こした。従来品よりも皮膚への刺激
が少なく、使う染料も少なく、メイクが驚
異的に長持ちするジェルベースのコスメ
商品を展開したのだ。この新しい商品ラ
インの開発をクワントと手がけたガラ・コ
スメティック社のクリエイティブマネージ
ャーのジル・ローダーデールは、「完璧な
商品でした。アバンギャルドでした。透き
通っているのです。そして24時間長持ち
するのです」[44]と振り返っている。ロー
ダーデールから仕事を引き継いだスー・ス
チュワードは、1971年にこう話している。
「女の子が化粧崩れを気にしないで、キ
スしたり、抱きあったりできる商品ライン
を作りたかったのです。普通、メイクした
状態でベッドに入ると、起きた時、ぞっと
するような状態になってしまうので」[45]。こ
の考えから生まれたのが「メイクアップ・ト
ゥ・メイク・ラブ・イン（愛の行為をおこなう時の
メイク）」という製品名で、これは「クワント
の組織内でも」さすがに「エロティックすぎ
る」のではないかと、二の足を踏む人が
いたという[46]。1970年6月の店頭発売
前に、この新しい製品ラインはロンドンで
開かれた会合でクワントのコンサルタント
陣に、そして報道陣にはマリーのお気に

入りだったキングスロードのクラブ「デラレトゥーサ」で開かれたランチで披露された[47]。

　広告と販促資料を制作したのは、広告代理店のアルダース・マーチャント・ヴァインライヒ（AMW）と写真家のバリー・ラテガンだ[48]。ある冊子の表紙には少々乱れた様子のモデルの顔が写っていて、その頭上に「愛は美しい顔を台なしにする」とコピーが記されている。冊子を開くと、今度は同じモデルが完璧な姿でタートルネックを着た若い男にもたれかかっていて、「愛ですら動かせない驚くべき新コスメ」と文字が入っている。肌を覆うのではなく色をプラスする「カラー・スティック（とどまる色）」ファンデーションと「ブラッシュ・スティック（とどまるチーク）」は、「ダークに見えるけれど、光があたるとなめらかな色味になる」と説明されている。その他にも「青、アクア、ソフトグリーン、ヴァイオレット、黄色、ブロンズ色」の「アイ・ティント」と、黒と茶色がかった黒の2色の、こすってもにじまない「ラッシュ・カラー」マスカラがラインアップに含まれていた。香水の A.M. と P.M. は「香りが長持ちするオイルベース」の「AM ポーション」「PM ポーション」に再開発された（符号なしの表記に変更）。いろいろ考え抜いたクワントは、かわいらしい小さな容器に「口内を爽やかにする香りつきの小さな錠剤」が入った「ブレサライザー（呼気分析計）」[49]も作っている。マーガレット・アレンは、1981年にまとめた美容業界についての記述で「その年に市場で成功を収めた例がこの一連の製品で、イギリス市場におけるクワントのコスメ商品の位置づけを確実なものとしたのです」[50]と振り返っている。

スペシャル・レシピ

　1972年5月、クワントは「スペシャル・レシピ」シリーズを立ち上げる。最初はメイクアイテムのみで、商品もそのネーミングも6年前のものとはかなり違っていた。製品のナチュラルさを唱い、パッケージはクワントが溺愛するプラスチック素材を使いながら、ヴィクトリアンスタイルのファッションを意識したデザインでまとめている。クリームとリキッドのファンデーションは「ペイル・パティ（淡いパティ色）、ミドル・アース（ブラウンの中間色）、ナッツ・ブラウン（栗色）、カントリー・クレイ（粘土色）、ナチュラル・オークルの5種類の自然な肌色」[51]で展開され、その他のアイテムには、ルージュ、マスカラ、「天然鉱物由来の色素、植物エキス、蜂蜜、小麦胚芽、アーモンドオイルをたっぷり使った、素敵で悲しげな色味」[52]のリキッドタイプのアイシャドウ「アイシェーディング」があった。「コンセプト全体がノスタルジックで、パッケージは古風でロマンティックなデザイ

145　「精神科医による
と……午前の私はフレッ
シュで、あどけなく、完全に
人なつこくて……午後の
私は怒りをくすぶらせてい
て、セクシーで、完全に危
険」、マリークワント パフュ
ーム「A.M.」と「P.M.」の
広告、1966年

ンにしました。黒とゴールドのずんぐりと
した容器に、曲線を使ったやわらかなグ
ラフィックを黒とマスタード色とゴールド
で入れたかったのです」[53]。ラベルには
セリフ体のフォントが使われていて、麦束
のドローイングと「純正保証」「正真正銘
のオリジナル」の文字がレイアウトされて
いる。一連の広告では、素朴な木のテー
ブルに置かれた野菜のなかに、あるいは
デイジーが咲く草原のあちこちに配置さ
れた商品が映し出されている。その後、
数年をかけてスキンケア製品と、コールド
クリーム、フェイスマスク、香水、浴用化
粧品などのアイテムが追加されていく[54]。

　一方、メインの商品ラインも確実に進
化していた。1973年9月、「今まで思い
ついたなかで一番のアイデア」とクワント
が明言する「20色のクレヨン──どこに
でも使える色」が発売される。白、グレイ、
茶色、それから黄色、オレンジ色といった
明るい色のメイク用クレヨンで、シルバー
のホルダーがついていた。その10か月
後、パステルカラーの10本のクレヨンセ

ットが大々的に宣伝される。最初の製品
より厚ぼったくて、まさに絵を描くのに使
うクレヨンのようだ。これは、黒いデイジ
ーがついた鮮やかな黄色のメタルケー
ス入りで販売された[55]　[146]。その年は、
ジェル状の商品ライン「ジェリーベイビー
ズ」も登場し、「ジェル・スキンカラー」、「ジ
ェル・カラー」アイシャドウ、「ジェル・マス
カラ」などが発売された。このパッケージ
がまたしても独特だった。細い哺乳瓶の
形をした白い容器で、キャップが乳首の
形状になっていた。

　「愛の行為をおこなう時のメイク」より
も前衛的だったのが、男性用化粧品「メ
イクアップ・フォー・メン」の登場で、「かな
りのショックを引き起こし」、でもそのおか
げで「いたるところで、ものすごい宣伝に
なった」[56]とクワントは話している。1974
年にアメリカ版『コスモポリタン』誌に掲
載された広告では、「イーヴル・エメラル
ド」のマニキュアの指先にいたるまでま
ったく同じメイクをしている男女が登場し
ている。できるだけ素敵に見せたいのな
ら、男も女も「目のまわりに黒の『スティッ
ク』を少し。涙が出てもにじまないマスカ
ラを一塗り。マリーの新製品『ブラッシュ
ベイビー』のトフィー色で骨格をはっきり
させて、唇には透明できらきらする『グロ
ススポット』を使おうと提案される。そし
て「男性は、男性の容姿のまま、もっと素
敵に見えるのです」[57]と締めくくっている。
アイテムは男らしさあふれる黒のペイント
ボックスに収納されていて、「無色バージ
ョン、あるいは『ヘルシー』バージョン」
の保湿クリームと、コントゥアリング用の
2種のパウダーもセットになっていた[58]。

146 マリークワント・クレヨン、ロンドン博物館、74. 330/32kkb

1970年代、リバプールで10代を過ごしたフランキー・ゴーズ・トゥ・ハリウッドのリードボーカルのホリー・ジョンソンは、「メイクアップ・フォー・メン」の愛用者だった。「10代の若者の慣習に従って、まず、すっぴんで家を出て、最初の角を曲がったところでコンパクトを取り出し」、「エキゾチックな化粧をした、マージーサイド州の高級娼婦志望者」[59]へと変身したという。

　1977年、クワントは「最も効果的な成分で作られた最新の」スキンケアシリーズ、「スキンプログラム」を発表する。この商品ラインは「若返りの泉ではない」と、化粧品の広告には珍しく率直にクワントは伝えている。さらに「奇跡が起こるとは約束できない」と話しつつ、この新しい製品を決まった手順できちんと使い続けていくと、「使わないより、確実に若く見えるようになります」[60]と断言している。この主張が正しいことを証明するために、クワントはそれまで避けてきた行動に出る。「スキンプログラム」の広告に自ら登場したのだ。

その後の展開

　「スキンプログラム」が発売されるころには、ガラ・コスメティックス社はヘルスケア会社スミス・アンド・ネフューの傘下に入っていた。1980年、アメリカの化粧品ブランドのマックスファクターがガラ・コスメティッ

クス社を買収し、1991年にはマックスファクターがプロクター・アンド・ギャンブルの傘下に入る[61]。一方、1970年に日本でマリークゥント コスメチックス ジャパンが設立される。1903年に化粧品の卸業者としてスタートし、その後、製造会社へと発展し、社名変更したクラブコスメチックスの子会社だ[62]。ファッション専門店および百貨店を中心に販売され、1986年には日本全国に75店舗、1996年には200店舗へと拡大され、クワントはこの年に出版した本をマリークゥント コスメチックス ジャパン CEO の中山壽一に捧げている[63]。

　日本、そして日本の人々が大好きだとクワントはよく話していて、マクネア曰く、この関係は相思相愛だったという。「日本の女の子たちはマリーにとても共感していました。マリーのことが大好きだったのです」[64]。1980年代初期からアクセサリー商品が販売されるが、これはクワントが自ら言い出したのではなく、中山が説得して実現したものだ[65]。マリークゥント コスメチックス ジャパンの人たちは「クワント言語」を商品に反映することに長けていたとマクネアは評していて、最初は乗り気ではなかったクワントもオファーを受け入れ、新製品に取り組むためにしばしば来日していたという。クワントは日本で生産される商品の質の高さ、細部へのこだわり、そして自身の美感に重なる日

本人の美意識にとりわけ感銘を受けていた。1990年にリビー・パーヴスがおこなったインタビューでクワントはこう語っている。「『日本のお店を見るべきよ。お菓子屋さんみたいなの。おいしいものにあふれていて、とても小さくてかわいくて、素敵に包装されているの』。そういうと彼女は、下着とデイジーのロゴ入り袋に入ったお菓子を投げてよこし、緑のデイジーポーチからプラスチック製のレインウェアを取り出した。『ほらね、すべてが素敵にきちんとしているの。自分への小さなプレゼントという感じでしょう』」[66]。

日本でのビジネスが拡張するなか、クワントは美容についての実用書を数冊出版している。1984年、当時ヴィダル・サスーンのヨーロッパ支社長だった、ファッションジャーナリストのフェリシティ・グリーンとの共著『Colour by Quant（カラー・バイ・クワント）』が発売され、顔、髪、服の色使いのヒントを読者に提示している。意外なことに化粧品のブランドについての記載はいっさいなく、写真に写っているアイテムもどこの製品かわからないように配慮されている[67]。1986年には『Quant on Make-up: A Complete Guide to Creative Make-Up（クワント・オン・メイクアップ：創造的メイクの完全ガイド）』が、当時『ウーマンズ・ジャーナル』誌の美容編集者だったジャーナリストのヴィッシー・ベントレーとの共著で上梓される。表紙のデザインが異彩を放っていて、まるで『i-Dマガジン』のようだ。本に掲載されている18のメイクの一つで、歌舞伎とピート・モンドリアンの絵画にヒントを得た、ドラマティックな「ザ・グラフィック・フェイス」の

写真が使われている。このガイド本では、マリークワントの「アクション・ラッシュ」マスカラ、「カラーシャイン」リップグロス、コール、アイペンシル、フェイスパウダーなどが実践メイクに使用されている。

1996年には『Ultimate Make-up & Beauty（究極のメイクアップ・アンド・ビューティー）』が刊行され、これは1998年に『Classic Make-up & Beauty（クラシック・メイクアップ・アンド・ビューティー）』として再版された。メイクの流行は変化し続けるが、この本に記されている順を追った美容指南は、現代においても通用する内容だ。掲載された服とメイクアイテムは、アイヴス通り3番地のマリークワント・カラーショップで取り扱っていた[68]。1994年にオープンしたこのショップでは、日本で生産されたマリークワント化粧品とアクセサリーを販売していた。その前年にマリークワント コスメチックス ジャパンが全世界におけるマリークワントの商標権とライセンス権を取得している。2000年を境に、クワントはビジネスに関わることを辞めるが、クワントが化粧品にかけた想いは今も生き続けている。配合は変わっているかもしれないが、まぶたの下地に使う「アイ・グロス」、固形パウダーの「フェイス・ファイナル」、チークパウダーの「ブラッシュベイビー」は今も販売されている。そして「アウト・オブ・サイト（見えない）」という名のコンシーラー、「ビリオン・ラッシング（10億のまつ毛）」というマスカラ、「トーカティヴ・アイ（おしゃべりな目）」というアイライナーなど、クワントのスピリットを継承した新アイテムが誕生している[69]。

Quant and Advertising: Collett Dickenson Pearce

クワントと広告:コレット・ディケンソン・ピアースの手腕

ジャナイン・サイクス

クワントと彼女のブランドが人々の注目を集めたのは、ちょうど広告の黄金期だった。『ヴォーグ』や『ハニー』といったファッション雑誌のページをめくると、とりわけ1960年代には、必ずといっていいほどクワントのデザインが紹介されていた。衣服メーカーもストッキングメーカーも化粧品メーカーも、当時まだ高額だったカラー広告の出稿料を払えるだけの十分な予算があったということだ。さらに一流のクリエイターやコピーライターがいる広告代理店に、消費者の心を掴み、商品を買いたくなるような広告制作を依頼する財力もあった。小さな会社としてビジネスをスタートさせたクワントとパートナーたちは、高額な広告を打つことなく(バザーの一面広告を雑誌に掲載したり、1962年、マリークワントとしてブランドを立ち上げた際には出稿したりしているが)[1]、自分たちで宣伝のチャンスを巧みに作り出していた。また、ファッションエディターたちに支持され、クワント製品は30年以上にわたってさまざまな雑誌で取り上げられてきた。当初からクワントチームはロゴ入りのショッパーやレター用紙をツールにしてブランドのアピール力を高められることを理解していて、ブランド名が織り込まれたタグも、その名をさらに広め、忠実なファンを増やす助けとなると知っていた。ユースラインの下着、アリゲーターのレインコート、カンゴールのベレー帽と、クワントがデザインする商品をメーカーがライセンス契約で製造するビジネス方式が確立すると、雑誌広告が店舗での商品販売に大きく影響するようになった。出稿料を払うのはライセンス契約をしているメーカーで、広告を出すことでクワントのブランドへの投資に対して最大の利益を得ようとしたのだ。

クワントとプランケット・グリーンは、それまで目にしたことがないような広告キャンペーンの制作に熱心に取り組み、さまざまな代理店と密に連携していた。最も刷新的な作品が、マリークワント・コスメティックスの一連の広告だ(P188)。キングスロードの巨大ビルボード広告に48枚のシートを使って拡大された「泣いてごらん、ベイビー」「まつ毛、復活」が、地下鉄のサウスケンジントン駅に「シャドー・ボクシング」が掲示された。はじめて「泣いてごらん、ベイビー」のビルボード広告を目にした時、あまりにも驚いて「(運転していた)ミニ=マイナーをぶつけてしまった」と、クワントは2012年に回顧している。「そのころ、ポップアートがスケール感やビルボードサイズの画の可能性を広げていたのです。それで野外広告をとびきり大きくしてみたのです」[2]。

1970年代後半から1980年代を通して、マリークワントのコスメ広告は、創造性豊かなロンドンの代理店、コレット・ディ

Luminous
lids by
Mary.

Mary's gone Hi-Tech.
She's come up with some-
thing that'll knock you straight
between the eyes.
Cocktail Sticks.
Soft creamy pencils that
glitter and flash in twelve blazing
colours.
Brilliant, Mary.

ケンソン・ピアース・アンド・パートナーズ
（CDP、1960創立）が手がけていた。二社
の相性はこの上なくよかった。それぞれ
の分野の開拓者であった二社が一緒に
なって、ファッションと広告を使って何を成
し遂げられるのか、再定義したのだ。こ
のエッセイでは、「創造革命」[3]を扇動し
たマディソン街の広告マン「マッドメン」
たち、イギリスの美術教育の発展、雑誌
やビルボードの広告をさらに高画質へと
導いた印刷技術の進化など、戦後のイギ
リスの広告に影響をもたらした事項をた
どっていく。広告が、人々に新しい生活

やスタイルのあり方を想像させるツール
へと発展していく過程をのぞいてみよう。
　CDPは、アメリカの代理店ドイル・デー
ン・バーンバック（DDB）の取り組みに共感
し、アートディレクターとコピーライターが
チームとなって制作することを、イギリス
国内ではじめて試みた代理店の一つだ。
以後、アートディレクターとコピーライタ
ーが共同作業することが、大西洋を挟ん
だ両サイドの広告業界で一般的になって
いく。DDBの取り組み以前は、特にイギ
リスの代理店ではアートディレクションより
もコピー制作の方が重要と見なされてい

148　上／「マリーのブレイブ・フェイス（何食わぬ顔）、
ブレイブフェイス・フロム・クワント」、マリークワント・メ
イクアップの広告、1980年ごろ

149　下／「マリーのとてつもないデイ・アンド・ナイ
トの色あい」、マリークワント・メイクアップの広告、
1980年ごろ

Mary goes rustic.

A breath of fresh air from Quant.
Rustic colours for lips, eyes, nails and cheeks.

て、別の部署で作業がおこなわれるケースがほとんどだった。1949年にDDBを共同創立した[4]コピーライターのビル・バーンバックは、アートとコピーを統合体として扱うべきだという思いを共有するグラフィックデザイナーのポール・ランドと仕事をしたことがあった[5]。この経験からバーンバックはアートディレクターとコピーライターが一緒に作業する制作部をDDB内に新たに設立し、その結果、新しい創造性のあり方、とりわけ「ビジュアル」を前面に押し出したパワフルな広告が次々と産出されていく。この新しい体制を取り入れたCDPで制作された作品は、クライアントであるブランドが発信するメッセージをどこまでも明瞭かつ簡潔に表現し、他の代理店より抜きん出ていた。

　DDBが巻き起こした大きな変化は、1950年代後半にはじまった社会文化的な創造革命の一端だった。この広告産業の一大改革は、創造性を自分たちのビジネスの頂点に据えるCDPとマリークワント社によって例証されていく。そして世界有数の巨大広告代理店を創り上げていくサーチ兄弟など、次世代の革新者たちの刺激となり、あと押ししていくことになる。「サーチ・アンド・サーチが生まれたのは、マリー・クワントとアレキサンダー・プランケット・グリーンがいたからです。彼らこそ、クリエイティブで革新的な組織の元祖・支持者であり、ロールモデルなのです」[6]とモーリス・サーチは語っている。

創造的な広告

　広告代理店バートル・ボーグル・ヘガーティの創立者ジョン・ヘガーティは、イギリスの日曜紙『オブザーバー』の50周

年記念展覧会『別売不可』のレビュー記事で、1960年代の別刷カラー雑誌とそこに掲載されている広告は、戦後の豊かさを映し出し、かつ読者を刺激し、奮い立たせる新しい世界を視覚化することに重きを置いた創造のあり方を表現していたと解説している[7]。48シートで構成される最大サイズのビルボード広告など、印刷媒体を用いた広告が、ドン・マッカランやデイヴィッド・ベイリーによる写真、トム・ウルジーによるアートディレクションといったとてつもない創造性によってレベルアップしていたからだ。

CDPが制作に乗り出す以前は、マリークワントの、すべての人のためのラディカルなファッションデザインというコンセプトは、マスコミ報道を通して、そしてファッション雑誌に時々掲載する広告によって、既に世間に浸透していた。クワントとプランケット・グリーンは「今日の流行を作り出す」セレブリティー夫妻として、他のブランドの広告にも登場していた。その一例が1960年5月号の『ハーパーズ バザー』に掲載されているロングライフビールの広告で、読者が憧れるクリエイティブなライフスタイルが描かれている。

セリア・ハモンドを起用した1962年のマリークワントの広告には、独創的なアプローチが見られる[40]。ダイナミックな対角線構図で、モデルが左手に持つアクセサリー、あるいはハンドバッグに「マリークワント」とシンプルなコピーが記されている。1967年のカンゴールのベレー帽の広告では、モデルの耳にデイジーのイヤリングが飾られ、「マリー・クワントが、ぱっと思いついたのです」と書かれたコ

ピー中のOの文字がモデルのマグショットに置き換えられている。これはクワントの創造スタイルへの賛美だ[8]。1966年の「セロン」コートの広告でもこのアプローチが取られていて、当時のファッション写真やクワントの広告によく見られるスタイルなのだが、中性的なモデルが自信に満ちた様子でポーズを取っている[119]。1960年代ポップアートの流れを引く1967年の「泣いてごらん、ベイビー」のポスターは、まっすぐこちらを見つめる瞳が印象的で、これはクワントのコスメ広告に頻繁に登場する表現といえる[143]。1966年夏に『レイヴ』誌に掲載された広告も衝撃的だ。「最新の顔」となるメイク方法の説明の上に、肌にデイジーのロゴをまとっただけのエレガントでシュールな女性の姿が写されている[139]。綿密に作り込まれたアートとコピーが瞬時に人々の目を惹きよせるこれらの作品は、他の化粧品会社の広告とは一線を画していた。そしてマリークワントというブランドを巧みに社会に伝播していった。

ガラ・コスメティックス社（マリークワントの化粧品ラインの製造会社）でクリエイティヴ・マネジャーを務めていたジル・サクストンによると、CDP以前は、トム・ウルジーの制作会社やアルダース・マーチャント・ヴァインライヒなど、数多くの広告代理店がマリークワント・メイクアップの仕事を手がけていたという。それが1970年代半ばになると、マリークワントはCDPに依頼する。1960年の創立から2000年に買収されるまでの40年間に、CDPはイギリスの広告代理店のなかで最多の賞を受賞している[9]。多くのクリエイターを育て

151　上／「クワント・バイ・クワント。マリーの新しい香水」、マリークワント パフュームの広告、写真：デイヴィッド・ベイリー

152　下／「マリーのリップスティック・ディップスティック」、マリークワント リップグロスの広告、写真：デイヴィッド・ベイリー

Mary, we like your cheek.

Mary Quant's Blush Baby. In 5 saucy shades.

たことでも知られ、映画監督のリドリー・スコット、アラン・パーカー、デイヴィッド・パットナム、サーチ・アンド・サーチの創立者のチャールズ・サーチなどが名を連ねている。写真家のデイヴィッド・ベイリーもCDPと多くのキャンペーンでコラボレーションをおこなっている。

　CDPの制作作業は、アートディレクターのロン・コリンズ[10]がコピーライターのリンダ・マクドネル、アートディレクターのナイジェル・ローズと共に手がけ、クリエイティブディレクターのコリン・ミルワードがチームをまとめていた。1969年からミルワードはCDP全体の制作責任者となり、クワントのキャンペーンはコリンズが直接手がけることになる。ミルワードもコリンズもクワントも、アートスクール出身で、似たような美術教育を受けてきたことが、マリークワントというブランドの方向性を特徴づけていたのかもしれない。

　1946年、イギリス文部省は、戦後の

技術教育推進の一環として、アートスクールは産業に貢献する人材を育成すべきだと法令に定めた。国の産業基盤が変化するなか、イギリス政府は美術教育によってその進歩をあと押ししようとした。イギリスにおける産業と美術教育の繋がりは過去にも例があり、そのルーツをたどると、20世紀初頭のウイリアム・レサビーの建築作品が起源になっている。イギリス政府デザイン学校（1896年にロイヤル・カレッジ・オブ・アート、RCAに名称変更）の最初のデザイン学教授となったレサビーは、ウィリアム・モリスが主導したアーツ・アンド・クラフツ運動の思想を制度化し、ファインアート系のアカデミーとは違う路線として、中世の工房の伝統的なあり方を実践していく。1948年にはアーティストのロビン・ダーウィンがRCAの学長に就任し、シカゴのニュー・バウハウス校が発信する、（科学的）実験における独創性を重視した近代思想がイギリスのアートスク

ールに浸透していく。

　ダーウィンは、すべての産業分野について、各職業上の特質を学べるコースを設置し、これが美術教育システム全体に大きなインパクトを与え、戦前の美術教育で使われていたファインアート用語が、実験、リサーチ、デザインに置き換えられていった。こうした新しい創造的価値が、1946年のデザイン科国家ディプロマ（NDD）の導入など政府の改革と組みあわさって、イギリスの美術教育の焦点を、台頭するクリエイティブ産業に貢献する新しい自由主義へと方向転換させた[11]。

　クワントもコリン・ミルワードもロン・コリンズも、NDDを取得している。ミルワードとクワントはイラストとデザインのトレーニングを受け、1年間の美術教育コースも受講している。ミルワードはリーズ・カレッジ・オブ・アート（現リーズアーツ大学）を1949年に卒業し、クワントはそのころにゴールドスミス・カレッジに通いはじめる。その翌年にミルワードは広告の仕事をスタートし、1960年にCDPに入社する[12]。コリンズは1958年にリーズでグラフィックデザインのNDDを取得し、その後、RCAに入学している。ミルワードとコリンズは、クリエイティブ産業の経営サイドへと上り詰めていくだけでなく、クワント同様、業界の流れを変える革新者となっていく。その三人の創造性がぶつかりあったのが、CDP制作によるマリークワント広告だ。

　マリークワントの代表的なビルボード広告を検証する前に、作品に共通する主要なテーマについて記しておきたい。それはヘアスタイルだ。1960年代、ヴィダ

ル・サスーンが女性のヘアスタイル革命を起こし、ダークな髪のボブが新しい時代の象徴となった。1960年秋、クワントの髪を短くカットするよう依頼されたサスーンは、1920年代の映画女優のルイーズ・ブルックスの髪型をヒントに新しいスタイルを考案し、これが女性解放運動のシンボルとしてサスーンの顧客たちの間で広まっていく。1968年に出版されたサスーンの自伝によると、ある日、クワントが彼のところに相談にきたという。ファッションショーの時、モデルの髪が洋服にかからないようにしたい、と。シニヨンではないヘアスタイルを求めていたのだ。サスーンはばっさり切ることを、それもクワントと同じボブスタイルにすることをすすめた。「洋服の生地を切るように、髪を切るのです。簡単なことです。飾りなんかいりません。軽快ですっきりとしたラインだけです」[13]。クワントのファッション美学と自主性を反映して生まれたダークな髪のボブと、そこから派生するバリエーションは、クワント自身の、そして彼女のブランドを定型化するシンボルとなっていく[153]。この広告の構図の中心にあるのは魅力的な被写体で、ボブカットとコピーが巧みに機能してクワントという女性が象徴するすべてを人々に伝えている。コピーに含まれている「頬（cheek）」という言葉には「生意気」という意味もあり、クワントとブランドの姿勢を暗示しながら、チーク商品の広告であることは写真が明確にしている。そしてこの作品には、クワントのブランドとCDPのクリエイティブ戦略の独創性がありありと出ている。化粧品広告ではほぼないことだが、大胆にも、化粧

をしている女性の姿を——こっそりとおこなうのが慣習となっていた行為を——公共の場に大々的に登場させたのだ。

同時期に制作された広告では「クワント」という名前が鏡映している [151]。これはマン・レイの名作でフランス人モデルのアリス・プランの顔と黒檀の面が並んだ《キキとアフリカのマスク》(1926年)をイメージしたアートディレクションだ。パリを中心としたアヴァンギャルドアートの世界を表現することで、マン・レイの時代の急進的な芸術の概念を広告に取り込んでいる。フランス由来のアートに加えて、「フランスで製造」というシンプルなコピーがクワントの香水を、ルネサンス期に歴史が遡るとされるフランスの香水産業と巧みに結びつける。こうしてアートとコピーが組みあわさってブランドの価値を発信し、クワントを急進的かつ定評のある商業力として位置づけていった。また、こうしたビルボード広告にクワントではなく、モデルを起用することで、「クワントみたいになりたい」という願望だけでなく、「自分もああやってクワントみたいになれる」と実現の希望を人々に抱かせたのだ。

メイクアイテムと色を使って自分の容姿でいろいろ遊んでみる。この「実験」のコンセプトを駆使したクワントの独創的なアプローチが、ここで紹介する一連の広告のデザインに生かされている。「マリーの光り輝くまぶた」[147]、「マリーのとてつもないデイ・アンド・ナイトの色あい」[149]のコピーに、とりわけ顕著にあらわれている。「マリーの光り輝くまぶた」では、アートとコピーが相互に関連しあい、アイペンシルがアカデミー賞受賞映画『スタ

ーウォーズ』(1977年) に出てくるライトセーバーと化している。1980年代に入っても、マリークワント・メイクアップの世界は刷新的なアートディレクションで表現され、ただアイコン的存在だったボブヘアは、サイモン・フォーブスが考案したアンテナスタイルに取って代わった[14]。フォーブスのアンテナヘアとヴィヴィアン・ウエストウッドの1982年コレクション「サベージ(野蛮人)」が流行し、クワントの広告「マリーのブレイブ・フェイス(何食わぬ顔)。文明化した野蛮人のための新しい目、チーク、リップにネイル」のコピーとアートに、その流行がしっかり取り入れられている[148]。「マリーのとてつもないデイ・アンド・ナイトの色あい」では多民族のモデルを起用し、メイクの色味を華やかに引き立たせているが、これは当時、ファッションブランドの広告ではかなり進歩的で、大きな影響を与えた[149]。1970年代後半、他の文化の分野ではいろいろな人種のモデルが起用されるようになっていたが、ファッション写真と広告の世界ではほとんど例がなかったのだ。1970年代、1980年代にかけて、クワントの創造性がどのようにして継続していったのか、48シートで構成されたビルボード広告が明らかにしている。ヘアスタイル、あるいはクワントのようなスタイルのモデルを起用することで、マリークワントは時代を超えたブランドへと昇華した。

当時の最高レベルのグラフィック、アート、コピー、写真を取り入れ、クワントのブランドはその独自性を維持し、「勇敢に」「力強く」といったコンセプトを社会の変化を求める女性たちに発信し続けた。

CDP が制作したメイク広告はマリークワ
ントの創造性を讃え、クワントのようにな
ろうと目にした人たちに呼びかけた。きら
きらした仕上がりと鮮やかな色で、強く、
クリエイティブになろうと提唱したのだ。
この源には、クワント、ミルワード、コリン
ズが受けた戦後の美術教育があるのか
もしれない。フォルム、ライン、色、素材
についての基礎研究が、彼らの創造的
実践に大きな足跡を残している可能性も
ある。

　CDP に広告制作を託すことで、マリー
クワント社は時代との関連性をもち続ける
ことができた。CDP によって生み出され
た一連の広告は、クワントの何食わぬ勇
敢な顔を表現し続けた。そうすることで、
マリークワントというブランドがファッション
の世界を、そして化粧品の世界を大きく
変えてきたことを賛美したのだ。

1968–1975
Liberated
Fashion

PART 5　ファッションの解放

　1968年、『ヴォーグ』は1960年代後半のファッションの変遷を、「エネルギーと興奮の爆発」のあとの「新しい静けさ」の到来と表現した。マリークワントは、宇宙時代を意識したファッションの最前線を突っ走っていたが、クワントの洋服を愛用してきた女性たちはというと、「庭、子供、食事、夜のお出かけ」[1]用のファッションを必要とする年齢になっていた。ファッションはさらに多様に、さらに何でもありになり、何がトレンドなのかを見極めるのが難しかった。1930年代の映画スターのグラマラスな魅力を彷彿とさせるファッションを打ち出すデザイナーもいた。ロンドンのオジー・クラークやビバ、パリのイヴ・サンローラン（1966年9月にブティックのリヴ・ゴーシュをオープン）は、時代のムードに乗った服を作り、デザイナーが手がける既製服を求める顧客の声に応えていた。

　そうした流れのなか、クワントのデザインは流動感のあるものになっていき、薄いジャージー素材を使うことが多くなる[154]。スカートやドレスの丈は相変わらず短かったが、マキシ丈の流れるようなジャケットをあわせてバランスを外したコーディネートが増えていく。ライセンスビジネスが拡大し、ジンジャー・グループの洋服はルース・バートレット、フィオナ・クラーク、ジェーン・マーシュ、ジェイニー・ランジャー、のちに加わるリズ・ヴァレンティといったアシスタントたちと連動してデザインされることが多くなった[2]。クワントとアシスタントたちはチームとなって、さまざまな色、柄、織り方、手触りの合成素材、天然素材の可能性を最大限に活用した

服作りを展開していく[155]。すべてのデザインに対し、クワントが必ず最終的なゴーサインを出すことになっていた。

　シンプルな色の、なめらかでやわらかなジャージー素材を使用するようになり、クワント自身のイメージも変化していった。スカートではなくパンツルックで撮影されることが増え、時にはかなり男性的な服を着ることもあり、彼女の好みに加えて、ファッション界全体が中性的で非フォーマルなスタイルに向かっていたことが読み取れる。1969年、画家のブライアン・オーガンにポートレート制作を依頼した際には、白いTシャツとジーンズに長いベストをあわせている。この年、クワント

は王立芸術協会から産業のためのロイヤ
ルデザイナーに任命された。

　ジンジャー・グループは鮮やかで華や
かなパーティードレスを発信し続けてい
た。ビロードのような手触りのカラフルな
水玉のフロック加工、あるいはプリント加
工されたエンパイアラインのミニのキュロ
ットドレスは [157]、マリークワント・コスメ
ティックスのモデルだったナンナ・ビョール
ンスドゥッティルが特別な日に着ていたも
ので、その後、彼女の娘たちもパーティー
に着ていったことがあるという[3]。1971年
にはユースラインのアンダーウェアがすべ
てシンプルなブラとショーツのセットに切
り替わった [158]。ナイロン・ホーゼリー社
のカリー兄弟の管理下、ミッドランズで製
造されたこのセットは、体を一定の形に
押し込んだり、動きを制御することを否定
した現代的なデザインの下着で、水玉や
ストライプなどの模様入りが多かった。

　クワントの素材に対する強い興味は、イ
ンテリアへのアプローチと似ている。そう
指摘するのは、1970年にカンゴールか
らクワントに移籍してきたヘザー・ティル
ベリー・フィリップスだ。

　60年代がマリーのミニスカートで
知られるとしたら、インテリア分野へ
の参入は70年代に向けての彼女
の思想のあらわれだといえます。ファ
ッションの世界を変えたように、家
庭用繊維製品市場を活性化してほ
しいと、ICIファイバー社から声がか
かったのです。ICIファイバーは手入
れが簡単というコンセプトでナイロン
製のシーツと、濡れたまま吊して乾

かすメンズ用「ディップ・ドライ」シャ
ツを開発販売していましたが、思っ
たほどには成功しませんでした。最
初、マリーはポリエステルとコットン
の混紡を使い、一連の寝具類をデ
ザインしました。柄と色を巧みに組
みあわせたシーツ、枕カバー、布団
カバーで、紫、茶色、紺色、赤とい
った深い色彩を使っているのが画
期的でした。それまでシーツという
と、やわらかなパステルカラーばか
りだったのが、いきなり寝室がスタ

イリッシュな多目的スペースに変身したのです。このドルマ・ブランドの商品ラインには、ロールスクリーンや壁用の塗料、壁紙（ギンガムチェックがとりわけ人気でした）、カーテン、ソファカバーなどがすぐにプラスされ、住居空間にどんどん広がっていきました。戦後世代の人たちが成長し、自身の住居を構えるようになっていたのです。かつて彼女たちのファッションに大きな影響を与えていたマリーが、今度は彼女たちの住空間に影響とヒントを与えるようになりました。

1968年10月、『フィナンシャル・タイムズ』のジャーナリスト、シーラ・ブラックは、その年のマリークワント社の小売販売の推定黒字は840万ポンドで、1955年の年間収益1200ポンド、1961年の25万4000ポンド、1967年の675万ポンドと数値をたどってビジネスの大成長を報道している。マクネアの堅実な成長計画により、7年後にはライセンスビジネスのロイヤルティーが年3000万ポンドになる予定だった。相互尊重が基盤となっているクワント、プランケット・グリーン、マクネアの関係はこの上なく良好で、クワントの直感と未来図を動力に、プランケット・グリーンとマクネアがその実現に向けて強くあと押しするという構図のベースには、「おそれるのではなく、やってみよう」という共通の思いがあると三人はインタビューで答えている。その記事でマクネアは「スケジュールを立て、締め切りを設定し、そこに向けて詰めていく調整者」と描写されており、クワントもマクネアがいなかったら

「私は存在していないのです。こんな風には」[4]と認めている。

1969年までにバザーは3店舗とも閉店される[5]。収益を予想しやすいライセンスビジネスの方が、安定性があって採算にあうとマクネアがたきつけた結果だった。顧客が求めていることをデザインに反映するためには、実店舗でのやりとりが不可欠だと反論していたクワントにとって、バザー閉店は厳しいものだったと、2014年のインタビューでマクネアは振り返っている[6]。マクネアは、持ち株会社トーマス・ジョーダンを通して財務管理をしていた。マリークワント社を含むさまざまな株式を所有するトーマス・ジョーダンは、1975

と仕事内容について語っている [160]。

　1970年にマリークワント社に入りました。オフィスはアイヴス通りにあって、2階のちょっと雑然とした環境で働いていました。マリーとパメラ・ハワードとアレキサンダーと私のオフィスがあって、マリーとパメラには秘書が1人ついていました。アマンダ、マーガレット、リンダ、サラという順番で、みんな、それぞれの在職期間、とてもがんばってくれました。オフィスは本来アパートとして使われる空間で、小さなキッチンとバスルーム、それから大きな部屋の仕切りとなっているクローゼットがあって、これがとても便利で、そのシーズンのコレクションの服やアクセサリーを置いていました。

　とても少人数のチームでした。創立当初から三人組のマリー、アレキサンダー、アーチーには、それぞれに担当役員がついていました。マリーについていたパメラ・ハワードはデザイン、素材、制作室に関する責任を担っていました。アーチーの右腕だったのがジョン・ローラーソンで、ビジネス面の管理をしていて、慎重に作成された契約書の内容をライセンス契約社が確実に準拠するように目を光らせていました。そしてアレキサンダーと私は、マーケティングと広報が担当でした。アレキサンダーは服や他のアイテムの名前を考える天才で、ユーモアに富んでいまし

年に証券取引所に上場している[7]。それでもクワントのブランドの活動の中心はファッションであり続け、ジンジャー・グループのコレクションは1970年代半ばまで続く。それ以後は、セミクチュール・コレクションをロンドンのファッションウィークで発表するようになり、クワントが手がける他のデザインや商品の最先鋒となる創造性を提示していく [159]。

　クワントチームの一員だったヘザー・ティルベリー・フィリップスは、主にブランケット・グリーンと広報を担当していた。2018年のインタビューで、その時の体験

た。商品にぴったりのネーミングを使った販促活動を考え、実行するのはとても楽しかったです。

イギリス国外でファッションショーを開催する時、必要条件がつくことがよくありました。主に J.C. ペニーの店舗と通販で展開していたアメリカ市場は、他のライセンス契約社にとっても重要な存在でした。服の売り上げを促進するだけでなく、マリーの「トータルルック」が提示されて、メディア、得意先、顧客の目に広く届くからです。ニューヨーク市内の主要な店舗がマリーの服を扱っていました。プレス向けのファッションショーをサーディーズで開くため、9月にニューヨークに行くと、気温は30度を超えていました。空港に迎えがきて、そのままモデルのキャスティングに直行し、作業は夜までかかりました。何百人という女の子たちがショーに出たくてオーディションに参加したがっているようでしたが、ほんの数人しか選ばれませんでした。サイズ感が違ったので、マリーが好む男の子っぽい体型の子を見つけて、適切なルックスとヘアスタイルでどのように服を見せるかを理解してもらうのは、なかなか大変でした。大西洋の向こうに行くのは、はじめてのことだったので、アルゴンキンホテルに泊まれるなんてドキドキでした。ロンドンとニューヨークの時差に、とにかくびっくりしました。アレキサンダーはモデルのサラ・カレッジと一緒に翌日到

着しました（マリーは妊娠7か月で飛行機に乗ることができなかった）。インタビューとメディア活動が次から次へとぎゅうぎゅう詰めの3日間の滞在でした。

連日メディア発表で、フラッシュライトが光って、おいしい食事、というわけではもちろんありません。コレクションの詳細を徹底的に検討する長い会議や、グローバル展開している会社はどこもそうですが、方針や戦略、未来に向けた計画の話しあいがおこなわれました。耳を傾け、みんなの考え方を理解しようとする、というのが決まりだったので、どんなに意見が割れても、一番適切な結果が引き出されていました。物事を進めるタイミング、ライセンス契約社との繋がりや駆け引きを同時進行しながら、小売業者やメディアとコンスタントにやり取りをしてメッセージを正確に伝えるのが、日常生活の一部になっていました。マリーがもっている非凡なデザインの才能、彼女の魅力的な人柄、人を惹きつける力がみんなを団結させたのです。そして彼女の鉄のような堅い決意が、みんなをブランドの全体性を維持しようという気持ちにさせたのでした。

マリー、アレキサンダー、アーチーの魅力と、刺激的で巧みな動機づけが、毎日、よい結果となってあらわれていました。検査や審査に何時間もかかることがあっても、おもしろく、楽しいのです。毎日、違うことをやっ

ていました。写真撮影に使うアクセサリーを探そうとして、でもずっと先のシーズンのファッションなので、時期が早すぎて、全然見つからなかったこともありました! 海外のプレスからインタビューや寄稿の依頼や、新しいコレクションの詳細の問いあわせに対応したり、「50年後、私たちは職場にどんな服を着ていくようになると思いますか?」とか「現代の女性は、どうやって妻として母として家のことと、仕事を同時にこなしているのでしょう?」といった質問への回答を提供したり、重要なコレクションの発表前には世界の大御所ファッションジャーナリストたちの関心を引き起こすように動いていました。

マリーとアレキサンダーの息子、オーランドが生まれたのは1970年11月4日で、ちょうどそのころにインテリアデザイン製品が発売になったのです! 当然、彼女は忙しくて、大手小売り店舗にベッドまわりやインテリアのディスプレイを設置するイギリス国内ツアーには、アレキサンダーとパメラと私が出動しました。マリーのインテリアのコンセプトはとても実用的で人気が高く、キッチン用品やテーブルウェア、絨毯、ベッドやベッドボードまで展開することになりました。

マリーの素晴らしい才能は、今でも私たちの日々の生活のどこかに感じられるはずです。遠い未来に対する

彼女の直感が、野心、希望、自由、好機、決まり事を拒む姿勢、そして「そんなことできないわよ」という人に対して、「あら、できるわよ!」というマリーの反応を培養したのです。そして実際、彼女は可能にしていました[8]。

ヘザー・ティルベリー・フィリップスは、アイヴス通りで働いていた時代のマリークワントのアイテムを複数保管していた。そのなかの一着がアラブの民族衣装カフタンを思わせるフードつきドレスの「マンハッタン」で、テキスタイル会社ワーナーズのエディー・スクワイヤーズがデザインした高層ビルの模様がプリントされている [161]。1973年に結婚した時には、エドワード朝時代の服装をした女性のシルエットが模様になったクレープ生地のジャケットとスカートを着て新婚旅行に出かけたという [163]。この模様入りのアイテムは、ティルベリー・フィリップスの同僚だったパメラ・ハワード・メイスのコレクションに含まれている。

2013年、クワントがデザインした一連の洋服を、パメラ・ハワード・メイスのゴッド・ドーター(名づけ子)のリンダ・カービーがV&A博物館に寄贈してくれた。ハワード・メイスは、1964年からまず短期間マリークワント社で働き、しばらく離れたあと1968年に戻ってきた [166]。マクネアの手紙に、マリー・クワントの秘書として2600ポンド、社用車(フォード・コーティナ1500cc)、年金給付という雇用条件が提示されている[9]。この条件で再雇用されたハワード・メイスは、1970年代後半まで

勤め、その間にデザインディレクターに昇進している。ファッションとデザインへの強い興味をもっていた彼女は、戦後の時代にチャンスを手にしていった。

学生時代の友人のドロシー・カービーは、パメラについて「最初からスタイルとファッションの素晴らしい才能をもっていました。彼女の父親が厳しかったのと、配給のクーポンが足りなかったせいで、ちゃんとした制服を着ることすらできていなかったけれど」と振り返る。

パメラは16歳で学校をやめて、週刊誌『ホーム・ノーツ』の美容部門で働きはじめました。自分のお金を手にした彼女は、「ニュールック」のやわらかいグレイのスカートにロイヤルブルーの短いジャケットと帽子をあわせた、最高にスタイリッシュな服装であらわれて、友達を驚かせました[10]。

冬のコートを買うお金がなかったハワード・メイスのことを心配して、友達の母親が1着買うようにとお金を渡したこともあったという。1951年ごろ、19歳のハワード・メイスは、国の補助航空券を利用して南アフリカにあるイギリスの植民地ローデシア（現ジンバブエ）に渡り、政府の仕事に就いた。南アフリカ滞在中、衣料品会社に転職し、1964年にイギリスに帰国後、マリークワント社で働きはじめる。洋服と共に寄贈された写真には1971年の秋コレクションの一着を着ているパメラが写っている[165]。ポップスタイルのニッカーボッカー、編み上げブーツ、アーミースタイルの半パン、たっぷりとしたハーレムパンツなど、その年に発表したコレクションのアイテムを身につけたスタッフ

164　左／マリークワント チ
ュニックとニッカーボッカー、
1974年、素材：機械編みの
ウール、寄贈：リンダ・カービ
ー（洗礼親のパメラ・ハワー
ド・メイスの思い出と共に）、
V&A: T.28-1 to 2-2013

165　下／パメラ・ハワード・
メイスとマリークワント社のス
タッフとモデルたち、1971年

とモデルの中央にいるのがパメラだ。

　質の高い生地を使うことを重視するマ
リークワント・ジンジャー・グループの姿勢
は変わらず、コレクションではリバティプ
リントのウールを取り入れることが多かっ
た。その一例が、V&A博物館が所蔵す
る1971年のドレス「アリス」だ[168]。マ
ーシャルフィールド百貨店向けに作られ
たバージョンがあり、ジンジャー・グルー
プのコレクションがその時点でも、アメリ
カの百貨店に輸出されていたことを示し
ている。20ポンドで販売された[11]このド
レスの、小売業者へのプロモーション用
ファッション写真は田舎で撮影され、街で
のディナーにもぴったりです、とキャプショ
ンに書かれている。

　マリークワントのフレアパンツとスカー
トは、1970年代初期から流行り出した
厚底靴（プラットフォームシューズ）で足元を
決めるタイプが多く、1971年、ロンドン
のマーシャル・アンド・スネルグローブで
の発売を皮切りに、一連の厚底靴がライ
センス製造された[12][167]。

　翌年には新しいライセンス商品が展開
される。男性用ネクタイは、ヴィダル・サ
スーン、マイケル・パーキンソンといった
著名人たちが着用してモデルとして広告

166 左／マリークワント リバティプリントドレス、1973年ごろ、素材：シルクプリント、シャーリング加工、寄贈：リンダ・カービー（洗礼親のパメラ・ハワード・メイスの思い出と共に）、V&A: T.25-2013

167 下／マリークワント 厚底靴、1972年、所有：クリスティ・キングダム=デニー

に登場し、ワイズマンとの提携でメガネとサングラスが発売される。その後、1977年にはポラロイドのサングラスをデザインしている。海外でのライセンスビジネスには、南アフリカのバーグ・リヴァー社によるベッドリネンや、フォアラーという企業が手がけて北米で販売された文房具などがあった[13]。1973年には、チャーター航空会社コートラインのユニフォームをデザインしている。最も顕著な動きは、新しいスキンケアとコスメ商品「スペシャル・レシピ」の立ち上げにあわせてクワントが来日したことだ。1970年のマリークヮント コスメチックス ジャパン創立以降、日本市場での人気は確実に高まっていた。

1960年代に創立し、1970年代に入っても大衆に幅広い選択肢を提供し続けるブランドは数多くあった。そのなかにあって、マリークワント・ジンジャー・グループのアイテムは比較的値段が高かったため、特別な日のために購入する人が多かった。1972年に結婚したヴィヴィアン・ウェアリングは、マリークワント・ジンジャー・グループのドレスを新婚旅行で着たという [170、171]。V&A博物館にこのドレスを寄贈した際、ウェア

168　右／マリークワント・ジ
ンジャー・グループ　秋コレクシ
ョン「アリス」、1971年、ロン
ドン・カレッジ・オブ・ファッショ
ン・アンド・ウールマークアーカ
イヴ

169　P227／マリークワン
ト・ジンジャー・グループ　ウエ
ストタイつきドレス「アリス」、
1971年、素材:リバティ社製
のヴァルナ・ウール、シカゴの
マーシャルフィールドで販売、
V&A: T.84-1 to 2-2018

リングはビバ、ジェフ・バンクスでよく服を
買っていたこと、しかし10代のころ、服
への興味が生まれたのはクワントの影響
が大きかったということを話してくれた。
ルーシー・クレイトン・チャームアカデミー
のモデルスクールに通ったウェアリング
は、バーナーズ通りにあった卸売会社ヴ
ェロナ・ファッションのハウスモデルになっ
た。「マリークワントのドレスを着るのは、
とてつもなく楽しくて、この写真は46年
間一緒にいる私たちのスタート地点の思
い出です」[14]と2018年に話している。

1973年、輸出に貢献したファッション
デザイナーたちを讃えるイギリス海外貿
易委員会のイベントのために、スノードン
伯爵(クワントの友人のアンソニー・アームストロ
ング＝ジョーンズ)がイギリスの10名のトッ
プデザイナーたちのグループ写真を撮影
した[15]。中央上部にクワントの姿があり、
彼女同様に活躍し続ける同世代クリエイ
ターのジーン・ミュアー、ジーナ・フラティ
ーニ、テア・ポーター、そしてクワントとバ
ザーに影響を受けたという若い世代のジ
ョン・ベイツ、ティム・ガードナー、ビル・ギ
ブ、アリス・ポロック、ザンドラ・ローズ、オ

ジー・クラークが白黒写真に収まっている
(ナショナル・ポートレート・ギャラリー：P1937)。

クワントが手がけたなかで絶対に忘れ
られないプロジェクトといえば、1973年
1月、ハロゲート玩具展示会でデビューし
たデイジー人形だろう[172、173、174]。
ヘザー・ティルベリー・フィリップスがその
時のことをこう話している。

マリーは中性的なスタイルが好きで
した。でもガーリーなドレスや装飾
にあれこれ手を出していて、彼女が
とても愛していたデイジーは、小さ
な女の子たちが憧れるたっぷりとし
たブロンドのロングヘアでした。革
のジャケットとズボンをはいているデ
イジーの「妹」の「ハヴォック」のこ
とを、私の分身よ、とマリーはよく冗
談でいっていました。ハロゲートの
玩具展示会で発表して、その直後
にニューヨーク(まだ、みんな、クリスマ
スの玩具に囲まれた疲れがなんとなく残っ
ている時期に)、それからブライトンの
展示会に行きました。凍えそうな寒
さで、風が冷たくて、でも次の休暇

Lola
CS20/8

More
stunning
fashions for
Daisy by

MARY QUANT

Internationally famous
designer, Mary Quant,
makes Daisy the best-
dressed doll in the world.

Fashions for Daisy by
MARY QUANT

Daisy ® a girl's best friend

Fashions for
Daisy by **MARY QUANT**

For ages 4 years and above ✿ **MARY QUANT**

Flossie
65227

More
stunning
fashions for
Daisy by

MARY QUANT

Internationally famous
designer, Mary Quant,
makes Daisy the best-
dressed doll in the world.

Fashions for Daisy by
MARY QUANT

For ages 4 years and above.

Huckleberry
CS20/1

More
stunning
fashions for
Daisy by

MARY QUANT

Internationally famous
designer, Mary Quant,
makes Daisy the best-
dressed doll in the world.

Fashions for Daisy by
MARY QUANT

シーズンに販売される画期的な玩具や素晴らしいアイデアを見るのはとてもわくわくするものでした。

デイジーと同じファッションアイテムを着たクワントのモデルたちがランウェイを踊りながら進むと、真面目で堅物な感じのバイヤーたちが熱狂的に拍手をしながら、「デイジー、デイジー、返事を聞かせて」（ハリー・ダグレの『デイジー・ベル』の一節）と歌ったのです！　その後、ボーイッシュな赤毛の人形のハヴォック（「大混乱」という意味）がバイクに乗って登場したのですが、そのエンジンの振動がすごくて、天井の石膏が観客の上にぱらぱらと落ちてきました！

意図的ではなかったけれど、ものすごく愉快な宣伝になりました[16]。

このデイジーシリーズを発案したのは、第二次世界大戦に戦闘機パイロットとして従事した実業家のトーキル・ノーマンで、のちに彼が1980年に創立したブルーバード・トーイズはポーリー・ポケットといった大ヒット商品を生み出している。ノーマンは、バザーで買い物をしている時に、クワントとブランケット・グリーンと出会い、家族ぐるみのつきあいをするようになり、オーランドの洗礼親にもなっている。1963年に発売され、1968年には大人気となった着せ替え人形シンディも、ファッションデザイナーのマリオン・フォールと

サリー・タフィンがファッションアイテムをデザインしていた。デイジーはそれより少し小型で低価格で、クワントが創作した洋服をたった1.3ポンドで買うことができ、子供たちがおこづかいで手にすることができるという点が大きく違った。マリークワントのデイジーのロゴが入ったファッションパックが別売りされ、厚底ブーツ、帽子、バッグなどのアクセサリーは30ペンス、ハンガーつきのトータルファッションは60ペンス、ファッションパックは90ペンスだった[17]。香港のモデル・トイズ社が製造し、デザインと販売はイギリスのバーウィック・ティンポの子会社のフレア・トイズが手がけた[18]。身長23cmのデイジーは、シンディやバービーよりも少し小さく、マネキン制作者のアデル・ルートスタンが創作した頭部は、ブロンド美人の無邪気さと大人のグラマラスな魅力が融合していた。人形用の洋服は、クワントのコレクションをそのまま小さくしたもので、ラメ糸とサテン地で作られたパーティドレス「ラズル・ダズル（眩惑させる刺激的なプレー）」「フル・フル（衣擦れの音）」、丈の短いフェイクファー・ジャケット「テディ・ベア」、厚底ブーツ、光沢のある赤のマックコート「雨に唄えば」などがあり、プラスチック製の赤い小さなミュールがついていた。こうしたアイテムの小さなサンプルも、本物のコレクションサンプルを手がけるチェルシー地区のアイヴス通り本社の制作室のスタッフによって作られた。

　シールブックや紙の着せ替え人形セットも発売され、デイジーのライフスタイルが創造されていった。パイン材を使ったキッチンには、白地に青の絵柄入りの陶器が並んでいて、エプロンはギンガムチェック柄で、古着屋でドレスを試着したりもする。そんなデイジーに女の子たちは憧れ、人気が高まり、1973年には『My Fashion Diary（私のファッション日記）』という本が出版され、『My Exciting Life as a Reporter（私のエキサイティング生活：リポーター編）』『My Glamorous Life as a Ballerina（私のグラマラス生活：バレリーナ編）』など、1977年までに5作が発売された。

　これらの本のイラストを手がけたのはジョーン・コーラスだ。オーストラリアで学び、ロンドンにやってきたコーラスは、マーブル・アーチにあった衣料メーカー、C&Aモードの宣伝部に勤務したのち、フリーランスとなり、女性誌や業界誌にさまざまなスタイルのイラストを寄稿していくうちに、本のイラストをメインに手がけるようになっていた。そのユニークなイラストは切り取りやすい形状になっていて、ファッションをメインにしたデイジーの生活を通して、ショッピング、外出、食事とマリークワントの提唱するライフスタイルが前面に押し出された。

　1974年、クワントとはかなり違う路線のスタイルをもつ、ハヴォックが登場する。デイジーの妹で、ちょっとアウトローで男の子っぽい性格をしているという設定だ。持ち運びできるドールハウスも登場し、デイジーたちの洋服にマッチするスタイリッシュな家具が揃っていた。スコットランドは、ラナークシャーのショッツに本社があるモデル・トイズ社の製品で、このドールハウスも香港で製造された。

　デイジー人形は1973年11月にロン

ドン博物館でスタートした『マリークワントのロンドン』展にも展示された [175]。1971年3月にディレクターのジョン・ヘイズがクワントに打診をしたことから実現したこの展覧会では、1956年の水玉のパジャマから、1973年のコレクションを代表する「アランデル」シリーズまでの55点のファッションアイテムが展示された [176]。この展覧会の開催を、最初クワントは躊躇していたと、ヘザー・ティルベリー・フィリップスは語っている。

マリーは控えめな人で、インタビューを受けることに苦痛を感じていて、それが彼女の生活を難しくしていたのです。世界中のメディアがマリーの話を聞きたがっていました。発売されたばかりの商品の背後にある思いや、現在の状況についてどう思うか、彼女の説明を望んだのでした。しかしそれが、映画でもテレビでもラジオでも、よく知っているイギリスの新聞記者でも、マリーは自分の内気で人見知りする性格と戦わなくてはなりませんでした。アレキサンダーのサポートはとても重要で、彼の魅力であるユーモアに富んだおおらかな立ち居振る舞いが、その場の雰囲気をやわらかくして、マリーも明晰で楽しげな、自然な自信を徐々に取り戻すことができました。そして、その時に手がけているプロジェクトへの思いや熱意を説明しているうちに、後ろ向きな感じはすっかり消えてしまうのでした。

ロンドン博物館のディレクターのジョン・ヘイズが打診してきた時も、まさにこのケースでした。ケンジントン・アンド・チェルシー王立区での最後の展示は、マリーの功績を讃えるものにすべきだという打診で、マリーを説得するのに相当の時間をかけていました。「そういう評価的なことは、普通、死んだ時にするでしょう」とマリーは話していましたから。でも彼女のためらいは消えて、1973年11月から1974年6月まで開催された展覧会は大人気で、大成功におわりました [19]。

展覧会のカタログを見ると、多くの展示アイテムはパメラ・ハワード・メイスやヘザー・ティルベリー・フィリップスといったマリークワント社と繋がりのあるメンバーを含む人たちの私物で、その一方、関係者以外の個人から貸し出されているケースも見られる。主要アイテムを年代順に展示しようと、クワントの服を貸してほしいと一般の人たちに呼びかけたところ、応じてくれたのだ。長年にわたり、クワントはものすごいスピードで大量のデザインを産出していたので、アーカイヴとして保管しておこうという考えが会社になかったのだ。展示品はクワント自身からの貸し出しがほとんどで、なかにはオリジナルのデザイン画をベースに新たに作られたアイテムもあり、商品化された時にサンプル制作を手がけた制作室のスタッフによって再制作されたものが多かった [20]。カタログには、アイテムが販売された当時のファッション写真や、バザーのウィン

175　左／「マリークワ
ントのロンドン」展のディ
スプレイ、ロンドン博物
館、会期：1973年11月
23日-1974年6月30日

176　P235／マリーク
ワント アンサンブル「ア
ランデル」、1973年、素
材：ウールジャージー、寄
贈：マリークワント、V&A：
T.114 to C-1976

ドーディスプレイの様子も紹介されてい
る。実際の展示でもファッション写真が組
み込まれ、服はマネキンにダイナミックに
飾られた。展示設計を担当したのは、バ
ザーのウィンドーディスプレイを手がけた
こともあるマイケル・ヘインズだ。クワント
製品のベッドリネンでまとめた真鍮のベッ
ド、「ナチュラル・レシピ」シリーズの化粧
品が並んだアールヌーボーのドレッサー、
1970年代に大流行したオリヅルランの
鉢を載せたミニテーブルが配置された部
屋のセットもあった。
　1974年、1時間のドキュメンタリー番組
『BBC2ライフスタイル』シリーズにクワン
トが登場し、プランケット・グリーンと共に
工場を訪れたり、さまざまなプロジェクト
の進捗状況を確かめる会議に参加する姿
が撮影されている。イギリスの総合化学

会社ICIが登場するシーンもあり、翌年、
クワントたちはICI社のクリンプリン素材
（しわが寄りにくい合成素材）を使った生地を
コラボレーション展開している（P238）。『ファ
イバー・ポスト』[21]は「独創的で売れ行
きが期待できる」と紹介記事を掲載する。
シリーズの生地同士で組みあわせやす
く、細かいデザインなので、「忙しい主婦
や仕事をする女性でも簡単に（服を）作れ
る」と記している。その後、さらに扱う商
品は多様に広がり、マリークワント・ジュエ
リーやワインまで登場する。当時のことを
ヘザー・ティルベリー・フィリップスはこう振
り返る [177]。

　　マリーは常に現状と理想の差を見
　　抜き、ビジネスチャンスを捉えようと
　　していました。ワインにしてもそうで

す。1974年は、まだ、家族の食事
の買い物をするのは女性、という時
代でした。角の店やスーパーから
重いボトルを何本も持って帰るのは
たやすいことではない、ということで
ワインの通信販売というコンセプト
が生まれました。家族ぐるみのつき
あいをしていたワイン通のデイヴィッ
ド・スティーヴンズとマリーとアレキ
サンダーが（1、2杯のワインを飲みなが
ら）この考えを思いついて、日曜の
新聞についてくるカラー別刷全紙に
全面広告を打って、コート・デュ・ロ
ーヌ、コート・ド・ボーヌ・ヴィラージ
ュ、ブルゴーニュ・アリゴテ、ブラン・
ド・ブランといった彼らが好きなおい
しいワイン、それからシャンパーニュ
を通信販売したのです。そうしたら
月曜日の朝（当時は日曜日も郵便回収
をしていたので）、玄関のドアを開ける
のが大変なくらいの大量の郵便物
が届いて、それとは別に注文書と
チェックが入った封筒を大量に積ん
だ郵便配送車もやってきたのです。
人々が彼女の感覚を信頼している
ということを目撃できた出来事でした。
そしてうまくいったのです！[22]

ジンジャー・グループのコレクションは
1975年春夏が最後となり、サウス・モル
トン通りのオフィスとショールームはその
年に閉鎖となった。その後、クワントはセ
ミクチュール形式でコレクションを発表す
るようになる。マリークワントのレッグウェ
アは相変わらず人気で、定番ブランドに
なっていた。1975年には、クワントの友

177　マリークワント・ジ
ュエリー、1976年、マリー
クワントアーカイヴ

人のシャーリー・コンランが、働く妻たち、
母たちを応援する手引書『Superwoman
（スーパーウーマン）』を上梓している。コン
ランの依頼で、当時イギリスで最も知られ
るキャリアウーマンであったクワントが序
文を寄せている。仕事と旅に時間を搾取
される家庭生活にどう向きあっているの
か、クワントは自嘲的に、そして嘆きを込
めて説明している。化粧品、レッグウェア、
家具のライセンス商品開発のために日本
に行く回数が増え、マリークワントのビジ
ネスは世界市場へと移行していく[23]。

178　左／マリークワント ソックス、1976年、マリークワ
ントアーカイヴ

179　下／マリー・クワントとモデルたち、1975年、写真：
セントラル・プレス、ナショナル・ポートレート・ギャラリー：
x182403

Selling the Total Look: Quant and Interiors

トータルルックの販売戦略：クワントとインテリア

ヨハンナ・アガルマン・ロス

*「『マリークワントの部屋』になんかな
らないと思います。組みあわせ方が
無限にあるので、みんな、自分のバ
リエーションにたどり着くと思うので
す。あとからつけ足すのも簡単なん
です。ちょっと買い足せばいいだけ
なので」*[1]

　1970年、イギリスの化学会社 ICI ファ
イバー社とマリークワントのコラボレーシ
ョン第1弾が発売された。「素晴らしいニ
ュース！　ICI ファイバーとマリークワント
が家具にハイファッションを取り入れたの
です！」とコピーが書かれた広告には、ブ
リ・ナイロン製の生地を手にするマリーの
姿があった。最初のコレクションはカーテ
ン、ブラインド、ソファカバー、シーツなど
の寝具がメインで、翌年には ICI ペイン
ツから壁用の塗料と壁紙も発売された。
　20世紀の一時期において、イギリス
最大手の総合化学会社の一つであった
ICI は、1926年、ブラナー・モンド、ノー
ベル・エクスプローシヴ、ユナイテッド・ア
ルカリ、ブリティッシュ・ダイスタッフの4
社が統合して設立された[2]。医薬品から
農薬まで幅広い化学製品を製造し、プラ
スチック、塗料、合成繊維の開発のパイ
オニアでもあった。1930年代にはアクリ
ル樹脂のパースペクス、1940年代には
合成繊維のテリレン、1950年代にはテリ

レンを改良したクリンプリンを開発してい
る。マリークワントは、1960年代にテリ
レン素材を使ったファッションを展開して
その普及に一役買い、1974年にはクリ
ンプリン素材で服飾用の生地をデザイン
している。1960年代後半、クワント、ブ
ランケット・グリーン、マクネアは、ICI とイ
ンテリア用ファブリックの開発についての
話しあいをはじめている。「彼女は既にフ
ァッションビジネスにおいて、他社との共
同作業で大きな成果を上げていたので、
ICI はそのファッション界での経験を家庭
用テキスタイルに生かしたいと考えたの
です」と、ICI のマーケティング責任者だ
ったジュリアン・ハーストが、1972年、ク
ワントによる新しいインテリアコレクション
についてイギリス公共放送 BBC のインタ
ビューで話している[3]。

ライフスタイル
アクセサリーの登場

　マリークワントが新しいビジネスに乗
り出した象徴ともいえるインテリア製品
は、インテリアデザイン、ライフスタイル
アクセサリーといった、戦後のイギリス
で発展途上にあった分野に対する人々
の関心の高まりを反映していた。「店
に行くと、ほしいと思う商品を目にする
ことが増えてきて、新聞や雑誌を開くと

180　チェルシー地区の
ドライコット・プレイスの
自宅でのマリー・クワント、
1967年

魅力的な写真が掲載されています。消
費者はこうした商品をライフスタイルアク
セサリーと捉えるようになったのです」[4]。
イギリスでは1947年にインテリア雑誌
『ハウス・アンド・ガーデン』が創刊され
る。上流社会向け雑誌だった『クイーン』
も、1957年、若者を狙ったライフスタイ
ルマガジンへとリニューアルされ、1962
年にはイギリスの新聞ではじめて『サン
デー・タイムズ』が別刷カラー紙を発行
し、1964年、日曜紙の『オブザーバー』
が創刊される。
　1950年代、インテリアスタイリングと
いうと、ヒールズやリバティ百貨店とい
ったデザイン重視の高級店が顧客に向
けて提示するものだった。1960年代に
入ると、1964年にテレンス・コンランが

インテリアショップのハビタを立ち上げた
り、1965年にフードライターのエリザ
ベス・デイヴィッドがピムリコのボーン通
りに輸入調理器具を扱うショップをオー
プンしたり、若者を含む幅広い層へと広
がりを見せはじめた。「鉄の棚には、い
ろいろな形のケーキ型にクッキー型、伝
統的な色味の土鍋に器に皿、分厚いア
ルミ、鋳鉄、琺瑯、耐火磁器の鍋とフラ
イパン、クラシックな形状のシンプルな
食器、美しいナイフとスプーンとフォーク
のセットがずらりと並んでいる」と、この
デイヴィッドの店について『オブザーバ
ー』のスタイルライターのヘザー・スタ
ンドリングが1966年に記している[5]。老
舗のデザインショップは、安価で誰でも
簡単にできるインテリアの展示やイベント

を開催して若者層を顧客に取り入れよう
とした。1965年4月のヒールズのイベ
ント招待状には、コンランの妻でありデ
ザインライターのシャーリーと、『オブザ
ーバー』のカラー別刷のコラムが謳わ
れている。「シンプルなホームインテリア
作りのアイデアをヒールズに見にきてくだ
さい。シャーリー・コンラン監修の展示で、
『オブザーバー』のカラー雑誌に掲載中
の彼女の最新コラムをベースにしていま
す」[6]。

　ユニークなロンドンルックの仕掛け人
として表舞台に立ちながら、クワントは
1960年代を通してさまざまな雑誌でライ
フスタイルについても提唱していた。例
えば1967年の『ハニー』の付録冊子に
「生活をデザインするということ」という
記事を寄せている。「適度に常識を外れ
るのはいいことです。自分の部屋の装飾
で試してください。人々は驚くのが好きな
のです。独創性に新しさを感じられるとい
う意味で」[7]。1960年10月号の『ヴォー
グ』に掲載されたリバティ百貨店のインテ
リア展示に関する記事で、クワントは人を
楽しませる彼女の気質が感じられるテー
ブルセッティングを紹介してほしいと頼ま
れている。

　　プランケット・グリーン夫人は、パイ
　　ン材のテーブルに新しいものと古い
　　ものを自由自在に混ぜあわせます
　　が、それは彼女の非常に個性的な
　　ファッションの才能と呼応しているの
　　です……アンティークを過度に丁重
　　に扱うことなく、色や素材を混ぜあ
　　わせて、スカンディナビアからやって

きた新しいものとヨーロッパの古い
ものを好きなように組みあわせてい
ます[8]。

　1964年、『アイデア・ホーム』誌でクワ
ントは、チェルシー地区の自宅アパートメ
ントについて語っている。

　　空間というのが好きで、意味のない
　　かっこいいものばかりを置いたシン
　　プルな単調さから脱しなくてはいけ
　　ないと思うのです。私にとって色が
　　大切なのは当然で、でも色への直
　　感は変化します。去年、このアパー
　　トメントの内装をデザインしていた
　　時、服に使っていた色が鮮やかな
　　赤と黄褐色だったので、部屋にも取
　　り入れました。洋服のデザインと同
　　じで、中間色とあわせて際立たせる
　　のが好きです。服だったらベージュ、
　　家具だったらパティ色です[9]。

　プランケット・グリーン邸はアンティー
クとモダンなデザインが折衷する空間だ
った。ヴィコ・マジストレッティのカリマー
テチェア（当時は最高にモダンだった）がイタ
リア製の大理石のラウンドテーブルを囲
み、伝統的な赤いレザーのチェスターフ
ィールドソファの隣にハビタのスタイリッ
シュなコーヒーテーブルが置いてあり、ジ
オ・ポンティのスーパーレジェーラチェア
（1940年代後半にデザインされたもの）のほっ
そりとした姿がスペイン製のラグマットと
見事な対比を成している。ミニマリズム
や無機質さに偏りすぎないモダンな魅力
があり、住居という空間が住む人の個性

Shop in Knightsbridge

Designers: Conran Design Group

The clients required a simple, unobtrusive design which would not conflict with the clothes on display, and a large number of storage and display units. This has been achieved by a combination of white walls, grey carpet, natural timbers and studded leather colours.
4. the shop front has an unusually low frontage of Honduras mahogany.
5. louvred timber doors to the fitting rooms under the mezzanine.
6. the display fitting on the mezzanine and above is the pine slats of the false ceiling.
7. the staircase leading to the mezzanine display area and offices has teak

treads, a Columbian pine string and steel brackets.
8. on the facing page ......, the central counter for jewellery display is of rosewood with brass trim and has a leather top. It is lit by a cluster of 34 lamps with the lamp-holders encased in brass sleeves.

181 「インテリアデザイン:ナイツブリッジの店」、『アーキテクチュラル・レビュー』(1959年4月号)

を映し出し、また個性を形作っていくことを示唆している。「今、この国において、装飾に関するアイデアが膠着（こうちゃく）しているとマリー・クワントは見ています。多くの人が古い家具を受け継いでいて、それを使って自分たちの部屋をまとめなくてはいけないと思っているからです……まだ20代という若さでこの女性は、バイオリンのように時代を奏で、それもしばしば先取りした曲を奏でているのです!」[10]とルース・ジョルダンは評している。

バザーのスタイル

　バザーのインテリアデザインはクワントのブランドの延長上にあったと、クリストファー・ブルワードは著書『Fashioning London（ロンドンを作り上げる）』で考察して

いる。「この強烈な存在感は、商品を売るための必要性よりもビジュアルのインパクトを優先させたウィンドーディスプレイによって半ば形成されている」[11]。自分たちでデザインしたバザー1号店に対し、1958年のおわりにナイツブリッジにオープンした2号店は、バザーとマリークワントという二つのブランドのスタイルを発信するという計算のもと、「中間色とあわせて色彩を際立たせる」というクワントの理想を反映しながら、綿密に設計された。インテリアを依頼されたのはテレンス・コンランと、創立して間もないコンラン・コントラクトで、クワントはコンランの創造を見守った。「ぞくぞくするような感覚でした。スケルトン階段が中2階に繋がって、空間全体が生き生きとしていました」[12]。

　1959年4月号の『アーキテクチュラ

ル・レビュー』誌によると、「ディスプレイさ
れている服のじゃまにならない、シンプル
で、でしゃばらないデザインを求められ」、
そのため「白い壁、グレイのカーペット、
天然木材と落ち着いた革の色」[13]で構成
された空間になったという。階段の踏み
板はチーク材で、2階分の高さがあるス
ペース上部のルーバー天井にはパイン
材が使われている。コンランは当時のこ
とをこう話している。

　　大きな板ガラスの窓を設置して、外
　　から店内の様子が見られるようにし
　　ました。2階までの吹き抜けになっ
　　ていて、中2階をつけたのですが、
　　この中2階部分とチーク材の階段
　　に一番お金がかかりました。顧客と
　　モデルたちが服を着替えたり、上に
　　行ったり下に行ったり、常に動きがあ
　　る場所にしたいといわれたのです。
　　彼らは、そうしたファッションショーの
　　妨げになるようなものは何も置きたく
　　なかったのです[14]。

　デザインの中心となるべきは商品で、各
シーズンのファッションが放つ色や模様が
空間のムードを形成する[181]。ナイツブ
リッジ店がオープンする前年、コンラン・コ
ントラクトはキングスロード店のウィンドー
を再設計しているが、ここでもシンプルな
アプローチが取られている。この再設計
に関してクワントもコンランも何も語ってい
ないが、2店舗のインテリアに統一性をも
たせてバザーらしさを創造しようという意
図があったのかもしれない。コンランの事
務所に所属するデザイナーのリディア・シ

It's as simple as SUMMA

to build all the storage you'll ever need. With the new range
of Summa storage units you can plan sideboards, desks,
wall units, dividers, dressing tables—literally hundreds of
different practical permutations of just a few basic units.
　Summa is simple to set up—each cabinet is complete in
itself with pins to locate with cabinets above and below and
a floor levelling device if it is needed. Summa is available in
teak or ash: bookcase, cupboard, drawer and desk units;
adjustable shelves: sliding trays in white, aquamarine, deep
olive and orange. Summa needs no wall fixings—just stand
it in place and when you want to—add to it or re-arrange it
in minutes. Component prices of Summa start as low as
£1.8.6. and no single unit costs more than £16.15.0. There
is a matching wardrobe too, at £33.18.0. and the 6 foot long
dining table in the photograph retails at £20.5.0.* Selected
retail stores have Summa already or you can see it and get
details of your nearest stockist at CONRAN Showroom,
5 Hanway Place, London W.1. Langham 4233
*prices include purchase tax: slightly higher in some
areas to include packaging and delivery

Advertisement by
Conran Design Group
dress by Mary Quant

ャーマンが、キングスロード店用にデザイ
ンしたのは組み立て式のウィンドーで、黒
のエナメルの金属棒が垂直に設置され、
そこに鳩羽色のフェルト素材で包んだ交
換可能な棚やボードを設置し、商品を展
示するようになっていた[15]。
　キングスロード店のオープンからほぼ
10年後の1967年、ニューボンド通りに
オープンした3号店にも、同じデザインア
プローチが取られている。ヨットのデザイ
ナーであるジョン・バネンバーグが手が
け、開店時に発行された『ヴォーグ』の
短い論説にこう記されている。「飾りは
何もないけれど、花々と素晴らしい中間
色が、マリークワントのニューボンド通り
113番地の素晴らしい新ショップのフロ

アを固めることになるでしょう」[16]。クリストファー・ブルワードが示唆しているように、バザー1号店がキングスロードにオープンした時、ビジュアルのインパクトが商品を売ることよりも優先されていたとすると、バザーの店舗は徐々にクワントのスタイルを宣伝するツールへと変化していったように感じられる。空間よりも、クワントのルックそのものに焦点を当てるようにした。インテリアではなく、そこに展示されている服がブランドのアイデンティティを作るのだ。「どこもかしこもなめらかで、色あいもなめらかで、角張ったものは何もない中間色と黒の空間で、商品の色がカラフルに飛び跳ねている」[17]と『ヴォーグ』のエディトリアルに書かれている通りだ。

「あとからつけ足すのも簡単なんです。ちょっと買い足せばいいだけなので」

　当時、新進起業家だったコンランにとって、バザー1号店、2号店は大きな刺激となった。「『彼らがこんなことをファッションでやっているのだったら、僕も家具でできるかもしれない』と思ったのを覚えています。国中で趣味嗜好が変化しているのを強く感じていて、服と同じで、自分たちで持ち帰ることができる家具を人々が求めていることに気づいていました」[18]。「持って帰る」買い物体験という構想は、1974年にコンランがフルハムロード77番地にオープンしたインテリアデザインショップのハビタの大きな特徴だった。最初のハビタのカタログはキッチン用品、タオル、ファブリック、それから「ハビタに急行する

ための急送用ターキーバッグ(俗語でマリファナを入れる袋のこと)」[19]という愉快な説明書きがついたトートバッグなど、インテリアのアクセサリー的商品が多かった。ショップの販売員たちは、なるべくクワントの服を着るようにと推奨された。「ショップで働いているスタッフもマリークワントの活動に関連しているという印象を人々に抱いてもらうのが重要」とコンランは見ていたからだ[20] [87]。この姿勢はコンランが開発販売した収納システム「スマ」の広告にも見られ、「コンラン・デザイン・グループの広告。マリークワントのドレス」の文字が入っている [182]。

　クワントは、おしゃれなライフスタイルとアティチュード(社会に向きあう姿勢)の代名詞になっていたようだ。過去から継承したものではなく、自身で作り上げた新しいタイプのファッションそのものであり、若さが支配する時代精神を表現し、時代と一致した新しい衣服を求める人々を惹きつけたのだ。これまでの章で見てきたように、このファッション性がライセンス契約を通して幅広いさまざまな商品に適用されたのだろう。「マリーとアレキサンダーは自分たちが価値あるブランドを手にしていることをよくわかっていた、という点がおもしろいと思います。それ以前はブランドの価値なんて誰も取り立てて重視していなかったのですから」とコンランは解釈する。当時、ライセンス契約という概念は、ファッションの世界において比較的新しく、クワントが作り上げたビジネス方式は流行に敏感なメイク、アンダーウェア、レッグウェアに応用されていった。これに対して、家庭用品はそこ

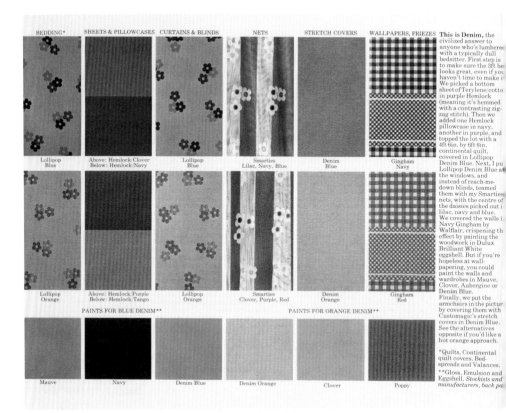

まで最先端のデザインというわけではなかった。1970年代はじめにスタッフォードシャー・ポッタリーズ社が製造したマグカップシリーズに、最新のファッションを身につけたおしゃれな女の子の絵が転写印刷されたティーマグがある。マグカップの裏にはデイジーのロゴとマリークワントの名前、そして「スタッフォードシャー・ポッタリーズ社、アイアンストーン、イギリス製」と記されているが、このコラボレーションは短命におわったようだ[21]。一方、

1970年にスタートしたICIとのプロジェクトはスケールが大きく、ICIグループ傘下のブランド、あるいはテリレンやブリ・ナイロンといったICIが開発した合成繊維との繋がりで1980年代まで継続される。ドルマのシーツ、メラリュー・アンド・ベイリーのキルト、サンフィールドの布カーテン、スティーベルのネットカーテン、カスタマジックのソファカバー、グラマーラインのロールスクリーン、ICIペインツの壁紙にフリーズ（装飾帯）、デュラックスの室

183 「これはデニムで
す……」、『マリークワント
のルームデザイン冊子』、
1972年

内用塗料などが製品化された。「1960
年代後半、これからポリエステル繊維を
使って何か大きなことをするのだったら、
市場への売り込みとブランドをリンクさせ
ないといけないことにICIは気づいたの
です」と、クワントとのコラボレーションが
立ち上がった際、ドルマの経営責任者だ
ったピーター・ホワイトは証言している[22]。
当時、ドルマはイギリス最大手のベッドリ
ネン製造会社の一つだった。

　こうした商品を取り入れることで、家具

は今までと同じでも、部屋のイメージをす
っかり変えることができた。お金があまり
かからない部分のインテリアに目を向け
て、部屋におしゃれな「スタイル」をプラ
スすれば、限りなく変化を楽しめるのだ。
「あとからつけ足すのも簡単なんです。ち
ょっと買い足せばいいだけなので」とク
ワントも語っている。ICIは1972年の販
売アイテムで構成したインテリア冊子を作
り、販促ツールとして顧客に配布するよう
小売業者に渡している。「これはデニムで

す。ありきたりでつまらないアパートメントに押し込められていた人たちへの文明的な答えです。まず、ベッドメーキングする時間の余裕がない時でも素敵に見えるベッドにしましょう」[23] [183]。これから自宅のインテリアを自分でやってみようと思っている顧客に、やわらかな語調で語りかけている。「壁紙は苦手という人は、壁やクローゼットをモーヴ、クローバー、オーベルジーヌ（茄子色）、デニムブルーに塗ることもできます」。アイテムを決めやすいように、ベッドまわりの商品と同じファブリックを使ったカーテンや、同色の塗料や壁紙を展開していて、クワントのトータルルックのコンセプトでインテリアをまとめられるようになっていた。

　こうした一連のクワント商品はイギリス全土の専門小売店で販売され[24]、ICI が販売戦略をサポートし（「ファッションや商品デザインでおなじみのマリークワントのシンボルを使ったディスプレイは、必ず注目されます」）、大規模な広告キャンペーンも展開された。「部屋のコーディネートを紹介する全面カラー広告が『グッド・ハウスキーピング、ブライド』『ホームズ・アンド・ガーデンズ』『ハニー』『ハウス・アンド・ガーデン』『アイディール・ホーム、ノヴァ』『リーダーズ・ダイジェスト』『シー』『ウーマン』『ウーマンブライド・アンド・ホーム』に掲載されます」と1972年の販売開始前に配布されたチラシに告知されている[25]。

　当時、ベッドカバーやシーツなどのベッドまわりのアイテムはパステルカラーが主流だったが、クワントは濃い色彩を取り入れることを提案し、これが製造会社の技術力推進に発破をかけることにな

る。クワントは紺色、紫、チェリー色、茶色、赤、緑色といった強い色をデザインや模様に取り込んでいった。「このコレクションが1970年に発売された時、センセーションを巻き起こしました。手入れが簡単なポリコットン生地を使ったベッドまわりの製品に、それまで濃い色味のものはなかったからです」と、当時、マリークワント社の重役だったヘザー・ティルベリー・フィリップスは振り返る。「濃色は『色泣き』しやすく、技術的にとても難しかったのです。これをなんとか納得できるレベルにおさえる手段が必要でした。これがマリーのやり方だったのです。彼女が求める形にするためにメーカーをプッシュして、変化を生み出すのです」[26]。ドルマ・コレクションの商品ラインのなかで、一推しされていたのがベッドまわりのアイテムだった。「マリーのデザインは最上級品でしたから。ニッチ市場を惹きつけ、厳選した少数の色展開ができるプレミアムブランドだったのです」とピーター・ホワイトは振り返る。「これは価格にもある程度反映されていて、アウトレットでの販売は限定されていました。例えば、デベナムズは中流層を狙った百貨店で、それまでドルマの中間価格帯の商品を扱っていました。でも数回、マリークワントのアイテムを仕入れて……このレベルの店だということを示唆していました」[27]。これはICI のクワント商品の小売価格設定が生み出した状況だった。ドルマから発売された、多色使いのテリレン・コットン素材のダブルベッド用羽毛布団カバーは9.5ポンドだった（シングル用は8.5ポンド）。現在の121.75ポンドに相当する。ハビタで

は、シンプルな単色のダブル用羽毛布団カバーが、そのほぼ半額の4.9ポンドで売られていた。現在の67.27ポンドだ。

ブランケットの代わり

そのころ、イギリスではそれまでのブランケットに変わって、ベッドメーキングがしやすい羽毛のかけ布団（デュベ）が普及しはじめていた。羽毛布団を最初にイギリスで販売したのは当社だと、多くのメーカーが主張している。ホワイトはドルマが最初だと述べ、コンランは1960年代半ばにスウェーデンに旅行した際に現地で見つけ、持って帰ってきてハビタで売ったと語っている[28]。クワントもブランケット・グリーンと「巨大な羽毛布団を飛行機に乗せてノルウェーから持ってきた」とのちに回顧している[29]。1965年11月19日の『デイリー・メール』に掲載された記事によると、クローリー出身のクリストファー・リドルが羽毛布団を最初に輸入した一人で、1957年に木材の買いつけでスウェーデンを訪れた際に見つけたという。「でも、イギリス人は習慣を変えるのを嫌がるのです。ヒールズとデベナムズに持っていったのですが、飛びつきませんでした」とリドルはインタビューに答えている。しかし、記事が掲載された1965年には状況が一転する。「ヒールズでは毎週20枚の羽毛布団を販売している。ジョン・ルイスでは週に30枚売れている。イギリスの最大手の羽毛布団業者であるリドル氏は、彼が販売した約5万枚が国内で使用されていると推定する」[30]。

「ICIは（羽毛布団を）イギリスで流行さ せたかったのです」とクワントは自伝に記している[31]。自然素材の鳥の羽根の代わりに詰め物に使える、P3繊維をICIが製造していたからだ。その結果、羽毛布団関連のおしゃれなアイテムが次から次へと発信された。「当時は、ロンドンのヒールズの引き出しに隠れているシンプルな布団カバーしかなかったのです」[32]。クワントはカラフルな渦巻模様、花柄、そしてデイジーを散りばめた布団カバーをデザインした。ベッドまわりが素敵になる羽毛布団を生活に取り入れたい——消費者にそう思わせたいという販売サイドの意図が、クワントとICIによるコラボレーション商品のPR写真に感じられる。ハビタも羽毛布団のよさを顧客にアピールしていた。「カバーつきの羽毛布団は、ブランケットの代わりになって、朝起きたら布団を振ってふっくらさせて、ベッドに広げるだけでいいのです。やってみないと信じられないのですが、とにかく簡単にベッドメーキングができて、とても快適なのです」[33]とカタログに説明されている。ICIとのコラボレーションを振り返りながら、クワントもこの羽毛布団の扱いの簡単さと心地よさを、当時の社会的かつ経済的変化との関連性とからめて指摘している。「ICIとの契約はタイミングがよかったのです。洗濯機が大ヒットして家庭の新しい必需品になり、羽毛布団がベッドメーキングを楽にしたのです。働く女性たちが私たちの顧客であり、私にとって素敵なデザインの仕事になりました」[34]。

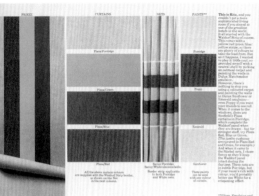

184 「ここはリッツです
……」、「マリークワント
のルームデザイン冊子』、
1972年

クワントによるデザイン

「壁紙はシンプルにしています——ギ
ンガムチェックよりシンプルになんてでき
ません」。「フリーズ（装飾帯）が復活。私
は3種類デザインしました」。「基本的に
は、6パターン、デザインしました」。ICI
とのコラボレーション商品で、消費者に
向けて発信されるメッセージの声の主は
クワントだった。とにかく手を使って作業
するというのがクワントのデザイナーとし
ての姿勢で、マリークワントというブランド
が関わるすべてのことに必ず携わってい
た。「マリーは自分がデザインしていない
商品は発売したくないという考えで、それ
がビジネスの可能性の大きな制限になっ
たのです」と、ビジネスパートナーだった
マクネアは2004年のインタビューで明か
している[35]。とはいえ、実際、ICIとのコラ
ボレーションで使用されたファブリックの
柄のなかには、クワントがデザインしてい
ないものもあったようだ。家庭用品のビジ

ネスの拡大にあわせて、クワントは職場
の労働力を強化していた。1970年代後
半、クワントのアイデアを形にする作業は、
アイヴス通りのマリークワント本社のデザ
インスタジオでおこなわれていた。1977
年から1985年までデザインスタジオで働
いていたジェーン・エッジワースはこう証
言している。「スタジオにいる女の子たち
は、ファッション関連のプロジェクトにはほ
とんど関わっていませんでした……他の
商品に集中的に取り組んでいました——
ベッドリネン、壁紙、絨毯、文房具などで
す」[36]。デザインスタジオには4人から6
人のデザイナーが勤務し、1970年代後
半にナイジェル・フレンチ・エンタープライ
ズ社[37]を通してアメリカでのプロジェクト
が組み込まれたことで拡大していた、家
庭用品のライセンス商品の仕事に携わっ
ていた。

社内スタジオなので、最終的にどう
いうデザインにするか、マリーが管

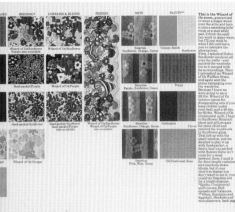

185 「ここはオズの魔法使いの部屋です……」、『マリークワントのルームデザイン冊子』、1972年

理できて、冒険的になれたのです。マリーが望んでいることを確実に形にすることが私の仕事でした。仲介者ですね。そしてアイヴス通りを巣立ったあとに違う解釈をされる余地がないよう、すべてのデザインを正確なフォーマットで、完成した状態でクライアントに渡すのです[38]。

どんなに幅広く家庭用品をデザインしたところで、「マリークワントの部屋」など生まれない、とクワントは断言していたが、ICIとのコラボレーションの意図はやはりそこにあったのだと思う。模様と色の組みあわせ方が無限大にあっても、どれとどれを組みあわせると素敵か、販促用の冊子がヒントを提示しているので選びやすくなる。デイジーのロゴ、デイジーが組み込まれたデザイン、彼女が写っている写真、彼女が語りかける言葉にクワントの存在が感じられる。1972年のコレクションをクワントはこう紹介している。「そ

れぞれのテーマを、いろいろなバリエーションで展開しています。なので、一か八か思い切らなくても、自分らしさを表現できます」[39]。幅広い可能性と使い勝手のよさを看板に、ICI商品ラインは新世代の主婦たち、そしてDIYに目を向けた新しい女性をターゲットにした。この点こそが、このコラボレーションの本当の成果なのかもしれない。ルース・ジョルダンが評したように、ここでもクワントは「(時代を)先取りした曲」を奏でたのだ。クワントとICIのコラボレーションが展開されていた時代、多くの広告では、男性が行動し、女性はその横でおとなしくしている構図が描かれた。そんななか、『The Mary Quant Book of Room Design（マリークワントのルームデザイン冊子）』は自分たちでやりましょうと女性に行動喚起をしていたのだ。

1975–2000
Lifestyle
Brand

PART 6　ライフスタイルブランドへの展開

186 P250／マリークワ
ントがデザインした限定
版ミニ、1988年6月15日

187 左／「マリークワ
ントによるさらなる床運動」、
テンプルトンズ社のアクス
ミンスター絨毯の広告、
1978年

MORE FLOOR EXERCISES BY MARY QUANT

　1970年代後半、当時のイギリスで最
も著名なデザイナーだったクワントのもと
に、ファッションを住空間に取り入れるビ

ジネスチャンスがさらに舞い込んでくる。
1978年、スコットランド南西部のグラス
ゴーにあるテンプルトンズ社と絨毯を作

27. Crumpets
A beautiful velvet full
floral dress with frilled
hem and collar, lined and
edged in contrasting plain
cotton. Colours: (a) Floral
on dark ground and (b)
Floral on light ground.
Fabric: 100% cotton
velvet.
Ages 4, 5, 6 £34.00 /
7, 8, 9, 10 £37.00

28. Sugar and Spice
Delightful, full
frill hemmed
dress, leg o'
mutton sleeves
with button fasten-
ing. Made in top
quality Viyella floral
print. Colours: Floral
on Cream and Floral
on Navy. Fabric: Viyella's
55% wool / 45% cotton
mixture. Ages: 4, 5, 6 £33.00 /
7, 8, 9, 10 £36.00

VIYELLA

り、1979年にはマイヤーズ社からデイジ
ーのロゴ入りベッドを発売し、ドルマから
はテーブルクロスとナプキンを売り出して
いる。絨毯の広告は非常に独創的で、ク
ワントからのメッセージが記されている。
「たいていの家の絨毯は退屈でつまら
ない必需品と化しているけれど、それは
デザインと色彩の面で、他の家具の遅れ
を取っているだけなのです。私の目的は
テンプルトンズ社と一緒に、床に楽しさを
取り戻し、消費者が本当に求めているも
のを提供することです」[1] [187]。

　機能的で、しっかりとした作りのセパレー
ツをデザインすることで定評があったク
ワントは、ヴィエラ社のブランド、ロンドン・

プライドとのコラボレーションで1976年
からクラシックなセパレーツを手がけて
いる。『ウーマン』など、女性週刊誌で宣
伝され、イギリス全土の百貨店で販売さ
れた。ファッション写真のキャプションに、
斜め模様のプリント入りの起毛のコット
ンヴィエラのシャツ「ジタン」は9.95ポン
ド、ウールとアンゴラ混紡のラップスカー
ト「ハグ・アンド・キス」は16.5ポンドと書
かれている[2] [189]。このヴィエラとのコラ
ボレーションでは、女の子用のドレスと
男の子用のスマートなアイテムも展開して
いる[3]。カリー兄弟が製造するレッグウェア
も好調で、1981年には50種類が販売
されていて、グローバル展開する化粧品

188　マリークワント・デ
ザインのポリアンナ、ポリ
アンナの1982秋冬カタ
ログ

ビジネスは年に6000万ポンドの収益をもたらしていた[4]。1980年代に向けたライセンスビジネスには、1981年のアメリカのショーンフェルド産業との文房具、イギリスのKシューズ、1982年のジョンソン・ブラザーズによるディナーサービスなどを含むMQアット・ホーム・カメオというプロジェクト、モーフィー・リチャーズ社とのトースターやアイロンなどがあった。その年、ビクトリア朝風の子供用パーティードレスやセパレーツが、フルハムロードにある高級子供服店であり通信販売カタログ会社のポリアンナで販売され、マリークワントの名前が子供服の小売業界に再登場した[188]。

マクネアは、自身の投資会社トーマス・ジョーダンを順調に成長させていた。街灯の土台、タイヤの製造機械のメーカーといったイギリス国内のさまざまな実践的な会社を合併していた。最も知られているのがズボンプレッサー「コルビー」で、販売に加え、ホテルに大量にリースもしていた[5]。マリークワント社は1980年代に入ると、日本との繋がりが深くなっていく。猛スピードで西洋化が進むなかで、当時まだ女性たちが伝統的な役割を担って生活していた日本にやってきた、最初のビジネスウーマンの一人がクワントだった。彼女のスタイルは日本の消費者の心をつかみ、クワントはかなりの先見の明をもって、服、レッグウェア、家庭用ファブリック、そして大成功を収めることになる化粧品を開発し、1983年にマリークワント・カラーショップをオープンする。『Colour by Quant（カラー・バイ・クワント）』（1984年）、『Quant on Make Up（クワント・オン・メイクアップ）』（1986年）の出版によって、コスメ界

のキーパーソンとしての評価はさらに高まった。1987年、かつてクワントのモデルとしてジョン・コーワンとダイナミックなファッション写真を生み出し、そのあと写真家に転向したジル・ケニントンが、打ち解けた表情のクワントのポートレートを撮っている[190]。

乗用車「モーリス・ミニ」の誕生から30年目の1988年、10年にわたる話しあいの末、イギリス文化を代表する二つのアイコンであるマリークワントとミニのコラボレーションが実現する[6]。最初に買った車がミニクラシックだったことを、クワントは2006年に回想している。「黒いミニでシートも黒のレザーでした……ものすごい自由と解放感がありました。だってガソリンを満タンにしたら、どこにでも行けて、頭上のルーフが開くのだから。ドアポケットにブーツやワイン、歯ブラシ、ハムサンドイッチ、水着を入れていました」[7][186]。クワントがデザインしてローバー社が製造した1988年の「限定版ミニクラシック」は、オプアート的な白黒ストライプ柄のシートに赤い縁取りがされている。ハンドルの真ん中にはデイジーのロゴがついている。今では垂涎モノのコレクターアイテムだ。同じく1980年代後半、若い女性たちの間で（ほとんどが学生だと思われる）ドクターマーチンのレースアップシューズにジャージー素材のミニスカートをあわせるのが流行し、クワントとミニスカートに再びスポットライトが当たる。クワントは2人のモデルと共に、1988年の『ピープル・ウィークリー』誌に登場し、独自のミニスタイルを紹介している[192]。

ナイツブリッジのバザー店のオープンから30年後の1988年のおわり、マク

ネアはマリークワント社を去った。同じこ
ろ、マクネアはロンドン市内でタクシーに
ひかれて重傷を負い、脾臓の摘出手術
を受けている。その後、スペイン南部の
家に引っ越して、活動的な年月を過ごし、
妻のキャサリンが他界したほぼ1年後の
2015年6月、96歳でロンドンで亡くなっ
た。プランケット・グリーンは58歳という
若さで、1990年代に他界している。
　3人の実業家が創り上げたマリークワ
ント社は、マリークワントの名で活動を続
けていくが、60代になったクワントは単
独で仕事をすることが増えていく。1990
年10月、クワントはファッション業界への
功績を評価され、イギリスファッション協
会から「栄誉の殿堂」賞を授与される。
1990年代初頭には空港で販売するサン
グラス、カラフルなTシャツ、ビーチサン
ダル、雨具などの免税商品が発売され
た。彼女のイギリスのファッション界への
貢献を讃える声は続々と上がり、ロイヤ
ル・カレッジ・オブ・アートのシニアフェロ
ー、ゴールドスミス大学と王立学会の名
誉研究員、インダストリアルアーティスト・
アンド・デザイナー学会研究員の称号を
授与されている。1997年にはイギリスの
百貨店グループ、ハウス・オブ・フレイザ
ーの非常勤取締役に就任し、バザーのナ
イツブリッジ店があった場所にほど近い
モンペリエ通りにマリークワント・カラーシ
ョップがオープンする。1996年にはパリ
のボナパルト通りに、1998年にはニュー
ヨークのマディソン街にも出店している。
2000年、クワントはマリークワント社（現
在は日本が拠点）の職を退任するが、以後
も顧問としてビジネスに関わり続けた。

189　マリークワント・フォー・ロンドン・プライド シャツ
「ジタン」とスカート「ハグ・アンド・キス」、1976年、マリ
ークワントアーカイヴ

Conclusion
Fashion for Everyone
すべての人のためのファッション

21世紀になってもクワントの功績を讃える声は響き渡り、ウィンチェスター・スクール・オブ・アート（2000年）とウェールズ大学（2001年）が名誉博士号を授与している。2006年にはバッキンガム宮殿で開かれた偉業を果たした女性たちを讃えるレセプションに参列し、2007年1月、「60年代ファッションを再構成する」と題した服飾学会のイベントでは、V&A博物館の講堂で満員の観衆を前に活気あふれるプレゼンテーションを展開した。同年、V&A博物館は、サウス・ケンジントンで開館150周年を迎え、創造への刺激として当館がどのような役割を果たしてきたか、クワントを含む150名のアーティストとデザイナーに当館の魅力を表現した作品を提供してもらい、記念本を制作した[191]。クワントが繊細なラインで描いたのは、ジッパーつきのモーヴ色のトップス部分がブラのように見える白ベースの水着で、当館に既に寄贈されていた多くのデザインスケッチと共通する独特のスタイルが表現されている。2009年、イギリスロイヤルメールは、20世紀イギリスのアイコン的デザインの記念切手を発行したが、そのなかにクワントの1967年のドレス「バナナスプリット」が選ばれている（その他、ハリー・ベックのロンドン地下鉄路線図、ジャイルズ・ギルバート・スコット卿の電話ボックス、ジョージ・カ

ワーダインのアングルポイズ・ランプなどが選出）。取材にも応じ続けていて、2012年2月にはBBCラジオ4の番組『Women's Hour（女性の時間）』に出演している。この年、クワントは2冊目の自叙伝を出版し、デザインについての回想とアイデア、ライフスタイルについての新しい視点を提示している[1]。そして、1966年の大英帝国第4等勲章（OBE）受勲からもう少しで半世紀となる2015年、新年の叙勲で「デイム」の称号が贈られた。

美術学校からグローバルブランドへとクワントの歩んだ道のりが、今日知られているイギリスファッションという巨大ブランドを形作る力となったことにまちがいはない。イギリスファッション協会（BFC）は2018年9月のロンドンファッションウィーク中、2017年度のファッション産業の国内総生産は323億ポンドで、前年より5.4％の増加となったと発表した。若く、新しく、多文化的なイギリスのファッションは、イギリスの大学における世界トップレベルのファッション教育の成果であり、ロンドンファッションウィークは「市をあげての個性、自由、多様性の祭典……創造性と革新性の坩堝（るつぼ）」[2]であると、BFCは位置づけ、支援している。

若々しく、どきどきする大量生産のイギリスファッション、輸出へと繋がるイギリスファッションという概念を生み出したこと

がクワントの、そして彼女のブランドのレガシーだ。また、マーケティングの技法を理解し、巧みに活用し、他社の手本となるモデルを作り出した功績も非常に大きい。ブランディングの専門家であるマーク・タンゲートは著書にこう記している。「工場から出荷された服は単なる『衣類』でしかありません。市場で売買されるようになってはじめて、魔法がかかったように『ファッション』になるのです」[3]。ネット販売がはじまる数十年も前に、そしてメディア改革が始動しはじめたころ、クワントは2人のビジネスパートナーと共に、工場経営という制約を抱えることなく、また強引なセールスや巨大チェーン店に頼ることなく、創造的な大量生産型のグローバルブランドを築き上げた。クワントのブランドは、1966年の段階で既に成功例として業界誌『マーケティング』に取り上げられていた[4]。

成功の中核となったのは、世界中の働く若い女性たちの現実にしっくりくるクワントのデザインであり、彼女が提唱する商品だった。そして独創的なウィンドーディスプレイで、人々をわくわくさせる店舗環境を創造し、「ビジュアルマーチャンダイズ」の先駆けとなった。彼女の服を着て、彼女のスタイルの代弁者となるユニークなスタッフを集め、タグやパッケージデザインに統一感をもたせることの重要さをクワントは見抜いていた。そうすることで、並みいるライバル会社のなかで、自社ブランドを際立たせることができるとわかっていたのだ。話題性のあるアイデア、刷新的なスタイルでコレクションを披露するダイナミックなファッションショー、そしてク

ワント自身が公式の場に登場することでメディアを惹きつけ、商品とアイデアを幅広く宣伝することにも長けていた。一貫性のある強烈なブランドイメージが確立されていたから、クワントという人、彼女の容姿、彼女が提示する革新的なアイデアを拠り所とするライセンス商品が成立した。それが彼女のブランドアイデンティティを形成していたわけで、ソーシャルメディアという広がりが加わった21世紀現代のファッションブランドにとっても極めて高い関連性が見られる。

クワントたちはロゴのもつ力も理解していた。デイジーのロゴをパッケージにプラスするだけで、マリークワントのドレスと同じ魅力をライセンス製品にもたらすことができた。そして膨大な消費者が、マニキュアやタイツといった商品を購入することで、クワント自身、そしてブランドの価値や個性と関わりをもつことができた。両親とも教師という家庭に生まれ育った女の子が、飛行機で各地を飛びまわるファッションデザイナーになった。『ミニの女王 マリー・クワント自伝』を出版し、このバックグラウンドを人々に知ってもらえたことで、ブランドの信憑性は高まっていった。クワントとデイジーのロゴは、楽しむ精神、確立された体制や上の世代への反抗を表現していた。そしてこのデイジーのロゴは、マリークワントというブランドのコンセプトと商品に対して顧客たちが信頼を寄せていた証なのだ。この信頼は今も消えていない。V&A博物館の「#WeWantQuant（クワントを求む）」[5]キャンペーンに何千人もの人たちが呼応してくれたのだから。

191 マリー・クワントが
V&A博物館開館150周年
を記念して制作した水着
のデザイン、V&A: E.479:
20-2008

　19-20世紀に生まれた「トレンドの予測」という概念が、現代のファストファッションの動力となって、ファッション市場を支えている[6]。クワントは飽きやすい性格で、だからこそ常に流行の先を突っ走ることができた。いろいろな場所に出かけ、ストリートカルチャーを観察していた。「ナイトクラブに行ったり、通りにあふれる色を観察したり。これが私の一種の才能なのです」[7]。クワントの「雰囲気の変化を予測する」才能が、自分の収入を得るようになった若者世代と女性たちの購買力を惹きつける鍵となった[8]。

　ユニセックスファッションが普及すること、とりわけジーンズが——自分が創案者になりたかったという唯一のアイテム[9]——人気となることをクワントは予測していた。「流行好きな女性が服を身につけるのであって、服がその人を着るのではないのです」。創造を特徴づける個人主義、そして今の「Z世代」の人たちのルールにとらわれないファッションを先読み

している記述だ。最近のリサーチによると、現代の若者顧客層であるZ世代は、クワント世代がそうであったように、主流メーカーや大手ブランド離れが進んでいて、ユニークな個性や多様性を求める傾向が顕著だという[10]。

　表立った活動をすることはなかったが、クワントは女性解放運動を支持していて、衣服革命につながるアイテムを次々とデザインし、仕事をしやすいファッションを考案した。「（衣服を）抽象的な建築のような形状にして、女性をそのなかに押し込んでいる」とパリのデザイナーたちを非難し、「歪ませようなんてしないで、女性の体の形を讃え、自由に流れる女性らしいラインにしたいのです。普通の生活の動きに適した、リラックスできる衣服がいいのです」[11]。1966年、衣服は着る人を心理的に前向きにさせるというリサーチについて言及している。衣服は「家の外での生活に参加するためのツール」であり、適した衣服を身につけるというのは、決して取るに足らないことではなく、機能を高め、可能性を広げてくれる。ブランドを超えた存在として、常に自信に満ちた視線で人々の前に登場し、メッセージを発信したクワントは、今もファッション界のアイコンとして女性の社会進出の推進力となっている。

マリークワント ブランドタグ一覧

エリザベス・マレー

服飾史研究家にとって、デザイナーの作品を見分け、制作年を特定するのに不可欠なのがタグの存在だ。ヨーロッパのファッションにタグが登場するようになったのは、19世紀半ばから後半のことで、最初に名前入りの織タグをつけたのはイギリスのファッションデザイナーのシャルル・フレデリック・ウォルトだという説がある。ドレスの内側に密やかにつけられたタグは強烈なブランドアピールとなった[1]。

マリークワントの服についているタグは、クワントのビジネスおよびブランド展開にユニークな観点をもたらしている。40種類以上の異なるデザインのタグが現存し、クワントが創造力に富んだグラフィックデザイナーたちと組んでブランドアイデンティティを強化しようとした姿勢が感じられる。V&A博物館のコレクション、クワントの個人アーカイヴ、外部のコレクションに見られる例など、200点以上のアイテムを調べたところ、年代順の配列が見えてきた。

確認されているなかで最も初期のクワント作品とされるのが、1965年ごろのピンクのコットンブラウスで、タグはついていない。小ロットで制作されていた初期の作品には、おそらくタグはついていなかった。そのため、最初の購入者が保存しているか、その出どころが明確になっているケース以外、初期作品を見つけるのはほぼ不可能だ。今回の調査で、最古のタグつきの服は1959年製だった。シンプルなデザインで、シルバー地に黒で「バザー」というショップ名がプリント加工されている。1960年には既にクワントの名は広く世に知られていて、ブランドの中核となっていた。そして1961年には、「マリー・クワントによるデザイン」の文字が入ったバザーの新しいタグが登場している。1例だけ例外があるが、その他のタグにはすべてクワントの名前が入っている。

初期のバザーのタグデザインの変更は、ブランドアイデンティティを創造しようという意図のあらわれだ。また、生産サイクルが小規模だったことも関係している。1959年から1961年の間に少なくとも4種類のタグがデザインされ、並行して使われていた。その一方、スタインバーグ・アンド・サンズとのライセンス契約で1963年にスタートした、マリークワント・ジンジャー・グループのタグデザインは1種類しかない。ジンジャー・グループの商品は何千、何万という数で大量生産されていた。変更は二度されているが、ほんの小さな変化が見られるだけで、当初からしっかりと考慮されたビジュアルアイデンティティであったことがわかる。

1960年代には、バザーのタグの他に「マリークワント」のタグが登場する。グラフィックデザインが開花していた時代で、その影響がタグの色使いと力強いフォントのセレクトに見られる。とりわけ印象的なのが1962年ごろに作られたもので、MARYのMとQUANTのUがユニークに連結している。このタグは同じデザインで、いろいろな色で展開されている。バザーとは別の、こうした「マリークワント」タグは、1961年にはじまるクワントの大量生産ラインとの関連があるのだろう。一部のアイテムにはイギリスのデベナム・アンド・フリーボディ百貨店やニューヨークのロード・アンド・テイラーといった小売業者の二つ目のラインのタグがついている。その他の「マリークワント」タグは、バザーの店舗での販売用に作られた可能性があり、色で何かしらの差別化を図っていたのかもしれない。

このようにして、クワントのビジネス展開はタグに反映されてきた。1970年代、80年代も新しいデザインの「マリークワント」タグが作られていった。その他にも12種以上のタグが、コラボレーション製品向けにデザインされている。マリークワントという名前が象徴する「ブランドの信憑性」が繰り返し再生されているのだ。

以下のタグ年表では、商品の製造年に関するデータをもとに、それぞれのタグが使用された期間を提示している。製造年を特定できない場合は、おおよその年代を示唆しておく。記載された期間より長く使われた可能性はあり、また、ここに紹介した以外にもたくさんのタグデザインが存在すると考えられるが、とにかくクワントのビジネスが凄まじい勢いで、多様性をもって展開したことがこの年表に見て取れる。

バザー

1955年、キングスロードに最初のバザーがオープンするものの、クワントがデザインするアイテムが販売されたのは、約1年後のことだった。1958年にナイツブリッジに2号店が、1967年にニューボンド通りに3号店がオープンする。ライセンスビジネスの拡大に伴い、1970年までに3店舗とも閉鎖された。バザーのタグは1950年代と1960年代はじめに変更されている。ビジュアルアイデンティティが大きく変わり、レターヘッドやレシートにも新しいロゴが使われた。

マリークワント

1960年にはクワントの氏名がブランドアイデンティティの中核となる。1962年ごろから「マリークワント」のタグが登場する。このタグつきのアイテムは、バザー店舗と独立系のブティックや百貨店で販売されていた。1970年代初期、カラーの大型タグから細身の白黒デザインへと変更される。1980年代に入ると日本市場が拡大し、それに伴ってさまざまな色とサイズの新しいタグが制作された。

1970-75年、織タグ
V&A: T.100-1976

1980年代(推定)、織タグ
バース・ファッション博物館
BATMC.2003.41

1959-61年、プリント加工
V&A: T.55:1-2018

1962-64年、織タグ
V&A: T.52-1985

1980年代(推定)、織タグ
個人蔵

1961-62年、プリント加工
バース・ファッション博物館
BATMC I.09.869

1962-65年、織タグ
個人蔵

1980年代(推定)、織タグ
個人蔵

1961-62年(推定)、織タグ
個人蔵

1962年、織タグ
V&A: T.42-2013

1980年代(推定)、織タグ
個人蔵
ピンクと白のバージョンがある

1961-62年、プリント加工
V&A: T.41-2013

1962-63年、織タグ
V&A: T.34:1-2013

1980年代(推定)、プリント加工
個人蔵

1961-63年、織タグ
V&A: T.22-2013

1964-66年、織タグ
V&A: T.30:1-2007

1980年代(推定)、プリント加工
個人蔵

1963-66年、織タグ
個人蔵

1970-75年、織タグ
V&A: T.23-2013

1980年代(推定)、プリント加工
個人蔵

マリークワント・ジンジャー・グループ

1963年にスタートしたマリークワント・ジンジャー・グループは幅広い消費者をターゲットにしていた。ブランド名にあるジンジャーに関連させ、生姜の黄褐色を用いたフレッシュで楽しいタグデザインで、iの文字をひっくり返しているのが愉快だ。デザイン変更はほとんどなく、「イギリス製」の表記と(実際には多くのアイテムがウェールズの工場で生産されていた)、登録商標マークの®が追加されただけだ。

ジンジャー、1963-65年、織タグ
V&A: T.40-2013

1964-65年、織タグ
V&A: T.383-1988

1965-72年、織タグ
V&A: T.86 -1982

マリークワント、他の商品ライン

多彩なデザイナーのクワントはネクタイ、帽子、アンダーウェアと幅広い商品を手がけ、ユニークなタグが生まれた。

ネクタイ、1970-75年ごろ、織タグ
V&A: T.76-2018

帽子、1960年代以降、織タグ
V&A: T.77- 2018

アンダーウェア、1970年代-80年代、
プリント加工
V&A: T.93:2-2018

コラボレーション

クワントが手がけた全コラボレーション商品に、クワントのビジュアルアイデンティティを組み込んだユニークなタグがついている。J.C.ペニーの初期のタグには、その時期に使われていた「マリークワント」タグと同じロゴがレイアウトされている。「アリゲーター・バイ・マリークワント」のタグも同じスタイルで作られている。

ニット、1961-66年ごろ、織タグ
V&A: T.1707-2017

J.C.ペニー、1965-67年ごろ、織タグ
個人蔵

J.C.ペニー、1968-69年ごろ、織タグ
個人蔵

J.C.ペニー、1970年代、織タグ
個人蔵

アンダーウェア、1965年以降、プリント加工
V&A: T.442-1988

ピューリタン・ファッション社、1965年
以降、織タグ
個人蔵

タフス、1965年、織タグ
個人蔵

アリゲーター、1965年以降、織タグ
V&A: T.89-2018

テリータオル地のアイテム(ドイツ製)、1966年ごろ、プリント加工
V&A: T.96-2018

ロンドン・エア、1967年、プリント加工
マンチェスター・アートギャラリー、1985. 187

ロンドン・プライド、1976年以降、織タグ、個人蔵

ヴィエラ・ハウス、1976年以降、織タグ、個人蔵

ヴィエラ・ハウス、1976年以降、織タグ
V&A: Misc.91-1979

ヴィエラ・ハウス、1976年以降、織タグ
V&A: Misc.86-1979

ポリアンナ、1982年以降、織タグ
個人蔵

Notes

注 釈

INTRODUCTION
ファッションの歴史を創造する

1 ライフスタイルの変遷についてはAshmore 2008, p.73-90
2 'Miss Kooky OBE', *Daily Mail*, June 11, 1966
3 Quant 1966, p.66
4 同上。
5 Quant 1966, p.30
6 Pringle 1988
7 *Women's Wear Daily*, August 19, 1959
8 Fashion Museum, Bath: BATMC I.24.73 A-C
9 ミニスカートの展開についての詳細はp.156参照。
10 Ernestine Carter, 1962が二度目のコレクションについて取り上げている。
11 Breward and Wilcox 2012
12 Liz Tregenza, *London Before it Swung: British Ready-to-Wear Under the Model House Group and Fashion House Group 1946–66*, V&A/RCA History of Design Postgraduate Programme. 2014年卒業論文。リズ・トレゲンザは、ブライトン大学に提出する2018年博士論文から規格サイズに関する有益な画像や情報を提供している。
13 *Vogue*, September 15, 1963, p.112にジンジャー・グループの広告掲載。
14 1960年代はじめはフルハムロードにあった下着工場で衣服を製造していたが、スタインバーグ・アンド・サンズがジンジャー・グループの契約を製造する過程で倒産し、閉鎖されている。Harry Miller, 'Secrets of Success: Quantrary Mary OBE', *Marketing*, July 1966
15 McNair and O'Neill, 2008, track 1
16 www.youtube.comにインタビュー画像あり。
17 'Already, a Mary Quant Retrospective', *New York Times*, December 12, 1973
18 *Annabel: The New Magazine for the Young Wife*, April 1966, p.29
19 #WeWantQuantキャンペーンに応じたライター、デザイナー、ファッション産業コンサルタントのバーバラ・フォークスが筆者に送付した2018年6月18日付けメール。
20 Suzy Menkes, 'If Clothes Could Talk', www.harpersbazaar.com, May 28, 2013 and 'In My Fashion: The Suzy Menkes Collection', Christie's New York, July 11-22, 2013
21 3店舗とも1969年の住所録に記載されているが、おそらく1968年時点でのデータを収録していると思われる。
22 Cecil Beaton, *Fashion: An Anthology*, V&A, 1971.展覧会カタログのp.39に1966年および1967年製のマリークウントのドレス4点が掲載されているが、1964年製とちがって記載されている。
23 Brian Morris, *Mary Quant's London*, London Museum, 1973(展覧会カタログ)
24 ロンドン博物館の展覧会記録より。入場料は20ペンスで、当時のペーパーバック本とほぼ同じ値段。子供と高齢者は特別料金で10ペンス。
25 Ernestine Carter, 'Introduction', *Mary Quant's London*(展覧会カタログ), London Museum, 1973, p.11
26 ケヴィン・ロバーツが筆者に送付した2018年7月7日付メール。ロバーツの著書*Lovemarks: The Future Beyond Brands* (New York, 2006)も参照。
27 Quant 1966, p.82

PART 1 1919-1955
バザー誕生まで

1 Veronical Horwell, *The Guardian*, July 17, 2015 のマクネアの訃報記事およびMcNair and O'Neill, 2008, track 1. ヘイミッシュ・ボッタリーとカミラ・マイアーの賛助で、家族と知人によるマクネアの弔辞を入手することができた。
2 McNair and O'Neill, 2008, track 1. イギリス国立図書館の口述記録保管担当者のチャーリー・モーガンの協力による。
3 一般登記所のデータ、婚姻届はwww.ancestry.co.ukで確認。
4 Quant 1966, p.3. クウントとブランケット・グリーンの在学期を証明する資料は、ゴールドスミス・カレッジに残っていない。ロンドン大学ゴールドスミスのシニア開発マネージャーのルーシー・ナガールの協力による。この著書でクウントはブランケット・グリーンとゴールドスミス・カレッジで出会い、当時二人とも16歳だったと記している。実際にはクウントが2歳年上なので、クウントは20歳、ブランケット・グリーンは18歳だったと考えられる。Quant 2012のなかでは1953年にブランケット・グリーンに出会ったと記している。少なくとも1957年以降、雑誌記事でクウントは実年齢より若く、いろいろな年齢設定で紹介され、1962年の『サンデー・タイムズ』のカラー別刷紙は二人とも28歳だと記載している(実際は32歳と30歳)。この年齢差の偽装は、当時の因習にあわせると共に、クウントの若々しさを強調し、市場へのアピールを高めるための処置だったのではないかと考えられる。当時、女性の年齢について聞いたり、話題にするのは社会的によしとされていなかった。
5 Quant 1966, p.3
6 一般登記所のデータ、婚姻届はwww.ancestry.co.ukで確認。
7 Quant 2012, p.21-23およびQuant 1966, p.23
8 Quant 1966, p.23
9 Quant 1966, p.23. Georgiana Blakiston, *Woburn and the Russells* (London, 1980)および*Letters of Conrad Russell 1897-1947* (London, 1987)も参照。
10 オーランド・ブランケット・グリーンのベビーシッターを務めたエスター・フィッツジェラルドの談話。June 7, 2018
11 Quant 2012, p.23
12 Quant 2012, p.10
13 一般登記所のデータ、婚姻届はwww.ancestry.co.ukで確認。
14 トニー・クウントがヘザー・ティルベリー・フィリップスに送付した2018年8月9日付メール。
15 Quant 1966, p.14
16 Quant 1966, p.14
17 John Steeran, *Introducing Sam Rabin* (Dulwich Picture Gallery, 1985), p.30
18 'Mary Quant "student" sketchbook auctioned', www.bbc.co.uk/news
19 ロンドンとM25モーターウェイ・エリアについてのオンライン・アーカイヴAIM25でゴールドスミス・カレッジの大学教旨www.aim25.com。
20 Patricia Stacey, 'Recollections from my time working for the milliner, Erik Muller.' アリソン・コリアー=ブリストウへの口述.April 11, 2018 (未出版)
21 同上。
22 同上。

23 同上。
24 ロンドンの選挙人名簿1832-1965をwww.ancestry.co.ukで確認。
25 Quant 1966, p.31
26 Quant 1966, p.30
27 Quant 1966, p.32

PART 2 1955-1962
ブティックから大量生産スタイルへ

1 Quant 1966, p.32-37
2 Adburgham 1964, p.18
3 Quant 1966, p.53
4 'London's Young Designers: Two Shops Offer "Chelsea Look" for British Beatniks', *Women's Wear Daily*, August 19, 1959, p.4
5 McNair and O'Neill, 2008, track 3
6 1950年、商店法はそれまでの法律を統合し、日曜日の営業時間を規制するように制限する試みがなされた。商法の緩和、反世俗化対策の緩和を求める運動についてはLynda Nead, 'An English Sunday Afternoon' in *The Tiger in the Smoke: Art and Culture in Post-War Britain* (New Haven and London, 2017), p.277-305を参照。
7 Quant 1966, p.42
8 テレスカ・アンド・マーク・ベッペは、V&A博物館に帽子を寄贈 (V&A: T.77- 2018)し、当時のスクラップブックやスライドを提供してくれた。アーティストでありイラストレーターのマーク・ベッペは、キングロード85aにあったアーティストのエンゾ・プラゾッタのスタジオで働いていた。
9 シャーリー・コンランがヘザー・ティルベリー・フィリップスに送付した2018年6月18日付メール。
10 Leonard S. Marcus, *The American Store Window* (New York, 1978); Yasuko Suga, 'Modernism, Commercialism and Display Design in Britain: The Reimann School and Studios of Industrial and Commercial Art', *Journal of Design History*, vol. 19, no. 2, 2006, p.137-54; Bernard Lodge, 'Natasha Kroll: Brilliant designer who brought about a style revolution at BBC Television', *The Guardian*, April 7, 2004. ロンドン芸術大学のロンドン・カレッジ・オブ・ファッションのエドウィナ・アーネスティンとミルシニ・トリゴーニ博士の協力による。
11 Quant 1966, p.41. www.universaldisplay.co.uk/newsも参照。ジョン・ベイツ(1937-2018)は1954年に17歳の時にオックスフォード通りにあったジョン・ルイス百貨店の仮設店舗(戦時中に爆撃され、新しいビルは1960年に完成)でビジュアルマーチャンダイジングの仕事をはじめる。リージェント通りのリバティ社に4年間務めたあと、バーウェイ・ディスプレイで働き、クウントとブランケット・グリーンと出会う。その後、ファッションブランドのウォリスの、さらにオランダの靴ブランドのバタのディスプレイ責任者となる。1973年、ジェムズ・ウィクス・モデル社を買い取り、ジェミニ・マネキンと名称変更。小売業用、博物館展示用の高級マネキンの製造会社として知られるようになる。のちにプロポーション・ロンドンに買収される。トーマス・スウィンバーン・シェルドレイクが、ジョン・ベイツの葬儀においてビジネスパートナーのジョー・ジャクエストが読んだ弔辞を提供してくれた。1960年代、マイケル・ヘインズもウィンドーディスプレイを手伝っていた。ヘインズは、1973年のロンドン博物館

での『マリークワントのロンドン』展の展示設計を担当している。

12 Quant 1966, p.36

13 『ハーパーズ バザー』のジュリエット・ニコルソンがこの参照記事を見つけてくれた。

14 Quant 1966, p.39

15 Quant 1966, p.67

16 MacCarthy 2006, p.57

17 Anne Fogarty, 'Wife Dressing No.5: Look out Ladies, Men don notice', *Woman and Beauty*, July 1960, p.70-71. リズ・トレガンは記事を提供してくれた。価格の価値換算はwww.nationalarchives.gov.uk/currency-converterを使用。

18 Beatrice Behlen, 'London & UK' in de la Haye and Ehrman (eds) 2015, p.213も参照。

19 'The Young Face of Old Chelsea', *Tatler and Bystander*, April 1959

20 同上。

21 Paul Gorman, *The Look: Adventures in Rock and Pop Fashion* (London, 2006). ジョアン・ベイクウェルは1951年ケンブリッジ大学入学時、母親が用意したほとんどが手作りの貧弱な衣類しかもっておらず、のちにフランスのシャンソン歌手のジュリエット・グレコに影響され、ビートニクスタイルの黒のタートルネックセーター、タイトな黒のズボン、スリムパンツ、ローヒールの靴を買ったという。Joan Bakewell, *The Centre of the Bed* (London, 2003), p.87 and 91. Brigid Keenan, *Full Marks for Trying: An Unlikely Journey from the Raj to the Rag Trade* (London, 2016), chapter 6も参照。

22 Paul Gorman, 'À la mod: how the Jam and mod style transcended fashion', *The Guardian*, 12 August 2015. ディラン・ジョーンズの引用。

23 筆者による取材。September 20, 2018

24 Janey Ironside, 'The Young Outlook in Fashion Design', *Harper's Bazaar*, July 1957, p.48-51

25 *Vogue*, December 1958; Quant 1966, p.84

26 Quant 1966, p.79

27 Ken and Kate Baynes, 'Behind the Scene', *Design*, 1966, p.18-29

28 バザーもマリークワントも有料広告を使った宣伝ははばしていないが、1960年の『クイーン』、1962年9月号の『タトラー』、1962年10月号の『ハーパーズ バザー』に掲載例が見られる。アートディレクターであったトム・ウルジーの影響については今後の研究課題にあげられる。マイク・デンプシーのブログの『Tom Wolsey: no compromise',14 August 2015, www.mikedempsey.typepad.comおよび*New York Times*, May 12, 2013. のウルジーの訃報記事を参照。デイジーのロゴについてはクワントがQuant 2012, p.82-83で取り上げている。

29 Gwen Robyns, 'Oh! The Chic of the Girl: Miss Quant finds it pays to be quaint', *Daily Mirror*, October 24, 1960

30 'Young Idea: Double Take', *Vogue*, December 1960

31 Gwen Robyns, 'Oh! The Chic of the Girl: Miss Quant finds it pays to be quaint', *Daily Mirror*, October 24, 1960

32 'Beat the Beatniks', *Queen*, February 1960

33 ニッキー・ヘッセンバーグへの電話による取材。August 2, 2018

34 Michael Pick, *Shoes for Stars* (Woodbridge, 2015), p.126

35 『S.ロンドンのためのマリークワントのデザイン』とラベル書きされたラフスケッチ画とコットンのトワル地が、V&A博物館の家具・繊維・衣服部アーカイブに所蔵されている。スーザン・ノースがこの資料の存在を教えてくれた。

36 シャーリー・コンランがヘザー・ティルベリー・フィリップスに送付した2018年6月18日付けメール。

37 バーナデット・スネルは1962年から2003年までマリークワント社で働いていた。

38 Shirley Shurville, 'How it all began for me' (未発表の回顧録), 17 November 2017

39 V&A博物館宛の2018年6月25日付メール。

40 『トゥッティ・フルッティ』は1973年の展覧会のために再作成された(V&A: T-104 to D-1976)。スコットランド国立博物館にも所蔵されている(K.2004.222.1&2)。ドレス『緑の妖精』(V&A: E.253-2013)。このグループに属するデザインに『タントラム(駄々をこねる)』「フェックレス(怠惰な)」(V&A: E.250 to 256-2013)などがある。

41 Miller 1966, p.1067; McNair and O'Neill, 2008, track 6

クワントのモデルたち

1 Caroline Evans, *The Mechanical Smile: Modernism and the First Fashion Shows in France and America, 1900-1929* (New Haven and London, 2013)

2 Valerie Mendes, *John French Fashion Photographer* (London, 1984), p.19-26参照。

3 Brigid Keenan, *The Women We Wanted to Look Like* (London, 1977), p.146

4 Shrimpton 1964, p.37

5 Keenan 1977, p.127のクワントの引用。

6 Shrimpton 1964, p.58

7 Quant 1966, p.46

8 Quant 2012, p.96

9 Shrimpton 1964, p.157

10 *Sunday Times*, February 4, 1962

11 Coddington 2002, p.44

12 Coddington 2002, p.74

13 同上。

14 Quant 2012, p.163

15 Coddington 2002, p.67

16 www.vogue.co.uk/article/grace-coddington-on-her-iconic-vidal-sassoon-haircut

17 ジョン・ペッパーによるクワントへのインタビュー。ITV Cymru, 1966

18 Twiggy 1975, p.7

19 *Daily Express*, February 23, 1966

20 *Paris Match*, April 8, 1967

21 ジル・ケニントンへの筆者による取材。2018

22 *Newsweek*, April 10, 1967

23 Quant 1966, p.78

24 Quant 1966, p.81

25 Quant 1966, p.83

26 Coddington 2002, p.67

27 Quant 1966, p.94

28 BBC2 documentary, *The Real Blow Up: Fame, Fashion and Photography*, 2002でのクワントの発言。

29 ジョン・ペッパーによるクワントへのインタビュー。ITV Cymru, 1966

30 パメラ・ハワード・メイス。1968-79年のマリークワント社のデザインディレクター。

31 ヘザー・ティルベリー・フィリップスへの取材。2018年。

32 Quant 1966, p.165

33 Quant 1966, p.175

34 Quant 1966, p.187

35 Lucie Clayton, *The World of Modelling and How to Get the London Model-Girl Look*, (London, 1968)

36 アメリカ版『ヴォーグ』の表紙を飾った初のアフリカ系モデルはビバリー・ジョンソン(1974年8月号)。

37 *Time*, April 1, 1966

38 Suzy Menkes, *How to be a Model* (London,

1969), p.106

39 Amanda Lear, *My Life With Dali* (London, 1985)

40 April Ashley, *The First Lady* (London, 2006), p.106

41 Quant 2012, p.70

42 *Sunday Telegraph* magazine, May 25, 1973

クワントの時代の写真家たち

1 MacInnes 1959

2 同上。

3 マグネアの訃報記事より。www.telegraph.co.uk/news/obituaries

4 ヒラリー・アレキサンダーによるマリー・クワントへのインタビュー。January 12, 2009. www.youtube.comにインタビュー画像あり。

5 Garner 1999, p.12に掲載されている1998年9月のマリー・クワントとの会話からの引用。

6 Garner 1999, p.9

7 同上。

8 Martin Munkácsi, 'Think While You Shoot', *Harper's Bazaar*, November 1935

9 モデルたちについての詳細はp.73-95のステファニー・ウッドのエッセイを参照。

10 Shinkle 2017, p.118

11 Garner 1999, p.8

12 Garner 1999, p.47

13 Quant 1966, p.127

14 Quant 1966, p.129

15 Robin Muir, *Norman Parkinson: Portraits in Fashion* (London, 2004), p.109

16 Quant 1966, p.75

17 MacInnes 1959

18 この写真は化粧品ラインの立ち上げとクワントの世界的成功を讃えてフェリシティ・グリーンが『デイリー・ミラー』に執筆した記事と一緒に掲載された。Felicity Green, 'From rags to rouges', *Daily Mirror*, April 6, 1966, p.15

19 Hugo Vickers (編), *Beaton in the Sixties: More Unexpurgated Diaries* (London, 2004), p.303

20 Shinkle 2017, p.89

21 BBC2 documentary, *The Real Blow Up: Fame, Fashion and Photography*, 2002, 9:40

22 同上。18:07

23 Nicky Haslam, 'How Bailey changed my life in a flash', *Daily Mail*, January 20, 2012. www.dailymail.co.uk(データあり)。

24 BBC2 documentary, *Fame, Fashion and Photography: The Real Blow Up*, 2002, 43:45

25 Grace Coddington and Robin Muir, 'The Fashion Photographs of Terence Donovan', *Daily Telegraph*, November 2, 2012

26 ツイッギーの撮影は1966年6月3日におこなわれ、8月27日付の『ウーマンズ・ミラー』に掲載された。

27 *Daily Mail*, June 1965. Garner 1999, p.17に記載されている。

28 Bosley Crowther, 'Blow-Up', *New York Times*, December 19, 1966

29 Marion Hume and Tamsin Blanchard, 'Fashion Through a Lens Backwards', *The Independent*, April 28, 1993

30 Stephen Gundle, *Glamour: A History* (Oxford, 2009), p.295

31 *Vogue*, October 1, 1966 and September 15, 1967

32 *Vogue* cover, March 1, 1966. ドニエル・ルナをデイヴィッド・ベイリーが撮影。

PART 3 1963-1964
成功への扉 ―大舞台へ―

1 *Vogue*, October 1, 1963

2 Quant 1966, p.113

3 Quant 1966, p.121

4 Ken and Kate Baynes, 'Behind the Scene', *Design*, 1966, p.18-29

5 エイムズ・ミル織物製造会社についての詳細は把握できていない。

6 Quant 1966, p.124-6

7 Betty Keep, 'Styled by the With-It Girl', *Australian Women's Weekly*, March 15, 1964を参照。ビクトリア国立美術館の服飾・繊維部門シニア学芸員のパオラ・ディ・トロッキオの協力による。

8 Jill Butterfield, 'A girl like this makes you want to gamble', *Daily Express*, November 6, 1963, p.8

9 Felicity Green, *Sex, Sense and Nonsense: Felicity Green on the 60s Fashion Scene*, p.12

10 Annabel Taylor (Mackay), Some memories of a career in the Rag Trade, 1 February 1, 2018(未出版)

11 Quant 1966, p.159

12 www.butterick.mccall.com/our-company/butterick-history and Joy Spanabel Emery, *A History of the Paper Pattern Industry The Home Dressmaking Pattern Revolution* (New York, 2014), p.181

13 Anna Buruma, *Liberty & Co in the Fifties and Sixties: A Taste for Design* (Woodbridge, 2008), p.124-5

14 例えば、1964年11月号の「タトラー」において、グレース・コディントンがヴィクトリア朝スタイルのグラフィックのくるぶし丈ドレスを着ている。

15 1959年から1974年までトローブリッジの織布工場マッコールでデザイナーを務めていた、アリステア・ゴールドの1992年のインタビューからの引用。このインタビューは1990年代はじめからトローブリッジ博物館が、かつて織布工場に勤務していた人々を対象におこなっている口述記録保存活動の一環。Hanne Dahl, 'Research into Mary Quant garments Made of West of England cloth Woven in Trowbridge' (未発表論文) February 2018.

16 この「イングランド西部」のラベルは、リーズ美術館のドレス、個人のアイテムに見られる。

17 もともとロンドンのタッタソール馬市場で使われていた馬毛布のデザインで、その後、乗馬用のベスト、そして一般のベストに用いられるようになった。Wiltshire and Swindon History Centre ref 1387/880参照。

18 エリザベス・ギボンズとV&A博物館の2013年のやりとりのなかで確認。Coddington 2002, p.67

19 Quant 2012, p.168-169

**大西洋を横断するファッションビジネス:
マリークワントの体験**

1 'U.K. Designer Mary Quant in Penney Tie-in', *Women's Wear Daily*(以後WWDと表記), September 19, 1962; Mort Sheinman, 'Giant Fashion Step Taken by Penney's', *WWD*, October 3, 1962

2 'New York Dress Market Dominant, Survey Shows', *WWD*, December 8, 1954

3 ポピー・ブルックスの1961年4月30日までの年度の年次報告書。p.17, 19, folder 3, box 1, Ms. 5157。オハイオ州クリーブランド・ヒストリー・センター研究図書館。

4 Apparel and Fashion Industry's Association, *London Presents* (London 1957), MSS22/AP/4/2/2, ウォーリック大学現代文書センター。

5 Blaszczyk 2006

6 Mark Abrams, 'Spending on Clothes', *Financial Times* (以後FTと表記), October 6, 1956

7 'London Group Bases Fashion Show on Teen Preferences', *WWD*, November 9, 1955.

8 'Fashion Comes to the Market', *FT*, May 20, 1960; 'Women's Clothing - How the Money is Spent', *FT*, March 31, 1960

9 規格サイズについての話はWWDが取り上げている。1968年10月8日にワシントンD.C.で開かれたアパレルリサーチ財団の第2回年次会議での講演でも、その取り組みの歴史が紹介された:Florence H. Forziati, 'Changes in Body Sizes of Young Women.' 規格サイズに関する研究: Accession 2215: DuPont External Affairs. デラウェア州ウィルミントンのハグレー博物館および図書館。

10 Forziati, 'Changes in Body Sizes of Young Women'; Board of Trade, *Women's Measurements and Sizes: A Study Sponsored by the Joint Clothing Council Limited* (London 1957); Geoffrey Henry, 'Trade Lines', *The Maker-Up*, vol. 48, 1943, p.856; Julia Felsenthal, 'A Size 2 Is a Size 2 Is a Size 8', *Slate*, January 25, 2012. www.slate.com.

11 JC Penney Company, *Sizing Up Women's Fashions* (1965; revised 1966), JC Penney Collection, DeGolyer Library, Southern Methodist University, Dallas, Tex (以後 Penney-SMUと表記)。家政学の意義・役割についてはJ.C.ペニーが教師向けに発刊していた雑誌 *Fashions and Fabrics*; Penney-SMUを参照。

12 Rachel Worth, *Fashion for the People: A History of Clothing at Marks and Spencer* (London, 2006)

13 'Steinberg & Sons (London & South Wales)', *FT*, September 11, 1952などを参照。

14 'Office Will Assist U.S. Buyers at London Openings', *WWD*, October 19, 1955; 'Britain Pushes Ready-to-Wear Exports to U.S.', *WWD*, January 16, 1956

15 'Group in London Credits Showing for Export Rise', *WWD*, January 18, 1962

16 'Frederick Starke Heads London Group', *WWD*, December 14, 1959; 'Fashion House Group of London Ceases Activities', *WWD*, January 28, 1966

17 'The American "Mind" Is Ripe for British Fashion', *WWD*, July 21, 1965からの引用。

18 'British RTW Firms Cast Eager Eye on U.S. Market', *WWD*, June 2, 1965

19 'Frederick Starke Operates on Two Distinct Price Levels', *WWD*, October 3, 1960

20 Blaszczyk 2018b

21 J.C.ペニー社1960年度年次報告。

22 John McDonald, 'How They Minted the New Penney', *Fortune*, July 1967, reprint, Penney-SMU

23 Blaszczyk 2018a

24 *Penneys Fall and Winter 63*, Penney-SMU

25 Quant 1966 (2012年再版), p.101-102; Quant 2012, p.68; 'Mary Quant Visits N.Y.O and West Coast Stores', *Penney News*, vol. 28 (September 1963), p.5, Penney-SMU

26 'Looking Back - into the Future', *Penney News*, August 30, 1965, p.10-11, Penney-SMU

27 チェルシーガールという衣料店は1965年以降イギリスでチェーン展開されるが、クワントがJ.C.ペニー向けにデザインした「チェルシーガール」コレクションとは関係はなく、クワントのプロジェクトの方が先行していた。チェーン店のチェルシーガールは1991年にリヴァーアイランドにリブランディングされた。James

Hall, 'From Chelsea Girl to Concept Man: History of River Island', *Telegraph*, March 20, 2011

28 *Penneys Fall and Winter 63*; JC Penney Company, *Sizing Up Women's Fashions*.

29 'Mary Quant Designs New Collection for Spring and Summer', *Penney News*, vol. 28 (April 1963), p.1, 10, Penney-SMU

30 Blaszczyk 2018b, p.107; Quant 1966 (2012年再版),p.104-105; *Penneys Spring and Summer 64*, p.8-9, Penney-SMU

31 *Penneys Fall & Winter 1964*, p.88-89; *Penneys Fall and Winter 1965*, p.6-8; *Penneys Spring and Summer 1966*, p.2-9; *Penneys Fall and Winter 1966*, p.2-31, Penney-SMU

32 Quant 2012, p.69

33 Blaszczyk 2018b, p.109; *Penneys Fall and Winter 1965*, p.2-31; *Go Young in Spring and Summer 1967 Penneys*, p.2-13; *1969 Penneys Spring & Summer American on the Go*, p.58-65, Penney-SMU

34 'New Fashion Company Formed', *FT*, February 21, 1963; 'Steinberg & Sons (London and South Wales)', *FT*, October 9, 1963

35 'The Far-Out Stockings', *Daily Mail*, May 2, 1963

36 Felicity Green, 'Girls Will Be Boys', *Daily Mirror*, August 21, 1963

37 'Burgeoning Quant', *WWD*, August 27, 1963

38 'Sure-Footed for Spring', *Tatler*, January 29, 1964

39 'Better Prospect for Steinberg & Sons', *FT*, September 17, 1964

40 Tom McDermott, 'The Swingingest Giant of Them All', *WWD*, August 17, 1966; 'Puritan Confirms Young Appointment', *WWD*, April 14, 1965; Robert S. Taplinger Associates, 'YOUTHQUAKE' プレスリリース (June 1965), マリークワントアーカイヴ。

41 McDermott, 'The Swingingest Giant'; 'Puritan Confirms Young Appointment'; Paul Hanenberg, 'First of 25 Paraphernalia Shops to Bow in May Co., Cleveland', *WWD*, March 7, 1966

42 Mort Sheinman, 'Puritan Swings', *WWD*, March 17, 1965; Mort Sheinman, 'Puritan Keeping Its Eye on Durable Press, Youth', *WWD*, May 20, 1965

43 'Minneapolis Units Go "Feminine" in Dress Sections', *WWD*, July 22, 1965

44 'What They Really Buy', *The Economist*, November 20, 1965, p.862

45 'Spring Check-Up', *WWD*, December 1, 1965

46 Sheila Black, 'G.B. Britton to Make Women's Shoes', *FT*, March 14, 1967

47 'Current Problems at Steinberg', *FT*, March 20, 1968

48 Sheila Black, 'Fashion: No Place for the Amateur', *FT*, January 28, 1966; Carol Bjorkman, 'Carol', *WWD*, September 17, 1965; 'WWDeadline', *WWD*, August 2, 1967; 'New Names - In London RTW', *WWD*, October 3, 1967; 'In Philadelphia: Gimbles and Clairol Reveal How London Sees Blondes', *WWD*, November 3, 1967

49 'Mary Quant Deal', *FT*, March 13, 1970; 'Quant Is Back', *WWD*, April 15, 1970

50 'More Stores Are Buying But Orders Are Small', *WWD*, April 28, 1971; Sheila Black,

'British Fashion Needs Quality to Go with Its Style', *FT*, October 6, 1972; 'Steinberg & Sons (London & South Wales) Ltd', *FT*, October 11, 1973

51 Tom McDermott, 'Puritan Fashion's Rosen: Revolution Toward Youth', *WWD*, October 28, 1971

52 *JC Penney Fall and Winter 1971*, p.4-5, Penney-SMU

53 *JC Penney Fall and Winter 1972*. 筆者の所蔵品。

54 'Archie McNair Obituary: London Entrepreneur Whose Vision Transformed King's Road, Chelsea', *The Guardian*, July 10, 2015

55 Grumbach 2014, p.212

56 'In Fashion the Name Is the Game', *The Economist*, March 17, 1984

57 WWDからの引用については 'In Fashion the Name Is the Game'を参照。

PART 4 1965-1967
ミニスカート革命

1 Dominic Sandbrook, *Never Had It So Good: A History of Britain from Suez to the Beatles* (London, 2005), p.465からの引用。Sandbrookは Asa Briggs, *The History of Broadcasting in the United Kingdom*, vol. 5, 1995, p.204から引用している。

2 *Life*, December 5, 1960

3 ニッキー・ヘッセンバーグへの電話による取材。August, 2018

4 John Ayto, *Twentieth Century Words*, (Oxford, 1999), p.422. Aytoは*The Economist*, 1965から引用しているが詳細は記されていない。

5 Quant 1966, p.175

6 Quant 2012, p.275-278

7 #WeWantQuantキャンペーンに応じたトーヤ・ウィルコックスがV&A博物館に送付した2018年6月8日付メール。

8 Patricia Peterson, 'Courrèges Is Star of Best Show Seen So Far', *New York Times*, August 3, 1964. Roma Fairley, *Bomb in the Collection: Fashion with the Lid Off* (London, 1969), p.47も参照。

9 *Vogue*, January 1965

10 Alexander Fury, 'Does it matter who invented the mini? Fashion's a free-for-all', *The Independent*, January 11, 2016

11 Quant 1966, p.66-67

12 Shrimpton 1996, p.109. シュリンプトンがメルボルンで着たドレスについて、時折V&A博物館の家具・繊維・服飾部に問いあわせがあるが、V&A博物館の所蔵品ではない。1974年にシュリンプトンはニューヨークのヘンリー・ベンデルのタグがついた1966年ごろ製の白のミニスカートを寄贈している(V&A: T.68-1974)。

13 'Mod Fashions made in Australia', *Australian Woman's Weekly*, April 29, 1965 (ヴィクトリア国立美術館のパオラ・ディ・トロッキオの協力による), *Crossroads: The Memoirs of Sidney Sernack, 'The Man For Your Wardrobe'* as narrated to Linda Barmeister (Canberra, 2014), p.170-171. トレイシー・サーナックチー・クイーの協力による。

14 Green 2014, p.114-115

15 Fashion Museum, Bath: BATMC 94.23; V&A: T.110-1976

16 Ernestine Carter, 'Quantuples of Four', *Sunday Times*, April 11, 1965. ハンネ・ダールの協力による。

17 Beatrice Behlen 'London & UK' and Ben

Whyman, 'Hardy Amies' in de la Haye and Ehrman (編) 2015, p.204; p.162

18 ジェラルド・ファラデーへのインタビュー。May 26, 2015

19 ジャック・アイゼンバーグがヘザー・ティルベリー・フィリップスに送付した2018年2月付メール。

20 Ernestine Carter, 'Introduction', *Mary Quant's London*, p.11; see also Alexandra Palmer, *Dior*, (London, 2009), p.92; M&S News (in house magazine) February 1963. リーズ大学M&S社アーカイヴのケイティ・キャメロンの協力による。

21 アメリカ版『ヴォーグ』が早い段階でマリー・クワントのストッキングについて取り上げている。US *Vogue*, September 15, 1964, p.164

22 ロジャー・カリーが筆者に送付した2018年6月29日付メール。

23 デリー・カリーへのインタビュー。June 2015

24 'Corset making' A Tale of One City, www.ataleofonecity.portsmouth.gov.ukを参照 (August 22, 2018にチェック)。エドウィナ・エーラムの協力で、ワインガーデン・ブラザーズ社が「Qフォーム」アンダーウェアの製造会社であることを特定することができた。アリソン・カーターにも感謝した。

25 'Yiperoonee it's party time', *Petticoat*, December 3, 1966

26 黒いラビットファーのコートでレザーの縁飾りが施されている。個人蔵。

27 *Tatler*, January 19, 1965

28 www.nationalarchives.gov.uk/currency-converter

29 *Honey*, October 1966, p.101

30 個人の2例が確認されている。

31 「コートの丈&とても短く」と指示している。個人。

32 *Vogue*, October 1, 1966 p.135. 価格の価値換算はwww.nationalarchives.gov.uk/currency-converterを使用。

33 V&A: T.72:1&2-2018 and V&A: T.73:1&2-2018. ダイアン・ハリスによる寄贈。

34 V&A: T.56-2018. スー・ロバートソンによる寄贈。

35 'Odd gear at the Palace', *Daily Mail*, November 16, 1966

36 一例としてV&A: T.353-1974

37 筆者とステファニー・ウッドがスザンヌ・アイザックス(現ラッセル)に確認。May 22, 2018

38 ステフコニット社がノースカロライナ州にあったことをさまざまなウェブサイトが示唆している。マリークワントのデザインとの繋がりを明確にするためには、さらなるリサーチを要する。

39 Quant 2012, p.74. シャーリー・シューヴィルが筆者に送付した2018年9月25日付メール。

40 Christopher Laverty, *Fashion in Film* (London, 2016), p.144-147

41 *On the Quant Wavelength - a Honey special*, (London, 1967), p.1

42 Suzy Menkes, 'The Daisy Trail', *The Times*, August 16, 1967, p.9. 価格帯は2ポンド9シリング11ペンスから3ポンド19シリング11ペンス(www.nationalarchives.gov. uk/currency-converter)と記載されている。

43 Alison Adburgham, 'Mary Quant talks to Alison Adburgham', *The Guardian*, October 10, 1967

44 Quant 2012, p.117-118. 自宅で保管していた重要アイテムをV&A博物館に寄贈したことを記している。ブランケット・グリーンとラッセル家に関するすべてのファイルを調査したが、これらの服が寄贈されたという記録は残っていない。ロンドン博物館アーカイヴ参照:MA/1/R/2092 (Lady Dorothea Russell), MA/1/R/2097 (Miss Flora Russell), MA/1/B.1632 (Mrs Noel Blakiston)

45 www.gracesguide.co.uk/File:Kangol3-1955.jpg.

46 *Vogue*, October 1, 1967, p.53

47 Heather Tilbury Phillips, 'I first met Mary Quant', May 28, 2018 (未出版)

クワントとコスメティック

1 CBC (Canadian Broadcasting Corporation), *British Fashion Icon Mary Quant*, 1968, CBC Archive

2 口述による歴史資料。マルケタ・ウフリージョヴァーがマリー・クワントをインタビュー。September 15, 2004, ロンドン博物館。2008.64

3 McNair and O'Neill, 2008, session 5, track 8

4 口述による歴史資料。マルケタ・ウフリージョヴァーがマリー・クワントをインタビュー。September 15, 2004, ロンドン博物館。2008.64; Quant 2012, p.109

5 口述による歴史資料。マルケタ・ウフリージョヴァーがマリー・クワントをインタビュー。September 15, 2004, ロンドン博物館。2008.64; Quant 2012, p.108-109

6 *On the Quant Wavelength - a Honey special* (London, 1967), p.3; Quant 1986, p.ii

7 同上。

8 口述による歴史資料。マルケタ・ウフリージョヴァーがクワントにインタビュー。September 15, 2004, ロンドン博物館。2008.64

9 Prudence Glynn, 'The package deal', *The Times*, November 28, 1967, p.9

10 CBC, *British Fashion Icon Mary Quant*, 1968, CBC Archive

11 同上。

12 イギリス知的財産庁の商標番号: UK00000888980

13 www.trademarks.ipo.gov.uk. Helen Quin, 'The image is the message', *The Guardian*, April 3, 1969, p.9. このパッケージはム・ウルジーがデザインしたという資料も:Ken and Kate Baynes, 'Behind the Scene', *Design*, 1966, p.23

14 Prudence Glynn, 'The package deal', *The Times*, November 28, 1967, p.9

15 'Mary Quant Starkers', *Cosmopolitan* NY, October 1966, vol. 161, issue 4, p.44

16 *On the Quant Wavelength - a Honey special*, (London, 1967), p.3

17 Allen 1981, p.79

18 *On the Quant Wavelength - a Honey special*, (London, 1967), p.3-4

19 当時マリークワント/ガラのプロジェクトに関わっていたジョイ・デベナム=バートン(旧姓イングラム)、パトリシア・ガーン(旧姓マッシュ)、ヘザー・ティルベリー・フィリップスの会話でのデベナム=バートンの証言。January 21, 2018

20 同上。

21 同上。

22 当時マリークワント/ガラのプロジェクトに関わっていたパトリシア・ガーン(旧姓マッシュ)、ジョイ・デベナム=バートン(旧姓イングラム)、ヘザー・ティルベリー・フィリップスの会話でのガーンの証言。January 21, 2018. このマンガの説明書は「オブザーバー」に1962年から1966年に掲載されていた、料理のコツを紹介するレイ・デイトンの人気コラム「クックストリップス」からヒントを得た可能性がある。

23 'The Beauty Part - It's a Barefaced Happening', *WWD*, vol. 124, issue 124, June 24, 1966, p.9; Angela Taylor, 'Mary Quant Makes Make-up for Mods', *New York Times*, September 8, 1966, p.78

24 パトリシア・ガーンが2018年5月11日付メールで提供
してくれた記録。

25 Anne Braybon, 'About Town: A Case Study
from Research in Progress on Photographic
Networks in Britain, 1952-1969', *Photography
and Culture*, vol. 1, issue 2, 2008, p.95-106,
DOI: 10.2752/17514508784861446. 広告は
1966年6月号の『ヴォーグ』に掲載された。

26 Paul Jobling, *Advertising Menswear:
Masculinity and Fashion in the British Media
Since 1945* (London, 2015), n.23, p.51; Felicity
Green, 'The Magical Miss-Tree-Tour', *Daily
Mirror*, March 21, 1968, p.15; ヘザー・ティルベ
リー・フィリップスが筆者に送付した2018年8月6日付
メール。

27 Quant 2012, p.132

28 当時マリークワント／ガラのプロジェクトに関わって
いたパトリシア・ガーン（旧姓マッシュ）、ジョイ・デベナ
ム＝バートン（旧姓イングラム）、ヘザー・ティルベリー・
フィリップスの会話でのガーンとジョイ・デベナム＝
バートンの証言。筆者も同席。January 21, 2018

29 A.M. P.M.香水の広告。*Vogue*, December 1967,
p.15

30 'Hers: Mug's game a success', *The Observer*,
March 12, 1967, p.28

31 'Help!', *The Times*, June 13, 1967, p.9. ロンドン博物
館に収蔵されている: 74.330/32x and 74.330/32y,
www.collections.museumoflondon.org.uk

32 'The lure of the lash', *Women's Wear Daily*, vol.
153, issue 4, February 15, 1969, p.44

33 当時マリークワント／ガラのプロジェクトに関わっ
たパトリシア・ガーン（旧姓マッシュ）、ジョイ・デベナム
＝バートン（旧姓イングラム）、ヘザー・ティルベリー・フィ
リップスの会話でのガーンとジョイ・デベナム＝バート
ンの証言。筆者も同席。January 21, 2018

34 Simon 1971, p.17

35 Sheila Black, 'Trio who put the Quant theory into
practice', *Financial Times*, October 24, 1968, p.13;
Jo-An Jenkins, 'Inside Out - Mary Quant', *Women's
Wear Daily*, vol. 117, issue 125, December 27,
1968, p.14-15. ロンドン博物館にビタミン剤入りの
ケースが収蔵されている: 74.330/32as

36 Sheila Black, 'Trio who put the Quant theory
into practice', *Financial Times*, October 24,
1968, p.13

37 広告: Mary Quant's Beach Paints, *Harper's
Bazaar*, New York, vol. 102, issue 3088, March
1969, p.80; 'Variations on a Tan', *Harpers
and Queen*, London, May 1972, p.89. ロンド
ン博物館に収蔵されている: 74.330/32an and
74.330/32ao; *The Chemist and Druggist*, May
19, 1973, p.648

38 'Beauty Bulletin', *Vogue*, October 1, 1966,
p.128; From a London Correspondent,
'Changing face an art form', *Canberra Times*,
October 4, 1967, p.18

39 ロンドン博物館に収蔵されている: 74.330/32lla
and 74.330/32llc

40 'The Cosmetics: The Beauty Part' sections
in *Women's Wear Daily*, vol. 117, issue 73,
October 11, 1968, p.28 and vol. 121, issue 47,
September 4, 1970, p.18

41 Katie Stewart, 'Counterpoint', *The Times*,
February 11, 1972, p.9; *The Chemist and
Druggist*, May 19, 1973, p.648

42 トーヌ・ウィルコックスがV&A博物館に送付した2018
年6月8日付メール。

43 Twiggy 1975, p.94

44 ガラ・コスメティック社のクリエイティブマネージャーを

1968年から1969年に務めたジル・サクストン（旧姓
ローダーデール）が筆者に提供してくれた記録。July
25, 2018

45 Simon 1971, p.65

46 Simon 1971, p.66

47 Jody Jacobs, 'Fall Cosmetics: Make-up To
Make Love', *Women's Wear Daily*, vol. 120,
issue 109, June 1970, p.20; *Gala Gossip*, 1970,
p.30（ガラ・コスメティックス社の社内誌。パトリシア・
ガーンの提供）

48 ガラ・コスメティック社のクリエイティブマネージャーを
1968年から1969年に務めたジル・サクストン（旧姓
ローダーデール）が筆者に提供してくれた記録。July
25, 2018

49 *Make-up To Make Love In*. 1970年ごろの販促用
冊子（筆者の私物）。

50 Allen 1981, p.80

51 マリークワント スペシャル・レシピ広告。1976, Alamy
Stock Photo

52 Prudence Glynn, 'The natural thing', *The
Times*, May 14, 1972, p.9

53 Quant 2012, p.140

54 スペシャル・レシピ広告: *Harpers and Queen*, June
1973, p.42; *Women's Wear Daily*, vol. 129,
issue 56, September 18, 1974, p.3; *Seventeen*,
November 1975, p.131

55 広告: *Seventeen*, September 1973, p.53 and
November 1973, p.33. クワントは1967年に既に
「シャドウ・シェイバーズ、ソリッドカラーのアイメイク
用スティック」を立ち上げている。'British Beauty
Firsts', Harper's Bazaar, vol. 76, issue 5, p.56-
5756 Quant 2012, p.13

56 Quant 2012, p.13

57 Stanley Reynolds, 'Bronze age', *The Guardian*,
January 29, 1974, p.13

58 Anthony Parkinson, 'Mainly for Men: Charlie is
a darling with his mascara', *Newcastle Evening
Chronicle*, May 26, 1975, p.4; Angela Taylor,
'Best Face Forward', *New York Times*, April
30, 1976, p.35

59 Alastair Thain, 'Warrior of the wasteland', *The
Times*, April 10, 1993, p.9

60 Allen 1981, p.82-83からの引用。

61 Margaret Pagano, 'Max Factor busy three
UK brands', *The Times*, November 13, 1980,
p.19; Margaret Dibben, 'Max Factor buys Mary
Quant', *The Guardian*, November 13, 1980,
p.17

62 薄井和夫 *Marketing and Consumption in
Modern Japan*, (London, 2014), p.49; 'Brand
Story', www.clubcosmetics.co.jp（クラブコスメ
チックス社HP）

63 Roger Berthoud, 'Encounters: The Two Sides
of Woman', *Illustrated London News*, April 1,
1986, p.63; Libby Purvis, 'From mini skirts to
maxi millions', *The Times*, October 13, 1990,
p.4; Noreen Taylor, 'The woman who refuses
to stay stuck in the Sixties', *The Times*,
January 4, 1996, p.15

64 McNair and O'Neill, 2008, session 6, track 11

65 同上。

66 Libby Purvis, 'From mini skirts to maxi
millions', *The Times*, October 13, 1990, p.4

67 Mary Quant and Felicity Green, *Colour by
Quant*, (London, 1984)

68 Mary Quant, *Classic Make-up & Beauty*
(London, 1998) ロンドン初版の初版タイトルは
Ultimate Make-up & Beauty

69 Mary Quant Cosmetics Ltdウェブサイト。

**クワントと広告:
コレット・ディケンソン・ピアースの手腕**

1 *Harper's Bazaar*, October 1962 と*Tatler*,
September 1962にマリークワントの広告は掲載さ
れている。

2 Quant 2012, p.112

3 広告界における「創造革命」とは、DDBに見られる
ようにクリエイターが代理店における最も重要な存
在となり、アーティストとコピーライターがチームとし
て型にはまらず、直感的な方法で制作した時代を意
味している。Cracknell 2011がこの新しい創造アプ
ローチについて詳しく解説している。このエッセイで
はCracknell 2011とジョン・ヘガーティの著書を参照
している。

4 ビル・バーンバック、ネッド・ドイル（1902-1989）、マッ
ク・ディーン（1906-2004）が1949年にドイル・ディーン・
バーンバック（DDB）を共同創立した。

5 DDB創立以前、バーンバックは1939年のニューヨー
ク世界博覧会や、さまざまな広告代理店と仕事をし
ていた。Cracknell 2011, p.55参照。

6 モーリス・サーチがジェニー・リスターに送付した2018
年7月10日付メール。

7 Hegarty 2011, p.33; 'John Hegarty on the
Power of Advertising' in 'Celebrating Five
Decades Of *The Observer Magazine*' The
Observer Magazine, July 13, 2018

8 *Honey*, February 1967

9 Daniel Farey-Jones, 2012. 'D&AD honours 50
years of industry talent' www.campaignlive.
co.uk/article

10 ワイト・コリンズ・ラザフォード・スコット（WCRS, 1979-
1999）の共同創立者。

11 文部省『美術教育』冊子No. 6. 英国王記録資料
保管オフィス 1946年。

12 クワントは卒業前にゴールドスミスを去っている。
Quant by Quant, p.25

13 Sassoon 1968, p.120-125; Jones 1990, p.53

14 サイモン・フォーブスは1981年にヘアサロン「アンテ
ナ」をロンドンにオープン。

PART 5 1968-1975
ファッションの解放

1 *Vogue*, September 1968, p.73

2 ジェイニー・ランジャーへのインタビュー。June 2015.
V&A #WeWantQuantキャンペーンへの情報提供。

3 筆者による聞き取り。June 26, 2018

4 Sheila Black, 'Trio who put the Quant theory
into practice', *Financial Times*, October 24,
1968. レジーナ・リー・ブラスチックの協力による。

5 ロンドンの電話帳で確認。カミラ・デ・ウィントンによる
綿密な調査協力による。

6 McNair and O'Neill, 2008, track 5

7 'Thomas Jourdan recovery', *Investors
Chronicle*, p.690. 日付は判読不能。マクネアがス
クラップブックに保管。カミラ・マイアーが提供してく
れた。

8 Heather Tilbury Phillips, May 28, 2018

9 V&A博物館では1968年7月16日付のこの手紙
のコピーを収集している: V&A acquisition file,
2012/841

10 V&A博物館への情報提供。V&A acquisition file,
2013

11 イギリスでは1971年2月15日に10進法の貨幣制度
が導入され、1ポンド＝100ペンスとなった。

12 Timeline of Mary Quant Ltd, Heather Tilbury
Phillips（未出版）

13 同上。

14 ヴィヴィアン・ウェアリングがV&A博物館に送付した
メール。

15 「デザイン・オン・ファッション」と題されたイベントのパンフレットに掲載。イギリス通商委員会会長のピーター・ソーンクロフトが序文を記している。ジェラルド・ファラデーがこの資料の存在を教えてくれた。

16 Timeline of Mary Quant Ltd, Heather Tilbury Phillips（未出版）

17 デイジー人形の販売用ポスター。V&A子供博物館: B.144-2017

18 Frances Baird, *British Teenage Dolls 1956 -1984* (London, 2004), p.85-95

19 Timeline of Mary Quant Ltd, Heather Tilbury Phillips（未出版）

20 ロンドン博物館の資料。ナオミ・タラントとヴァレリー・オズボーンの協力による。

21 *Fibres Post*, July 12, 1974

22 Timeline of Mary Quant Ltd, Heather Tilbury Phillips（未出版）

23 Shirley Conran, *Superwoman: Everywoman's Book of Household Management* (London, 1975), p.9-10

トータルルックの販売戦略:
クワントとインテリア

1 クワントとICIによるインテリアデザイン第2弾の発売に関するBBC のインタビュー。1972年ごろ（日付不明）。

2 Julia Kollewe and Graeme Wearden 'ICI: from Perspex to paints', *The Guardian*, June 18, 2007

3 クワントとICIによるインテリアデザイン第2弾の発売に関するBBC のインタビュー。1972年ごろ（日付不明）。

4 Penny Sparke, 'At Home with Modernity: The New Domestic Scene' in Christopher Breward and Ghislaine Wood (編), *British Design from 1948: Innovation in the Modern Age* (London, 2012), p.131

5 Heather Standring, 'Cook's Tour', *The Observer*, June 19, 1966, p.28

6 V&A博物館のアート・アンド・デザインアーカイヴのヒールズに関する資料: AAD/1994/16/2869

7 'Quant on Designed Living' *Honey*特別折り込み。1967, p.6

8 'Talk Round the Table', *Vogue*, October 1960, p.118

9 Ruth Jordan, 'The Ginger Touch', *Ideal Home*, September 1964, p.69からの引用。

10 同上。

11 Christopher Breward, *Fashioning London* (London, 2004), p.155

12 Nicholas Ind, *Terence Conran, the Authorized Biography* (London, 1995), p.106

13 'Shop in Knightsbridge', *Architectural Review*, April 1959

14 筆者によるテレンス・コンランへのインタビュー。April 10, 2018

15 筆者によるリディア・シャーマンへのインタビュー。July 3, 2018。このウィンドー・ディスプレイのための1957年11月12日付コンラン・コントラクトのドローイングを見せてくれた。さらなる詳細はシャーマンの近刊書で発表。

16 'Quant by Bannenberg', *Vogue*, February 1967, p.15

17 同上。

18 筆者によるテレンス・コンランへのインタビュー。April 10, 2018

19 イラストはジュリエット・グリン=スミス、テキストはキャロライン・コンランによる。V&A博物館のアート・アンド・デザインアーカイヴ資料: AAD/1995/12/5/1

20 筆者によるテレンス・コンランへのインタビュー。April 10, 2018

21 ジェイニー・ランジャーへのメールによるインタビュー。August 16, 2018

22 ヘザー・ティルベリー・フィリップスによるピーター・ホワイトへのインタビュー。June 18, 2015

23 *The Mary Quant Book of Room Design - From ICI*, 1972. V&A博物館のアート・アンド・デザインアーカイヴ内のダフネ・サンダーソンに関する資料: AAD/2009/5

24 このエッセイではイギリスの国内市場におけるインパクトに焦点をあてているが、2018年9月20日に筆者がおこなったインタビューにおいてピーター・ホワイトは、これらの商品がフランス、ドイツ、オランダ、スイス、アメリカ、日本にも流通されていたと話した。日本市場にあうようにクワントが仕様を変更した製品もあったという。

25 小売店用に作成されたICIの1971年販売戦略冊子。V&A博物館のアート・アンド・デザイン・アーカイヴ内のダフネ・サンダーソンに関する資料: AAD/2009/5

26 筆者によるヘザー・ティルベリー・フィリップスへのインタビュー。September 3, 2018

27 ヘザー・ティルベリー・フィリップスによるピーター・ホワイトへのインタビュー。May 2015

28 筆者によるテレンス・コンランへのインタビュー。April 10, 2018

29 Quant 2012

30 Desmond Zwar, 'I'm as snug as a duck in m duvet', *Daily Mail*, November 19, 1965

31 Quant 2012

32 同上。

33 ハビタのカタログ。1971, p.96. V&A博物館のアート・アンド・デザインアーカイヴ内のハビタに関する資料: AAD/1995/12/5/5

34 Quant 2012

35 McNair and O'Neill, 2008, track 5

36 ヘザー・ティルベリー・フィリップスによるジェーン・エッジワースへのインタビュー。May 2015

37 Regina Lee Blazszcyk and Ben Wubs (編), 'Beyond the Crystal Ball', *The Fashion Forecasters: A Hidden History of Color and Trend Prediction* (London, 2018), p.22

38 ヘザー・ティルベリー・フィリップスによるジェーン・エッジワースへのインタビュー。May 2015. クワントがイメージする家庭用品のデザインについて、パメラ・ハワードとベイ・ハイダックと緊密に協力して作業していたとエッジワースは語った。

39 *The Mary Quant Book of Room Design - From ICI*, 1972. V&A博物館のアート・アンド・デザインアーカイヴ内のダフネ・サンダーソンに関する資料: AAD/2009/5

PART 6 1975-2000
ライフスタイルブランドへの展開

1 'Friday Gem from the Stoddard-Templeton Design Archive: Mary Quant': www.universityofglasgowlibrary.wordpress.com

2 www.nationalarchives.gov.uk/currency-converter

3 V&A子供博物館: Misc.86,87 and 91-1979

4 *Sunday Telegraph* magazine, March 29, 1981, p.28-34

5 Veronical Horwell, *The Guardian*, July 17, 2015 のマクネアの訃報記事。

6 ヘザー・ティルベリー・フィリップスと筆者の会話での証言。

7 BMW, *MINI The Book* (Hamburg, 2006), p.69

CONCLUSION
すべての人のためのファッション

1 Quant 2012

2 'Fashion boss hails£32bn earner for UK as London labels take centre stage', *The Metro*, September 13, 2018, p.8. ロンドンファッションウィーク2018年2月情報を参照: www.britishfashioncouncil.co.uk/pressreleases

3 Mark Tungate, *Fashion Brands* (London, 2012), p.1

4 Miller 1966, p.1066-1070

5 www.vam.ac.uk/blog/news/we-want-quant

6 Regina Lee Blazszcyck, *The Color Revolution* (Boston, Mass., 2012)

7 Quant 1966, p.66; J. Aitken, *The Young Meteors* (London, 1967), p.15

8 Christopher Breward, 'Clothing Desire: The Problem of the British Fashion Consumer c.1955-1975', *Cultures of Consumption Working Paper Series*（王立学会による公開講座）March 17, 2004

9 マリークワント パフュームのサンプルパッケージ。1970年ごろ。マリークワントアーカイヴより。

10 Sarah Owen（WGSNシニアエディター／デジタルメディア・アンド・マーケティング）'The Gen Z equation', WGSN www.lp.wgsn.com/en-download-gen-z-equation

11 'Young Marrieds Today: Mary Quant and Alexander Punket Greene', *Annabel: The New Magazine for the Young Wife*, April 1966, p.29

APPENDIX
マリークワント ブランドタグ一覧

1 Elizabeth Ann Coleman, *The Opulent Era: Fashions of Worth, Doucet and Pingat* (London, 1989)

Bibliography
参考文献

Adburgham 1964
Alison Adburgham, *Shops and Shopping 1800–1914*, London 1964

Allen 1981
Margaret Allen, *Selling Dreams: Inside the Beauty Business*, London, Melbourne, Toronto 1981

Ashmore 2008
Sonia Ashmore, 'Liberty and Lifestyle: Shopping for Art and Luxury in Nineteenth-Century London' in David Hussey and Margaret Ponsonby (eds), *Buying for the Home: Shopping for the Domestic from Seventeenth Century to the Present*, London 2008, pp.73–90

Blaszczyk 2006
Regina Lee Blaszczyk, 'Styling Synthetics: DuPont's Marketing of Fabrics Wand Fashions in Postwar America', *Business History Review*, vol. 80 (2006) pp.485–538

Blaszczyk 2018a
Regina Lee Blaszczyk, 'The Rise and Fall of European Fashion at Filene's, in Boston', in Regina Lee Blaszczyk and Véronique Pouillard, eds., *European Fashion: The Creation of a Global Industry*, Manchester, 2018, pp.170–200

Blaszczyk 2018b
Regina Lee Blaszczyk, 'What Do Baby Boomers Want? How the Swinging Sixties Became the Trending Seventies', in Regina Lee Blaszczyk and Ben Wubs, eds., *The Fashion Forecasters: A Hidden History of Color and Trend Prediction*, London, 2018, pp.102–5

Breward and Wilcox 2012
Christopher Breward and Claire Wilcox, *The Ambassador Magazine: Promoting Post-War British Textiles and Fashion*, London 2012

Coddington 2002
Grace Coddington, *Grace: A Memoir*, London 2002

Cracknell 2011
Andrew Cracknell, *The Real Mad Men*, London 2011

de la Haye et al 2014
Amy de la Haye, Jeffrey Horsley and Judith Clark *Exhibiting Fashion: Before and After 1971*, London 2014

de la Haye and Ehrman 2015
Amy de la Haye and Edwina Ehrman, eds, *London Couture 1923–1975: British Luxury*, London 2015

Drewniany and Jewler 2014
B. Drewniany and J.A. Jewler, *Creative Strategy in Advertising*, London 2014

Frayling 1987
Christopher Frayling, *The Royal College of Art. One Hundred and Fifty Years of Art and Design*, London 1987

Garner 1999
Philippe Garner, *John Cowan: Through the Light Barrier*, Munich 1999

Grumbach 2014
Didier Grumbach, *History of International Fashion*, Northampton, Mass., 2014

Hegarty 2011
John Hegarty, 'Celebrating Five Decades of the Observer Magazine', *The Guardian*, 31 July 2011

Jones 1990
Dylan Jones, *Haircults: Fifty Years of Styles and Cuts*, London 1990

Lewis 2000
David Lewis, *The Incomplete Circle: Eric Atkinson, Art and Education*, Aldershot 2000

London Museum 1973
Mary Quant's London, exh. London Museum, 29 November 1973–30 June 1974

MacCarthy 2006
Fiona MacCarthy, *Last Curtsey: The End of the Debutantes*, London 2006

McInnes 1959
Colin MacInnes, *Absolute Beginners*, London 1959

McNair and O'Neill 2008
Archie McNair interviewed by Alistair O'Neill, *An Oral History of British Fashion*, British Library, 2008

Ministry of Education, *Art Education Pamphlet No. 6.*, London 1946

Outside Collett Dickenson Pearce, exh. Leeds Arts University, Leeds 2015

Pringle 1988
Alexandra Pringle, *Very Heaven: Looking Back at the 1960s*, London 1988

Quant 1966
Mary Quant, *Quant by Quant*, London 1966

Quant 1986
Mary Quant, *Quant on Make-Up*, London 1986

Quant 2012
Mary Quant, *Autobiography*, London 2012

Quant and Green 1984
Mary Quant and Felicity Green, *Colour by Quant*, London 1984

Salmon and Ritchie 2000
J. Salmon and J. Ritchie, *Inside Collett Dickenson Pearce*, London 2000

Sassoon 1968
Vidal Sassoon, *Sorry I Kept You Waiting, Madam*, London 1968

Shrimpton 1964
Jean Shrimpton, *The Truth About Modelling*, London 1964

Shinkle 2017
Eugenie Shinkle, *Fashion Photography: The Story in 180 Pictures*, London 2017

Simon 1971
Rosemary Simon, *The Price of Beauty*, London 1971

Twiggy 1975
Twiggy, *Twiggy: An Autobiography*, London 1975

Wilcox 2004
Claire Wilcox, *Vivienne Westwood*, London 2004

Further Reading
関連文献

Mary Alexander, 'Women, Clothes and Feminism', *Feminist Arts News*, no.9, August 1982, pp.4–7

Beatrice Behlen, 'A Fashionable History of the King's Road' in Anjali Bulley (ed.), *Cadogan & Chelsea: The Making of a Modern Estate*, London 2017

Barbara Bernard, *Fashion in the 60's*, London 1978

Christine Boydell, *Horrockses Fashions: Off-the-Peg Style in the '40s and '50s*, London 2012

Christopher Breward and Ghislaine Wood (eds), *British Design from 1948: Innovation in the Modern Age*, London 2012

Christopher Breward, David Gilbert and Jenny Lister (eds), *Swinging Sixties: Fashion in London and Beyond 1955–70*, London 2006

Caroline Charles, *Caroline Charles: 50 Years in Fashion*, Woodbridge 2012

Becky E. Conekin, 'Eugene Vernier and "Vogue" Models in Early "Swinging London": Creating the Fashionable Look of the 1960s', *Women's Studies Quarterly*, vol. 41, no.1–2 (2012) pp.89–107

Max Décharné, *King's Road: The Rise and Fall of the Hippest Street in the World*, London 2005

Marnie Fogg, *Boutique. A '60s Cultural Phenomenon*, London 2003

David Gilbert (ed.), 'Shopping Routes: Networks of Fashion Consumption in London's West End 1945–1979', *The London Journal*, vol. 31, no. 1 (2006)

David Gilbert and Sonia Ashmore, 'Mini-skirts, Afghan Coats and Blue Jeans: Three Global Fashion Happenings of the Sixties' in Mirjam Shatanawi and Wayne Modest (eds), *The Sixties: A Worldwide Happening*, Amsterdam 2015, pp.162–77

Paul Gorman, *The Look Adventures in Rock and Pop Fashion*, London 2001

Felicity Green, *Sex, Sense and Nonsense: Felicity Green on the 60's Fashion Scene*, Woodbridge 2014

Martin Harrison, *Shots of Style: Great Fashion Photographs Chosen by David Bailey*, London 1986
–, *Appearances: Fashion Photography Since 1945*, London 1991
–, *Young Meteors: British Photojournalism 1957–1965*, London 1998

Barbara Hulanicki and Martin Pel, *The Biba Years 1963–1975*, London 2014

Brigid Keenan, *Full Marks for Trying: An Unlikely Journey from the Raj to the Rag Trade*, London 2017

Richard Lester, *John Bates: Fashion Designer*, Woodbridge 2008
–, *Photographing Fashion: British Style in the Sixties*, Woodbridge 2009
–, *Boutique London: A History King's Road to Carnaby Street*, Woodbridge 2010

Joel Lobenthal, *Radical Rags: Fashions of the 1960s*, New York 1990

Phyllis Magidson, *Mod New York: Fashion takes a Trip*, New York 2017

Geoffrey Rayner, Richard Chamberlain and Annamarie Stapleton, *Pop! Design, Culture, Fashion 1956–1976*, Woodbridge 2012

Geoffrey Rayner and Richard Chamberlain, *Conran/Quant: Swinging London – A Lifestyle Revolution*, Woodbridge, 2019

Dominic Sandbrook, *Never Had It So Good: A History of Britain from Suez to the Beatles, 1956–63*, London 2005
–, *White Heat: A History of Britain in the Swinging Sixties, 1964–70*, London 2006
–, *State of Emergency: The Way We Were: Britain, 1970–4*, London 2010
–, *Seasons in the Sun: The Battle for Britain, 1974–9*, London 2012

Penny Sparke (ed.), *Did Britain Made it? British Design in Context 1946–86*, London 1986

Iain R. Webb, *Foale and Tuffin: The Sixties. A Decade in Fashion*, Woodbridge 2009

Richard Weight, *MOD: From Bebop to Britpop, Britain's Biggest Youth Movement*, London 2015

寄稿者について

ヨハンナ・アガルマン・ロス	V&A 博物館学芸員。20 世紀以降の家具およびプロダクトデザイン専門。
ベアトリス・ベーレン	リーズ大学教授。経営史学専門。
レジーナ・リー・ブラスチェック	V&A 博物館 写真・文書画像部所属 学芸員。
スザンナ・ブラウン	V&A 博物館 家具・繊維・服飾部所属 学芸員。
ジェニー・リスター	V&A 博物館 家具・繊維・服飾部所属 学芸員。
エリザベス・マレー	V&A 博物館 家具・繊維・服飾部所属 学芸員。
ジャナイン・サイクス	リーズ芸術大学上級講師。広告表現と芸術創造専門。
ステファニー・ウッド	V&A 博物館 家具・繊維・服飾部所属 展覧会プロジェクト学芸員。

Photography Credits
写真クレジット

図版番号で表示

192　マリー・クワント、『ピープ
ル・ウィークリー』（1988年）、
写真：テリー・スミス

新装版
しんそうばん

時代を変えたミニの女王 マリー・クワント
じだい か じょおう

2023年11月25日　初版第1刷発行

著者：　　　　　ジェニー・リスター（© Jenny Lister）

発行者：　　　　西川正伸

発行所：　　　　株式会社 グラフィック社
　　　　　　　　〒102-0073 東京都千代田区九段北1-14-17
　　　　　　　　Phone：03-3263-4318　Fax：03-3263-5297
　　　　　　　　https://www.graphicsha.co.jp
　　　　　　　　振替：00130-6-114345

日本語版制作スタッフ

翻訳監修：	中野香織
翻訳：	石田亜矢子
カバーデザイン：	恩田 綾
組版：	恩田 綾（P1、P3）、石岡真一
編集：	鶴留聖代
制作・進行：	本木貴子、三遠真智子（グラフィック社）
企画協力：	服部航平（イングリッシュ・エージェンシー・ジャパン）
協力：	株式会社 マリークゥント コスメチックス、
	上田英司（シルシ）、Bunkamura、朝日新聞社
印刷・製本：	図書印刷株式会社

ISBN 978-4-7661-3850-4 C0076

Printed in Japan

MARY QUANT
by Jenny Lister

The 🌼 daisy device is a registered trade mark of the
Mary Quant group of companies throughout the world
and is used with the kind permission of those companies.

First published by V&A Publishing to accompany the
exhibition Mary Quant on view from 6 April 2019 to
16 February 2020 at the Victoria and Albert Museum, South
Kensington, London SW7 2RL

Copyright © The Victoria and Albert Museum, London.

Japanese translation published by arrangement with V&A
Publishing, a division of V&A Enterprises Limited, Victoria
and Albert Museum through The English Agency (Japan)
Ltd.

The moral right of the authors has been asserted.

A catalogue record for this book is available from the British
Library.

This Japanese edition was produced and published in Japan
in 2022
by Graphic-sha Publishing Co., Ltd.
1-14-17 Kudankita, Chiyodaku,
Tokyo 102-0073, Japan

Japanese translation © 2022 Graphic-sha Publishing Co.,
Ltd.